国家社科基金
后期资助项目

农村金融反贫困创新研究
——基于乡村振兴战略背景

Research on Rural Financial Anti-poverty Innovation
—Based on the Background of Rural Revitalization Strategy

申 云 等 著

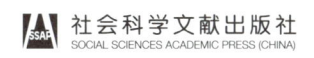

社会科学文献出版社
SOCIAL SCIENCES ACADEMIC PRESS (CHINA)

国家社科基金后期资助项目
出版说明

　　后期资助项目是国家社科基金设立的一类重要项目，旨在鼓励广大社科研究者潜心治学，支持基础研究多出优秀成果。它是经过严格评审，从接近完成的科研成果中遴选立项的。为扩大后期资助项目的影响，更好地推动学术发展，促进成果转化，全国哲学社会科学工作办公室按照"统一设计、统一标识、统一版式、形成系列"的总体要求，组织出版国家社科基金后期资助项目成果。

全国哲学社会科学工作办公室

本书著者[*]

申 云　李京蓉　杨 晶　吴 平　徐 斌
薛 蕾　贾 晋　蒋远胜　刘 艳　郭丽丽

---

[*] 本书著者的单位除了李京蓉（西南财经大学）、贾晋（西南财经大学）、杨晶（湖南大学）、薛蕾（中共四川省委党校）外均为四川农业大学。

序

　　民族要复兴，乡村必振兴。站在"两个一百年"的历史交汇点，如何发挥金融杠杆作用，撬动农村各类要素资源，进一步巩固拓展脱贫攻坚成果同乡村振兴的有效衔接，成为我国农业农村现代化发展面临的重要难题。党的十九大绘就了到 2050 年乡村全面振兴的宏伟蓝图，为农业农村现代化发展指明了方向。2021 年中央一号文件也提出，需要积极运用财政政策和金融手段，支持以市场化方式设立乡村振兴基金，撬动金融资本和社会力量参与，重点支持乡村产业发展。坚持为农服务的宗旨，持续深化农村金融改革。稳妥规范开展农民合作社内部信用合作试点，支持市县构建域内共享的涉农信用信息数据库和完善的新型农业经营主体信用体系，进一步发展农村数字普惠金融。农村金融反贫困创新与乡村振兴有效结合成为加快农业农村现代化和城乡融合发展的必由之路，也是"双循环"新发展格局下农村金融服务乡村振兴发展的战略选择。因此，基于我国新的历史时期和新的发展需要，深入开展乡村振兴战略背景下的农村金融反贫困创新研究，对加快金融服务农业农村现代化发展和促进农民共同富裕具有重要的理论意义和实践价值。

　　本书基于马克思反贫困理论和中国特色社会主义反贫困理论，以破解农村贫困地区"金融贫困恶性循环"这一现实困境为出发点，立足于贫困农户长期面临的信贷排斥问题，融入中国特色社会主义反贫困的思想内涵，以中国农村金融反贫困作用机制及其模式创新为重点，以农民合作社为载体有效衔接贫困地区"小农户"与现代农村金融"大市场"，以提升脱贫农户的可持续生计能力和相对贫困治理成效为目标，构建中国农村金融反贫困"机理解构—绩效评估—案例阐释—对策建议"的分析框架，解剖小农户与新型农业经营主体利益联结的产业链融资增信多维减贫机制，探讨农村金融反贫困的作用机理、减贫绩效、模式创新案例及其优化路径，为农村金融助推乡村振兴和农业农村经济高质量发展、实现农民共同富裕提供理论指导和实践参考。

本书系统阐释了我国农村金融反贫困的科学内涵及创新路径，分析了小农户长期陷入"金融贫困恶性循环"的信贷困境，构建了农村金融反贫困绩效的测度模型和指标体系，检验了金融扶贫成效，并结合国内外农村金融反贫困典型模式，明确农村金融反贫困的传导机制，从不同角度寻求创新农村金融服务乡村振兴的有效路径。具体而言，一是从经济学视角研究了乡村振兴背景下农村金融反贫困的科学内涵。构建农村金融反贫困"机理解构—绩效评估—案例阐释—对策建议"的分析框架，为小农户有机衔接金融市场以缓解贫困和防控风险提供理论支撑。有效界定传统金融与数字普惠金融在绝对贫困与相对贫困治理中的科学内涵，为创新金融服务乡村振兴、现代农业产业供应链融合、小农户利益联结等提供理论支撑。对传统金融与数字金融在乡村振兴过程中的普惠作用及职能定位进行了科学区分，为金融服务乡村振兴与数字乡村信用体系建设提供了依据。二是从机制设计与金融科技赋能的视角揭示农村金融反贫困的作用机制与绩效。基于互惠性偏好理论和机制设计理论，揭示农村金融信贷供需匹配及福利效用的变化，并实证检验和评估了将小农户纳入农业产业链和供应链环节中的金融信贷减贫机制与减贫绩效，提出了农户—合作社—商业银行等多元主体利益联结的合作金融信贷体系，为破解合作金融信贷"精英俘获"困境提供了新思路。实证检验了传统金融与数字普惠金融反贫困的作用机理，并比较评估了传统小额信贷普惠与数字金融普惠的减贫成效，阐释后扶贫时代金融服务乡村振兴发展的有效模式及降低农户贫困脆弱性的路径。拓展了乡村振兴背景下贫困治理的内涵，分别测度了数字普惠金融在绝对贫困、相对贫困以及多维贫困农户中的减贫成效，并预测后扶贫时代的金融反贫困趋势，为预防脱贫农户返贫与构建可持续的金融反贫困长效机制提供经验证据。三是通过农村合作金融发展剖析金融机构与小农户信贷的利益联结机制。通过农村合作金融发展，将小农户与现代农村合作金融组织进行有机衔接，发挥产业链和供应链的作用，降低农业信贷融资风险。一方面，积极借鉴和剖析了发达国家农村金融支持小农户产业发展的成功经验；另一方面，厘清了农村合作金融组织的内部风险防控机制，明确了农户产业链融资的作用机理，有利于促进农村合作金融衔接小农户信贷，推动金融精准扶贫和乡村振兴发展。四是借鉴国际经验与国内模式创新实践，探讨后扶贫时代金融反贫困的模式创新与改革路径。借鉴发达国家和发展中国家的信贷扶贫经验,并结合数字普惠金融在信用体系建设和风险管控方面的作用及发展趋势,指明农村金融服务乡村振兴与相对贫困治理的共性启示。厘清传统金融与数字普惠金融对物质贫困、能力贫困和权利贫困农户的减贫机理,为后扶贫时代金融服务乡村振兴发展的模式创新、机制设计、风控体系建设、金融科技应用等路径优化提供理论支撑和实践依据。

本书探索性地提出了一些农村金融反贫困与乡村振兴有效衔接的观点,揭示了巩固拓展脱贫攻坚成果与乡村振兴有效衔接过程中农村金融反贫困的制度改革发展体系和模式创新路径。第一,探讨了农村金融反贫困创新的理论内涵及其发展规律。本书认为农村金融反贫困与乡村振兴有效衔接的核心是将小农户与现代金融市场有效衔接,构建以"农户—新型农业经营主体—农村金融机构"为核心的利益联结机制,打造村社利益联结共同体来有效衔接金融机构与政府部门,并引导社会资本及产业资本与农村金融资本融合,形成农村产业融合发展的金融反贫困制度创新和技术创新体系,助力乡村振兴发展,从而使农户摆脱"金融贫困恶性循环"困境。第二,剖析了小农户与新型农业经营主体利益联结的信贷减贫机制。本书认为乡村振兴阶段农村金融反贫困不仅需要增强农村金融服务"三农"实体经济的供给能力,还需要将小农户与新型农业经营主体有效联结,积极防控农村信用风险,创新农村金融信贷服务模式,将制度创新和技术创新作用于现代农村金融反贫困体系,形成信贷事前甄别、过程控制与事后履约的风险防控机制,并通过同伴监督的内部软约束以及农业产业供应链信贷的闭环交易大数据风险管控约束,推动产业链发展与信贷配给的有效融合,创新性地将小额信贷与产业链、供应链进行深度结合,将农业供应链体系纳入融资增信中,强化新型农业经营主体在现代金融市场中的信用体系建设,从而强化小农户与现代金融市场的有效衔接,形成金融的贫困治理长效机制。第三,揭示了农村合作金融发展对农户减贫增收的作用机制与效应。通过传统金融和数字普惠金融在以农民合作社为核心载体的农业供应链金融及产品模式创新层面的作用效果测度和评估,提出农村金融反贫困的"制度+技术"创新可以有效地提升农户多维减贫效果,针对不同贫困线标准下的农户贫困脆弱性的空间动态变化,提出了后扶贫时代的相对贫困治理需要城乡协同,并将农村金融制度创新和技术创新进行融合,实现金融反贫困"线上+线下"的深度融合来拓展乡村产业振兴和农民增收的新渠道,并分别基于村社共同体和"政银保担"协同的视角揭示了新型农业经营主体内外部融资增信机制,为创新新型农业经营主体融资增信机制和构建农村合作信用体系提供了思路和方向。

总之,农村金融反贫困无论是在体制机制改革的理论发展层面,还是在实践模式的探索创新层面,均需要农村金融反贫困在制度、模式、技术手段等多维度的创新发展。本书在研创过程中得到了诸多学者与好友的启发与帮助,本书的出版也得到社会科学文献出版社各位领导和老师的大力支持,在此一并表示感谢!由于农村金融反贫困在乡村振兴过程中既是一个发展的问题,也是一个金融监管和治理的系统问题,本书内容仅仅是笔者在调查研究的基础上进行的思考和探索,受学识所限,错误遗漏与不足之处在所难免,也敬请各位同人和读者批评指正。

申 云

2021 年 10 月

摘 要

站在"两个一百年"的历史交汇点,如何积极发挥金融的杠杆作用,助力巩固拓展脱贫攻坚成果与乡村振兴的有效衔接,激发农村金融机构更好地服务"三农"实体经济,成为农业农村现代化发展面临的重要难题。本书以马克思反贫困思想内涵与中国特色社会主义反贫困理论为基础,重点以破解农村贫困地区"金融贫困恶性循环"这一现实困境为出发点,立足于贫困农户长期面临的信贷排斥问题,以中国农村金融反贫困作用机制及其模式创新为重点,以农民合作社为载体有效衔接贫困地区"小农户"与现代农村金融"大市场",以提升已脱贫农户的可持续生计能力和相对贫困治理成效为目标,构建中国农村金融反贫困"机理解构—绩效评估—案例阐释—对策建议"的分析框架,构建小农户与新型农业经营主体利益联结的产业链融资增信多维减贫机制,探讨农村金融反贫困的作用机理、减贫绩效、模式创新案例及其优化路径,为中国农村金融助力乡村振兴和农业农村经济高质量发展、实现农民共同富裕提供理论指导和实践参考。

本书认为,中国农村金融反贫困机理包括传统农村金融反贫困与数字普惠金融反贫困两种路径。传统的农村金融反贫困主要是通过构建农村金融扶持产业发展机制,不断创新金融产品及服务模式,强化农户、新型农业经营主体和金融机构之间的风险防控利益联结,实现对社员贫困农户的"造血式"扶贫目标。其作用机制链表现为:信贷抵押不足→农村金融服务模式创新→强化农村金融利益联结的融资增信→产业扶贫及生计转型→农户多维贫困减缓。对于缺乏脱贫能力的农户,可以通过村社集体资产收益权的利益联结带动农业产业链发展的模式创新,优化农民合作社内部治理结构,借助政府专项扶贫资金及贫困农户信贷资金的股权量化,发挥债权和股权等资产收益扶贫机制的作用,增加缺乏脱贫能力的贫困社员的财产性收益,实现减贫增收的目的。数字普惠金融反贫困主要是通过就业创造、人力资本提升、技术支持农户融资增信、农业产业的数字化转型等提升数字普惠金融效应，依托互联网金融渠道创新，助推农户脱贫致富，支持"三农"实体经济发展，实现对传统金融的补充和完善。其作用机制链表现为：信贷抵押不足→金融科技赋能渠道创新→信用创造缓解信贷约束→产业扶贫及生计转型→农户多维贫困减缓。为此，本书基于村社利益联结共同体来实现小农户与现代农村金融市场的衔接，通过农社利益联结和银社利益联结提高农业供应链和产业链各环节主体的效用福利，提升小农户个人融资增信水平，更好地服务"三农"实体经济发展和避免贫困农户陷入"金融贫困恶性循环"困境。此外，农民合作社的产权结构与社员利益有效联结，使农户个体信贷与整体信用有机融合，发挥产业链信用融资增信作用，依托金融科技赋能传统金融服务及产品创新，实现产业链和供应链环节的信用价值创造，并发挥金融科技的作用来提升信贷配给效率，促进农村金融要素在农业产业链内循环，更好地服务"三农"实体经济。

基于中国农村金融反贫困的模式和制度创新，对其普惠金融减贫绩效进行评估后发现，金融扶贫效率总体上高于财政扶贫效率，金融科技赋能信贷配给效率提升，强化小额信贷在普惠层面的规模效应，但其对金融普惠却存在边际成本递减效应。通过创新农村金融反贫困模式而带来的多维减贫效应主要体现在以产业为主导的利益联结基础上，但不同主体之间的利益联结程度带来的多维减贫效应也存在异质性，而农民合作社内部产权结构的异质性也会影响到农户个体信贷可得性、多维减贫成效和农贷"精英俘获"程度。强化信贷联合体内部软约束监督和数字普惠金融信用风险监控，有助于减小"精英俘获"程度，实现金融普惠的包容性和农户的多维减贫。随着绝对贫困的全面消除，加强金融对相对贫困农户的多维贫困治理，防止农户相对贫困脆弱性的城乡及区域空间转移，成为乡村振兴阶段缓解相对贫困的关键。此外，通过测度数字普惠金融对农户多维贫困的影响发现，互联网金融使用的广度和深度可以减小农户多维贫困程度，互联网金融使用深度越大，农户多维减贫效应越明显；东部和西部地区减贫效果优于中部地区，表现出"中部凹陷"的特征。互联网金融的使用通过增加农户非农就业机会、拓展电商业务、提升农户金融素养等方式分别提升其非农就业收入、产业扶贫效果以及资源优化配置的多维减贫效应，从而破解传统农村金融反贫困面临的"金融贫困恶性循环"困境。数字金融覆盖广度对处于绝对贫困线的农户贫困脆弱性具有较强的正向影响，而数字普惠金融使用的深度对贫困线标准提高后的相对贫困农户脆弱性具有较强的作用效果。随着相对贫困线标准的提升，数字普惠金融对农户贫困脆弱性的作用效果逐步减弱，出现贫困脆弱性的区域转移，且贫困脆弱性的降低程度呈递减趋势。

本书提出优化农民合作社内部治理结构来激活其经济组织化能力和提升农户积极性，不断完善以农民合作社为载体的农村金融利益联结机制，建立以"外源推动"与"内源发展"相结合的反贫困制度创新体系。通过对国内外农村金融反贫困创新典型案例进行梳理，提炼出中国农村金融反贫困创新的主要经验做法，并提出促进农村金融在巩固拓展脱贫攻坚成果与乡村振兴有效衔接过程中的路径创新。一方面，创新农村金融反贫困的价值服务体系、风险防控体系、激励体系，推进农村金融反贫困与农业产业链和价值链的深度融合，协同财政金融政策和创新微型金融组织产业扶贫体系，不断强化农村金融反贫困产品和服务创新的过程审查担保、风险预警、实时动态监控、分担与补偿机制，实现金融机构与乡村振兴部门的政策匹配、渠道模式创新、政策衔接与反贫困金融服务体系构建。另一方面，深化农村金融服务供需管理改革和农村金融反贫困体制机制创新。建立多层次金融机构反贫困的服务体系，完善农村征信服务体系，引导农村金融组织规范发展，建立农村金融反贫困信息共享机制和"政银保担"协同的反贫困政策体系，营造良好的农村金融反贫困创新环境。

关键词： 农村金融　反贫困　乡村振兴　融资增信

目 录

第一篇 解构——农村金融反贫困作用机理

第一章 绪论 ······ 3
第一节 研究背景、目的与意义 ······ 3
第二节 农村金融反贫困的使命 ······ 7
第三节 研究思路 ······ 8
第四节 研究内容 ······ 10
第五节 研究方法 ······ 14
第六节 研究创新点 ······ 15

第二章 文献综述与理论基础 ······ 18
第一节 农村金融反贫困文献综述 ······ 18
第二节 农村金融反贫困理论基础 ······ 25
第三节 概念界定及内涵 ······ 32

第三章 农村金融创新融资增信及其反贫困机制 ······ 36
第一节 农村金融信贷互惠合作机制分析 ······ 37
第二节 农村金融利益联结的融资增信机制 ······ 42
第三节 农村金融利益联结的反贫困创新机理 ······ 51
第四节 本章小结 ······ 75

第二篇 评估——农村金融反贫困创新绩效

第四章 农村金融反贫困历程与创新发展现状 ······ 79
第一节 中国农村金融反贫困发展历程 ······ 79
第二节 中国农村金融反贫困发展现状 ······ 90
第三节 中国农村金融反贫困存在的问题 ······ 103

第四节　中国农村金融反贫困创新面临的挑战 ………… 105
第五节　本章小结 ………………………………………… 107

第五章　农村金融利益联结增信的减贫效应 …………………… 108
第一节　农村金融利益联结增信的减贫背景 …………… 108
第二节　农村金融利益联结的多维减贫机制 …………… 109
第三节　数据来源、模型设定与变量说明 ……………… 116
第四节　农村金融利益联结的多维减贫效应分析 ……… 122
第五节　农村金融利益联结的多维减贫机制检验 ……… 129
第六节　本章小结 ………………………………………… 133

第六章　农村金融利益联结主体异质性减贫效应比较 ………… 134
第一节　农村金融链式融资利益联结减贫机理 ………… 134
第二节　数据来源、模型设计与变量说明 ……………… 137
第三节　农村金融链式融资利益联结的信贷减贫效果评估 … 142
第四节　本章小结 ………………………………………… 148

第七章　农村金融链式融资模式创新的减贫效应 ……………… 149
第一节　链式融资反贫困框架设计 ……………………… 149
第二节　研究方法与变量说明 …………………………… 153
第三节　农村金融链式融资模式创新减贫效应评价 …… 158
第四节　本章小结 ………………………………………… 162

第八章　"政银保担"协同下农业保险的反贫困机制与效应 …… 163
第一节　"政银保担"协同模式下农业保险反贫困的背景 … 163
第二节　农业保险反贫困研究评述 ……………………… 164
第三节　"政银保担"协同下的农业保险减贫机理分析 … 165
第四节　农业保险反贫困的影响因素与效果评价 ……… 168
第五节　本章小结 ………………………………………… 175

第九章　数字普惠金融对农户多维减贫的影响机制与效应 …… 176
第一节　数字普惠金融的反贫困背景 …………………… 176
第二节　数字普惠金融对农户多维减贫的理论机理 …… 177

第三节　数据来源、模型设计与变量说明 …………………… 181
　　第四节　数字普惠金融的农户多维减贫效应分析 …………… 188
　　第五节　数字普惠金融的农户多维减贫机制检验 …………… 192
　　第六节　本章小结 ……………………………………………… 200

第十章　数字普惠金融与农户相对贫困脆弱性 …………………… 201
　　第一节　数字普惠金融发展与农户相对贫困治理现状 ……… 201
　　第二节　理论基础与研究假说 ………………………………… 202
　　第三节　数据来源、模型设计与变量说明 …………………… 205
　　第四节　数字普惠金融对农户相对贫困脆弱性的影响测度 … 211
　　第五节　数字普惠金融对农户相对贫困脆弱性的影响机制
　　　　　　检验 …………………………………………………… 219
　　第六节　本章小结 ……………………………………………… 225

第三篇　案例——农村金融反贫困创新经验

第十一章　农村金融反贫困创新的国际经验与中国定位 ………… 229
　　第一节　发展中国家农村金融反贫困经验借鉴 ……………… 229
　　第二节　发达国家农村金融反贫困经验借鉴 ………………… 239
　　第三节　国内外农村金融反贫困经验启示 …………………… 245

第十二章　中国农村金融反贫困模式创新典型案例 ……………… 247
　　第一节　传统金融反贫困模式创新典型案例 ………………… 247
　　第二节　数字金融反贫困模式创新典型案例 ………………… 258

第四篇　对策——农村金融反贫困创新路径

第十三章　乡村振兴战略下农村金融反贫困创新路径 …………… 265
　　第一节　创新农村金融反贫困的价值服务体系 ……………… 265
　　第二节　积极构建农村金融反贫困的风险防控体系 ………… 268
　　第三节　创新农村金融反贫困的激励体系 …………………… 272
　　第四节　深化农村金融服务供给和需求管理改革 …………… 275
　　第五节　创新改革农村金融反贫困体制机制 ………………… 277

第十四章 研究结论与展望 ………………………………… 280
第一节 研究结论 ………………………………………… 280
第二节 未来展望 ………………………………………… 284

参考文献 ……………………………………………………… 285

附　录 ………………………………………………………… 310

后　记 ………………………………………………………… 314

第一篇 解 构
——农村金融反贫困作用机理

第一章 绪 论

第一节 研究背景、目的与意义

一 研究背景

自 1978 年改革开放以来，中国的反贫困事业取得了举世瞩目的成就。2013 年，习近平总书记在湘西考察时首次提出了"精准扶贫"的理念，正式拉开了全面打赢脱贫攻坚战的序幕。在这 40 多年的改革开放历程中，有 7 亿多农村贫困人口摆脱了绝对贫困，对全球减贫的贡献率超过 70%（UNCTAD，2017）。站在"两个一百年"的历史交汇期，破解城乡发展不平衡不充分问题成为巩固脱贫攻坚成果和有效推进乡村振兴发展的重要战略举措。随着脱贫攻坚战的全面胜利和全面建成小康社会的推进，相对贫困治理成为社会经济发展的重要任务，传统式的脱贫手段带来的边际减贫效应逐渐减弱，乡村振兴背景下持续解决相对贫困问题迫切需要农村金融反贫困在理论和实践层面的全方位创新。不仅需要强化财政支农力度，还需要不断完善农村金融反贫困体系来有效助推乡村振兴发展，发挥农村金融杠杆作用，同时需要借鉴国际金融反贫困创新的有效经验做法，并结合中国农村金融反贫困发展实践，走中国特色社会主义新时代的农村金融反贫困创新之路。

精准扶贫作为乡村振兴的 1.0 版本，是乡村振兴的起点和落脚点，也是积极推进新型城镇化、加快城乡融合发展、助力农业农村经济高质量发展的重要基础。一方面，由于农村小微信贷交易成本偏高、资源信息不对称、农业生产经营风险大，正规金融机构在为农村地区提供金融服务时面临较大风险，这在一定程度上会导致其减少对农村贫困地区的金融服务。另一方面，由于贫困农户往往是以"插花型"分布在广大农村地区，贫困地区农户自身信贷需求也相对不足，贫困地区的农户长期处于较低的信贷需求和较大的融资约束困境中,从而陷入"金融贫困恶性循环"的怪圈中,进一步导致农业投入资金不足,农村发展受到较大的资金约束。农户缺乏有效的金融支持,从而难以发挥金融杠杆的作用来助推农户脱贫致富,这成为实现共同富裕面临的主要障碍之一。

加大农村金融反贫困的创新成为驱动乡村振兴发展和社会经济发展的核心动力(Chen,2017),也是推进创新驱动发展与乡村振兴战略有机融合、实现联合国可持续发展目标和全球包容性增长目标的重要体现(George et al.,2012)。提高农村金融可持续减贫增收成效与助推乡村振兴发展,需要积极拓展农村金融反贫困创新模式和产品,在产业链各环节提供信贷融资服务,进而保障农业发展和产业创新的资金需求,形成与新型经营主体联系更加紧密的产业链生态系统。一方面,在"互联网""大数据""人工智能"等现代技术的创新驱动下,农村金融科技与农业产业链、供应链的融合成为可能,金融产品可以依托大数据平台实现与相关政策的精准对接,破解农户融资信息不对称的困境;另一方面,通过农村金融反贫困与农业产业链、供应链融合模式创新,将信贷软约束与农村产业链、供应链有机结合,摆脱农村信贷失灵和农村金融资源低效错配的困境。因此,农村金融反贫困创新的核心在于将农户与现代化的经营主体进行有效联结,形成利益共同体,依托数字金融科技手段串联起各融资环节并发挥信用创造的功能,促使贫困地区农户摆脱"金融贫困恶性循环"的困境,借助金融手段助推农户在生产、生活、医疗、教育、社会福利等方面的福利改善,进而通过农村金融反贫困创新来更好地服务乡村振兴。为此,本书基于农村金融反贫困创新服务于巩固脱贫攻坚成果与助推乡村振兴发展的现实背景,重点回顾和梳理了农村金融反贫困的内涵、发展历程和创新发展趋势,揭示了农村金融反贫困机理、减贫效应和反贫困创新路径等,为破解贫困地区农户"金融贫困恶性循环"困境、助推农业农村现代化和经济高质量发展、实现金融助推共同富裕提供理论和实践支撑。

二 研究目的

目前,中国农村金融反贫困的核心难点在于金融资本的逐利性与反贫困的公益性如何有效结合,特别是如何在现有贫困标准下完善农户相对贫困的动态扶持机制、扶贫资金的整合机制以及相对贫困治理的长效机制,这成为保障后扶贫时代乡村振兴相对贫困治理政策有效推进的关键。乡村振兴背景下农村金融反贫困创新的目的在于,借助市场的力量,通过农民合作社带动贫困农户和相对贫困户进行农业产业发展、非农就业、数字普惠金融发展等促进农户多维减贫增收。为此,本书构建以社员农户和农民合作社为核心的信贷供需匹配模型,测度金融机构扶贫绩效,评估农户多维减贫效应,创新数字普惠金融模式,建立健全普惠金融服务体系。本书还将乡村振兴发展与农村金融反贫困纳入一个分析框架中,系统地分析了乡村振兴过程中钱从哪里来、如何提升相关融资主体的信贷可得性、如何提升其融资能力和融资增信水平的问题,从而更好地巩固拓展脱贫攻坚成果及助力农业经济结构转型升级,为农村金融反贫困绩效测度、防止脱贫农户规模性返贫以及相对贫困治理的可持续性提供经验证据,进一步为优化农村金融反贫困模式提供可供借鉴的路径。

本书目的有以下几点。一是通过构建"金融机构—农民合作社—农户"三方信贷互惠合作效用模型,揭示农村金融服务农业产业链和供应链融合与反贫困、社会整体福利水平、信贷风险和金融普惠性之间的关系。二是通过对农村金融反贫困的作用机制分析,阐述金融在巩固拓展脱贫攻坚成果与乡村振兴发展过程中的作用效果,为脱贫地区相对贫困治理选择合理的金融扶贫工具提供科学依据。三是通过探索"政银保担"之间的利益协作,促进农村金融反贫困的激励与风险监控,为优化农民合作社内部治理结构、推动金融供给侧结构性改革与乡村振兴发展提供经验证据支持。

此外,农民合作社在联结小农户融资与现代金融机构方面具有较大的优势,特别是能够有效发挥合作金融和微型金融在有效联结小农户中的积极作用,提升新型农业经营主体的融资增信能力,有效发挥新型农业经营主体对农户融资的内部监督作用和社会网络的声誉互惠作用,目的在于降低新型农业经营主体在融资过程中的系统性风险,提升金融服务的组织化和数字化水平。随着农村金融的发展和不断创新,农业产业链和供应链的数字化转型、模式创新以及金融科技的赋能,为加快金融服务"三农"实体经济发展和精准施策提供了可能,需要对比不同模式和条件下的农村金融反贫困成效，为后扶贫时代相对贫困治理过程中金融扶贫工具选择提供科学依据和决策参考。

三　研究意义

随着金融科技和金融模式的不断创新，城乡金融二元结构以及二元金融现象开始逐渐收敛，贫困人口的信贷可得性有了一定程度的提升，特别是京农贷、宜信小贷、微众银行等国内普惠金融和新兴互联网金融机构的服务模式创新，对解决农村信贷困难、降低生产性资本获取门槛、提高农村资本流动性具有显著的促进作用。但是，农村金融反贫困模式的创新仍需金融科技的积极推广应用，特别是金融风险防范机制与产品创新的有机协同，保障普惠金融创新对反贫困的正向激励，而非仅仅针对富人提供金融服务。此外，金融大数据时代的来临为农村金融反贫困提供了重要技术支持，特别是为数字化乡村治理和城乡相对贫困治理的数字化监测创造了有利条件。制度性的贫困大多数来自贫困数据的失真、内部操作及贫困识别和瞄准不当等造成的资源错配。深度贫困地区的生存环境相对恶劣，致贫原因相对复杂，基础设施和公共服务缺口较大，导致脱贫攻坚难度大。金融科技和大数据区块链技术在提升贫困识别能力和瞄准精度上具有较好的应用，特别是能促进科技、教育和金融资源从城市向贫困地区和贫困人口倾斜，从而更好地优化金融资源的配置效率。政府扶贫项目借助金融科技渠道参与乡村社会治理创新，对激励社会资本参与乡村振兴发展起到了重要的作用。

农村金融是农户获得金融信贷的重要渠道，而农信社与农商银行是乡村振兴的金融主力军，是"离大地最近"的银行。金融是现代经济的核心，农村金融机构作为乡村振兴的金融主力军，在助推农村金融反贫困模式创新与数字普惠金融科技渠道创新方面发挥了积极作用，对有效巩固脱贫攻坚成果与乡村产业振兴发展具有重要意义。从理论上需要阐释农村金融如何在深度贫困地区将贫困农户与现代农业产业主体有效衔接起来，更好地降低信用融资约束成本，并揭示这种利益联结状况下的信用融资是否会减缓贫困地区农户多维贫困，同时还需要有针对性地揭示利益联结带来的融资增信机制和多维减贫机制的传导机制链。

农村金融反贫困创新是推动乡村振兴的重要基础，也是积极发挥金融杠杆作用、强化金融支持产业发展的保障,因此需要积极优化农村金融反贫困创新的路径。针对农村金融反贫困的作用机制和金融扶贫绩效,创新金融反贫困模式,对积极推进合作金融和微型金融发展,发挥新型农业经营主体在金融扶贫中的重要作用,建立融资增信、金融精准脱贫长效机制具有重要的现实指导意义。

第二节 农村金融反贫困的使命

进一步发挥金融优势,积极创新农村金融反贫困渠道和模式等,满足乡村振兴发展的资金需要,成为农村金融机构服务乡村振兴发展的核心使命。

首先,农村金融反贫困既是巩固拓展脱贫攻坚成果与乡村振兴有效衔接的需要,也是提升资源配置效率、加快城乡融合与构建以国内大循环为主体的新发展格局的需要。一是农村金融机构的反贫困使命要求资金要素流向贫困地区,为贫困地区项目建设持续"输血"。由于先天性发展不足等原因,贫困地区经济发展长期面临巨大的资金缺口,要实现贫困农户可持续生计提质增效,就需要大量的资本支持,特别是利用多种金融工具来筹集资金,从而更好地服务于贫困地区经济发展和弥补贫困地区资金缺口。二是农村金融反贫困创新具有资源配置效应,可使贫困地区产业发展具备"造血"功能。贫困地区大多具有特色农业、旅游、矿产等资源禀赋优势,但往往受资金、技术等制约,产业发展整体缓慢、层次较低、可持续发展较差。三是农村金融反贫困创新具有乘数杠杆效应,可为贫困地区撬动更多资金投入。近年来,国家不断加大扶贫开发投入力度。通过农村金融机构与政府共同参与精准扶贫的合作机制,建立政府增信、风险补偿等机制,可以撬动数倍财政投入资金进入贫困地区,实现金融反贫困的信用创造和杠杆效应。四是农村金融反贫困通过分散资金集聚的风险,提高资源利用的边际收益。贫困地区产业基础较差,通过金融参与,既能有效地利用保险、期货、期权等专业化金融工具转移和化解自然灾害和市场波动风险,又能更好地优化贫困地区的金融生态,建立"守信受益、失信惩戒"的信用激励约束机制和风险分担补偿机制。

其次，农村金融反贫困创新的使命在于聚焦产业扶贫和识别贫困，为推动乡村振兴发展创造有利条件，从而推动金融服务贫困治理和产业数字化转型。农村金融需要重点支持贫困地区基础设施建设，充分发挥产业扶贫的示范带动作用，为建档立卡贫困户提供长效增收的信贷支持，提高贫困地区普惠金融服务水平。发展普惠金融是消除贫富差距、推动经济发展、实现社会公平正义的重要举措，在贫困地区推广普惠金融更具现实意义。金融机构尤其是大型国有银行，要加强对贫困地区、贫困人口的基础性金融服务，通过优化网点布局、设置"农贷通"村级服务站以及发展互联网金融的方式不断拓展贫困地区金融服务的覆盖广度和使用深度，从而减小信贷约束。

最后，农村金融反贫困创新的根本使命在于促进产业发展和保障农民增收的可持续性。一是农村金融反贫困创新需要结合贫困地区产业特征和资源禀赋，合理确定信贷服务主体、准入标准、额度期限、还款周期和担保方式等基本内容。对新型农业经营主体、扶贫项目和建档立卡贫困户，坚持信贷扶贫的政策导向和风险管控的基本原则，既不盲目放松标准、降低条件，也不大幅削减农村金融市场信贷总体供给量。二是农村金融反贫困需要加强商业模式和产品的创新，通过商业模式和产品的创新来有效推进批量化营销、专业化运作、集约化经营和精细化管理，有效破解金融扶贫成本高、收益低、风险大的难题。三是发挥政府在融资增信中的有效激励作用。各级地方政府积极推动贫困地区建立多层次、广覆盖的政府增信机制，探索形成"政府增信＋政银共管"的金融反贫困模式，对贫困地区引入信贷资金、加强信贷管理、防范违约风险均起到了重要作用，同时强化"政银保担"的合作对接，加快推进金融反贫困与政府信用体系建设的有效联动。

第三节　研究思路

本书按照中国农村金融反贫困"机理解构—绩效评估—案例阐释—对策建议"的逻辑分析框架，以乡村振兴战略下农村金融反贫困的科学内涵、作用机制、绩效评估、模式创新、路径选择等为主线，遵循理论研究链、实证检验链和政策设计与运用链的三维立体研究思路展开（见

图 1-1)。

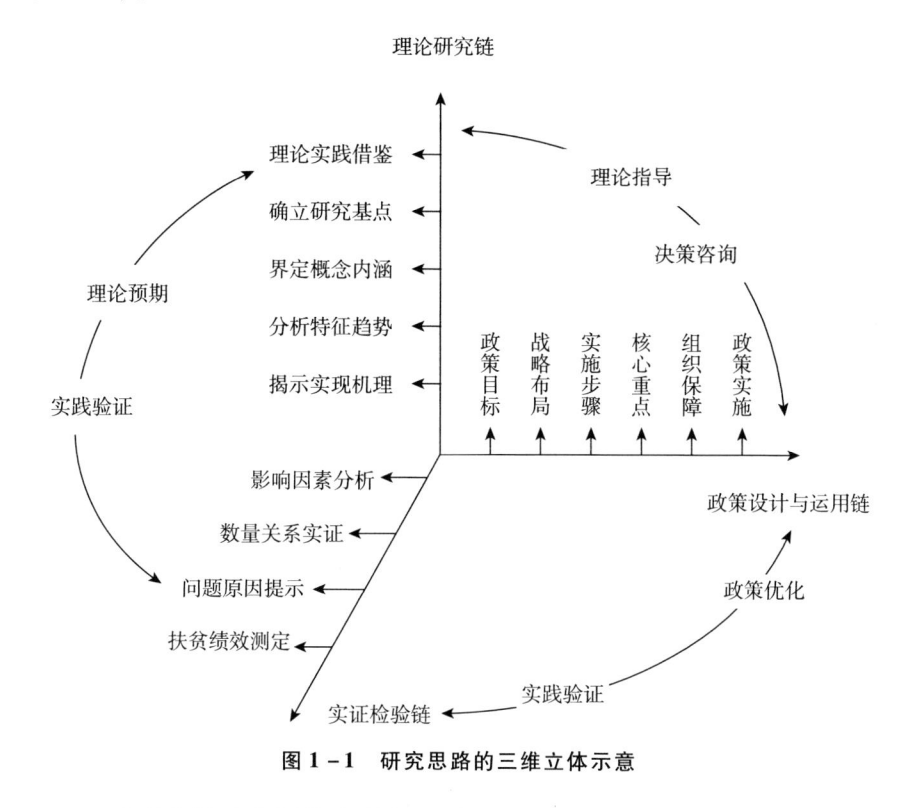

图 1-1 研究思路的三维立体示意

理论研究链重点围绕乡村振兴战略下农村金融反贫困的理论内涵、融资增信机制及多维减贫机制展开研究，主要基于农村金融信贷在农户与农民合作社层面的信贷作用机理，分析了"金融机构—农民合作社—农户"之间的互惠合作效用是否有利于提升金融机构、农民合作社与农户三者间的整体信贷福利水平，揭示了不同主体利益联结过程中农村金融信贷多维减贫的作用机制与风险防控机制。

实证检验链以农村金融反贫困与乡村振兴有效衔接的作用机制为出发点，对农村金融反贫困的作用机制进行检验，评估不同金融反贫困模式及数字化转型带来的减贫绩效，主要从传统金融反贫困模式创新和数字普惠金融渠道创新两个维度，探讨农村金融反贫困创新的机理和绩效。在传统金融反贫困模式创新层面，将农户与新型农业经营主体（以农民合作社为代表）的利益联结作为主体协同创新和模式创新的重要研究对象，揭示贫困农户在与经营主体利益联结过程中农业产业链和供应链发展的减贫成效,评估不同金融反贫困模式下的农户多维减贫绩效和有效路径。

政策设计与运用链以乡村振兴战略下农村金融反贫困模式创新与路径选择为核心,重点围绕后扶贫时代如何推进传统金融机构数字化转型、创新农村金融反贫困模式、加快农村"互联网+金融+智慧农业"与乡村振兴的利益联结等,探索农村金融反贫困创新的有效路径。通过对农村金融反贫困模式创新、金融机构的数字化转型、新型农业经营主体的融资增信及信用创造、数字化平台风险监测等维度的分析,系统阐述了农村金融反贫困创新的有效路径,并结合实证评估结果进行精准施策,提出有针对性的优化策略。

第四节　研究内容

按照总体研究目标设计要求,本书共分为四大部分,按照"机理解构—绩效评估—案例阐释—对策建议"的分析框架与技术路线(见图1-2),重点剖析了乡村振兴战略下农村金融反贫困创新的理论内涵、作用机理、绩效评估、模式创新及路径选择等内容。

一　第一篇,解构——农村金融反贫困作用机理

在巩固脱贫攻坚成果与乡村振兴有效衔接过程中,针对如何寻找农村金融反贫困的理论规律来更好地助推乡村振兴发展的问题,本书基于农村金融反贫困的现实背景和内涵,系统地剖析了农村金融利益联结的融资增信与反贫困作用机理,科学有效地识别了农村金融服务乡村振兴发展的科学规律。

第一章,绪论。重点对乡村振兴战略背景下农村金融反贫困的现实背景、目的和意义、使命、价值、重点内容以及理论框架等进行概述,对本书的研究思路和内容进行了纲领性的概况,围绕"机理解构—绩效评估—案例阐释—对策建议"搭建巩固脱贫攻坚成果与乡村振兴有效衔接的理论分析框架,并指明了本书所采用的主要研究方法、创新点及研究的重难点,构建了本书研究的技术路线图。

第二章,文献综述与理论基础。针对国内外的相关文献进行深入的

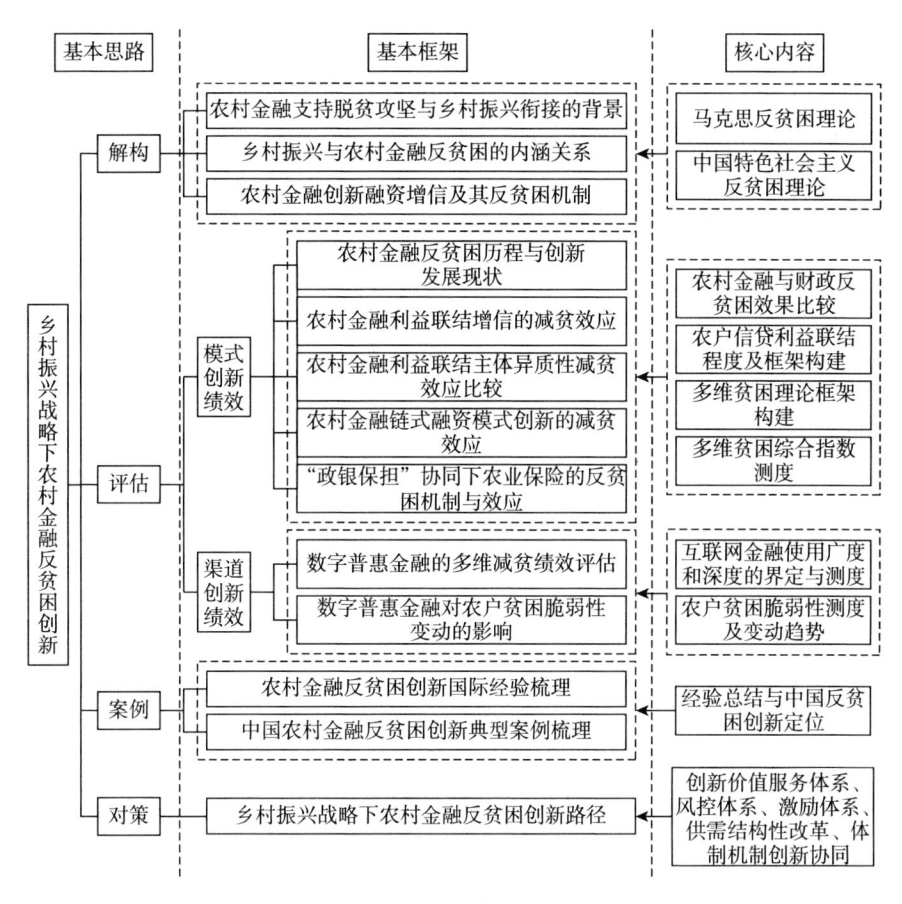

图 1-2　本书的技术路线

文献梳理，结合农村金融反贫困的影响因素、作用机理、绩效评估以及创新路径等内容进行系统评述。同时，分别以马克思反贫困理论、西方经济学反贫困理论和中国特色社会主义反贫困理论为基础剖析农村金融反贫困理论的内涵及创新价值。在此基础上，对书中涉及的相关概念及名词做了界定，有效评价了农村金融反贫困创新的科学内涵。

第三章，农村金融创新融资增信及其反贫困机制。结合农村金融反贫困的科学内涵，分析传统银行信贷与数字普惠金融信贷给小农户与新型农业经营主体的利益衔接带来的福利效用变化。将以农民合作社为核心载体的新型农业经营主体嵌入农村金融信贷融资增信的模式创新中，同时依托金融科技联结小农户与现代农村金融机构进行大数据增信，探索农民合作社在农业产业链和供应链中的衔接机制，以及二者形成的利益联结如何进行融资增信,从内外部融资增信两个层面分析了农民合作社与小农户协同创新的融资增信机制。在此基础上,分析农村金融渠道创新和模式创新的反贫困作用机理,以及数字普惠金融反贫困创新的作用机理,并探讨乡村振兴战略背景下后扶贫时代传统银行信贷的数字化转型对相对贫困的影响机理。

二 第二篇,评估——农村金融反贫困创新绩效

本部分重点对农村金融反贫困的作用机制进行绩效评估检验,主要从传统金融反贫困模式创新和数字普惠金融渠道创新两个维度探讨农村金融反贫困创新的机理和绩效。在传统金融反贫困模式创新层面,重点以农户与农民合作社的利益联结为研究对象,揭示二者之间的主体协同创新和模式创新在农业产业链和供应链发展中的关系,评估其对农户多维贫困效应的作用效果。

(一) 农村金融反贫困模式与制度创新绩效评估

根据主体联结的紧密程度,聚焦传统银行小额信贷进行产业链融合创新后带来的减贫效果评估、不同主体领办下的农民合作社供应链金融信贷减贫效果评估、不同主体之间的链式融资增信带来的反贫困效果评估、"政银保担"多元主体协同的反贫困绩效评估,揭示贫困农户与现代农村金融机构有效联结的模式创新如何有效地减缓农户多维贫困状况。

第四章,农村金融反贫困历程与创新发展现状。重点分析了中国农村金融反贫困的发展历程、普惠金融发展状况、农村金融扶贫模式创新现状。同时,揭示农村金融反贫困过程中存在的问题、取得的成效及后扶贫时代面临的挑战。

第五章,农村金融利益联结增信的减贫效应。重点对农村金融利益联结在小农户与金融机构之间的融资增信及其多维减贫效应进行了分析,为有效检验农村金融利益联结的融资增信机制和多维减贫效应、构建后扶贫时代农户多维贫困治理长效机制、有效培育新型农业经营主体带动小农户增收致富、赋能产业链融资增信提供经验证据支撑。

第六章,农村金融利益联结主体异质性减贫效应比较。从农民合作社的视角出发,通过采用 A－F 双界线分析法构建农户多维贫困综合指数,借助 PSM-DID 模型实证评估异质性贫困农户在不同主体领办型农民

合作社供应链金融信贷中的减贫效应，对比农民合作社供应链金融信贷减贫成效，为创新农村金融反贫困模式提供了科学依据。

第七章，农村金融链式融资模式创新的减贫效应。基于小农户与新型农业经营主体的利益联结，再次聚焦联结后的贫困农户直接向金融机构获取信贷和通过链式融资获取信贷带来的减贫差异并进行对比分析，揭示不同链式融资载体带来的利益联结减贫效果和作用机理上的异质性。

第八章，"政银保担"协同下农业保险的反贫困机制与效应。重点阐述了"政银保担"协同模式创新在反贫困领域的发展现状，重点分析了农业保险反贫困的三大重要机制以及农业保险在反贫困功能上的差异。结合对四川地区特色农业产区的调研，定量分析了农业保险与政府、银行、担保公司等协同带来的减贫效果，以及在当前发展进程中存在的问题，并基于调研情况提出了相应的政策建议，为"政银保担"制度协同创新提供了依据。

（二）农村金融反贫困数字金融渠道创新绩效评估

第九章，数字普惠金融对农户多维减贫的影响机制与效应。重点比较分析了农户互联网金融使用广度和深度对绝对贫困户和临界贫困户的多维减贫效应，从区域差异和家庭负债维度探讨了其异质性影响，并检验了其作用机制，探讨了数字普惠金融对破解农户"金融贫困恶性循环"困境的作用，完善了互联网金融体系在脱贫攻坚与乡村振兴衔接中的作用。

第十章，数字普惠金融与农户相对贫困脆弱性。重点分析数字普惠金融发展对异质性农户相对贫困脆弱性的变动影响效果及其作用机制，并揭示后扶贫时代农户贫困脆弱性在区域层面的变动状况，探讨了相对贫困人口的变迁对农村产业结构转型和乡村振兴的作用及其可能给相对贫困治理带来的冲击。

三 第三篇，案例——农村金融反贫困创新经验

本部分重点通过对农村金融反贫困创新模式及其数字化转型、新型农业经营主体的融资增信路径等进行系统的阐述，并结合实证评估结果进行精准施策，提出有针对性的政策建议。

第十一章，农村金融反贫困创新的国际经验与中国定位。以对发展

中国家和发达国家农村金融反贫困创新实践经验的总结梳理为核心，重点对孟加拉国、玻利维亚、印度尼西亚、印度、德国等国外农村金融反贫困创新模式进行了简要的经验梳理，针对不同的金融反贫困模式提炼出相应的经验，并结合中国农村金融反贫困创新的目标定位进行有效模式选择。

第十二章，中国农村金融反贫困模式创新典型案例。重点对传统小额信贷扶贫模式、农业供应链金融扶贫模式、"政银保担"信贷联合扶贫模式等进行总结归纳。同时，对"互联网＋金融＋智慧农业"反贫困模式以及传统金融机构的数字化转型模式等进行梳理，揭示不同农村金融反贫困创新的有效经验做法。

四 第四篇，对策——农村金融反贫困创新路径

第十三章，乡村振兴战略下农村金融反贫困创新路径。重点对乡村振兴战略下农村金融反贫困创新的风险分析、风险预警、风险防范、风险化解进行探索，并从农村金融反贫困价值服务体系、风控体系、激励体系，农村金融服务供给与需求改革，农村金融体制机制创新等层面提出农村金融反贫困创新的发展策略。

第十四章，研究结论与展望。重点归纳总结了本书的核心结论及观点，针对书中存在的不足和需要进一步深入探讨的内容做了展望性探讨。

第五节 研究方法

一 系统研究法

从系统和整体的视角出发，通过系统地探讨小农户与新型农业经营主体信贷利益联结在农村金融服务产业链和供应链融资过程中的整体福利水平的变化，剖析多元主体的利益联结带来的融资增信能力变化，以及这种变化对农户生计资本变动与农业产业组织化运营等方面的影响，进而探讨其在农户贫困减缓方面的作用效果。

二 田野调查法

为有效测度深度贫困地区农户如何利用新型农业经营主体与金融机

构有效衔接服务产业链和供应链来进行融资增信，通过对四川、云南、重庆、江西等地的实地调研，并结合中国家庭金融调查数据相关抽样，设计问卷进行田野调查和典型案例访谈。重点对农村金融机构在脱贫攻坚与乡村振兴过程中如何开展农业金融产品与服务模式创新，以及数字普惠金融如何有效应用于农村"三农"实体经济中的问题进行分析。依托实地调研和访谈搜集资料，系统地分析农村金融不同模式创新带来的反贫困效果。

三　统计分析法

为了有效测度农村金融反贫困创新绩效，通过构建农户多维贫困综合指数、数字普惠金融指数、互联网金融使用广度和深度、农户多维贫困脆弱性指数等指标，采用工具变量分析法、倾向得分倍差匹配法（PSM-DID）、三阶段最小二乘估计、面板双向固定效应模型等揭示农村金融反贫困的作用效果，同时对比分析了不同主体、不同模式、不同类型、不同区域条件下的农村金融多维减贫效应，提炼出目前农村金融反贫困模式创新的有效路径。

四　案例分析法

通过对国内外农村金融反贫困的典型案例及有效模式进行梳理，提炼出国内外金融反贫困典型经验做法，并结合国内在传统银行信贷模式创新及数字普惠金融模式创新方面的实践案例，总结和梳理出目前有效的典型模式，为金融服务乡村产业振兴发展提供决策参考。

第六节　研究创新点

一　探讨了农村金融反贫困创新的理论内涵及其发展规律

阐述了农村金融支持乡村振兴发展与金融反贫困创新的理论内涵、重点任务和战略意义，从农村金融服务精准扶贫到乡村振兴发展有效衔接，构建了"机理解构—绩效评估—案例阐释—对策建议"的农村金融反贫困创新分析框架，为贫困农户摆脱"金融贫困恶性循环"困境提供理论依据。同时，从小农户与新型农业经营主体利益联结的视角提出了内部利益联结与外部主体多元协同的融资增信体系，借助数字科技赋能产业链融资进行信用创造，从而实现对农户多维减贫的理论框架建构，具有一定创新性。

二　剖析了小农户利益联结的融资信用创造机理

构建农村金融巩固脱贫攻坚成果与促进乡村振兴发展的体系，需要将小农户纳入组织化体系中，并依托金融科技赋能农业产业链和供应链环节的信用创造，实现多维减贫。通过对自主发展模式与委托发展模式下农业供应链金融信贷的减贫机制进行分析，将小农户纳入现代农村金融市场体系中，探讨了农业供应链金融信贷在事前甄别、过程控制与事后履约过程中的风险防控机制。通过同伴监督的内部软约束和农业产业供应链信贷的闭环交易大数据风险管控约束，推动产业链与信贷的有效融合发展。创新性地将小额信贷与产业链、供应链结合，将农业供应链体系纳入融资增信中，揭示了农村金融服务供应链融资增信机制和减贫机理的"黑匣子"，将社会资本与农业供应链金融信用创造有机融合，丰富了农村金融信贷软约束监督和数字化赋能的联结机理，相关机理分析具有一定的创新性。

三　深度比较分析了不同主体利益联结与多元协同模式和渠道创新带来的多维减贫绩效

将多元主体利益联结与协同模式创新带来的作用效果纳入反贫困的测度中来，创新性地构建了农户多维贫困综合指数、财政支农和金融扶贫综合效率指数、"政银保担"协同指数等，为有效测度不同主体领办合作社及融资主体依托农村金融反贫困创新模式和渠道带来的多维减贫效果提供了科学依据。同时，检验了数字普惠金融发展对农户多维减贫的效应及相对贫困变动的作用，有效测度了不同贫困线标准下的农户相对贫困脆弱性变动状况，为有效揭示后扶贫时代相对贫困治理提供了有力的经验证据和路径方向。

四　全面梳理了国外农村金融反贫困创新的典型经验做法

全面系统地梳理了发达国家和发展中国家农村金融反贫困创新的经

验做法，并结合中国农村金融反贫困创新的主要做法及规律，系统地提炼出中国农村金融反贫困创新的有效方案，针对目前农村金融反贫困存在的问题，提出了后扶贫时代乡村振兴发展的有效路径。从系统观和发展观的角度，依据"案例剖析—问题梳理—对策建议"的思路提出了农村金融服务乡村振兴发展的重要对策建议，具有一定的政策指导和实践应用价值，探索性地融入了中国特色的农村金融反贫困发展方案，相关典型案例的实践经验梳理具有一定的创新性。

第二章　文献综述与理论基础

在巩固拓展脱贫攻坚成果与乡村振兴战略有效衔接的背景下，总结和梳理国内外农村金融反贫困的相关文献和理论，更好地理解中国特色社会主义反贫困成就，特别是梳理总结中国农村金融反贫困及创新带来的有效经验做法，需要对已有国内外文献进行综述，将反贫困的理论思想贯穿本书的全过程，重点梳理了马克思反贫困理论、西方经济学反贫困理论和中国特色社会主义反贫困理论，并在此基础上，对书中的重要概念做了界定说明。

第一节　农村金融反贫困文献综述

一　农村金融信贷需求的影响因素

微型金融需求是对微型金融产品和服务的需求，包括正规信贷需求和非正规信贷需求，分别表示信贷需求方向正规金融机构或者非正规金融机构寻求信贷融资，以及有偿还款的意愿需求。由于难以有效地识别农户的信贷需求与偿还能力，而正规信贷往往是以传统融资抵押担保为主，无抵押担保的信贷农户往往难以获得正规金融机构的信贷供给；而非正规金融机构则以高利息、高成本贷款为主，农户往往以较高的融资成本转向非正规信贷，进而增加了农户的融资成本。因此在识别农户需求的过程中，正确辨别其是不是正规信贷需求就显得尤为重要。

长期以来，在农村金融需求层面，农村金融产品创新不足、抵押担保难、金融服务成本高、抵押物价值不易评估、农户市场经济意识薄弱、自我发展能力不足等多种因素导致农户信贷需求不足（李卿，2014）。同时，由于信贷需求方往往缺乏有效的信用基础数据，要想全面了解需求方信用，必须通过实地尽职调查，这就造成信贷额度偏少导致利润较低和微型金融机构交易成本上升的两难困境（赵若舜，2015），制约了农村金融对农村小额信贷的投放。农村金融往往建立在农村熟人社会的网络关系基础上，使得农村金融需求主体特征与金融扶贫产品的供给存在较大的差异，在服务贫困人群的目标上，往往存在农村金融服务的"使命漂移"现象（周天芸，2012）。

影响低收入人群微型金融需求的因素往往较多，不仅包括需求方的个体特征，比如年龄、文化程度、婚姻经历、工作情况等（宋玉颖、李亚飞，2017），还包括金融机构的信贷政策及经营主体特征，比如与金融机构的距离、信用状况、负债情况、信息化程度、生产经营特征、专业技能、患病情况（龙云飞、王丹，2017；马乃毅、蒋世辉，2014）。此外，农户所拥有的土地价值高低对能否获得正规借贷具有重要影响，比如印度农户所拥有的农场面积、经营规模、民间借贷经历、投资和支付倾向、单笔借贷金额等对借贷需求有正向影响（Ravi，2003），而家庭年收入水平、所拥有住房财产状况对借贷需求有负向影响（程杨等，2014；周小斌等，2004）。家庭生产经营性和生活消费性支出对信贷需求有重要的影响（谢昊男，2011；李乐等，2011）。影响微型金融需求的外部因素有政策落实程度，以及金融机构的激励机制、结构缺陷、功能缺陷、自主创新能力、服务意识、合格主体。

二 农村金融信贷供给的影响因素

由于小额信贷涉及借贷双方信息的不对称、信用环境的不健全风险大，如果通过连带责任和动态激励的方法将传统正规金融机构拥有的资金与非正规金融机构拥有的信息结合起来，将会有效促进微型金融机构获得成功（Armendáriz and Morduch，2005），但风险规避是微型金融机构信贷供给考虑的重要因素。政府对利率的管制也会影响微型金融机构的信贷供给，若政府放松利率管制，采用较低的利率将会提高微型金融机构的信贷供给效率（Helms and Reille，2004）。面对不同客户的不同需求，微型金融机构的自主创新能力和利润也会影响微型金融机构的信贷供给（McIntosh and Wydick，2005）。

在农村地区，信贷来源主要是农村信用合作社和亲友，其中农村信用合作社是主要的商业渠道，银行借贷发生率极低（喻海东，2011；朱广其，2014）。由于未能建立一套与融资需求相匹配的融资供给体系，现阶段简单地放宽微型金融机构的准入要求，也并不能够让微型金融机构持续拥有"支农支小"的信贷优势。融资渠道单一，主要依赖民间商业资本，资金支持能力的不足深刻制约了微型金融机构的资金供给（张丽琼，2012；杨伟坤等，2012）。微型金融服务还存在覆盖不全面的问题，仍有很多乡镇没有提供微型金融服务的金融机构网点。政策驱动实现了微型金融机构的数量攀升，但是信贷农户常常无法提供可靠的抵押品，所以未从根本上解决对微型金融发展具有明显遏制作用的高昂交易成本问题（刘乃梁，2016；徐淑芳、彭馨漫，2014）。如何同时实现财务目标和社会目标是影响微型金融可持续发展的最大冲突和障碍（张正平，2011）。从解决方案上看，微型金融机构可以通过扩大资产规模、加强风险管理等方式提高自身经营能力，保障其社会扶贫功能（熊芳、王晓慧，2012）；也可以通过专业化的经营主体降低风险，如农业龙头企业就是微型金融机构及开展微型金融服务的机构支持和竞争的焦点（刘星、张建斌，2010）；运用小额信贷模式能在实践中较好地解决贫困户贷款的目标瞄准和风险管控问题（谢玉梅等，2016）。

三 农户利益联结融资增信机理

农户与新型农业经营主体之间的利益联结带来的融资增信往往受制于信用体系建设和融资增信平台的缺失，造成融资增信缺乏规范的市场机制、信用规则和制度体系（陈元，2012）。传统金融信贷受制于金融机构与新型农业经营主体之间的信息不对称，而贷款条件偏高、信贷担保体系不完善、信贷风险分担机制不健全等因素也制约了新型农业经营主体的信用融资能力（陈雨露、马勇，2009；林乐芬、法宁，2015）。新型农业经营主体的融资需要政府部门通过不断健全支农补贴及担保体系来解决信贷融资过程中的信用不足问题（王吉鹏等，2018），积极探索多种形式的融资担保模式和信用体系（江维国、李立清，2015），特别是通过创新产权制度结构来提升新型农业经营主体的整体信用，从而完善第三方融资增信机构评估体系。在新型农业经营主体融资增信机制创新和路径选择上，王建华（2017）界定了融资增信的边界和制度，周孟亮（2018）提出了融资增信有利于促进金融资源优化配置效率的提升，但融资增信过程中的价值评估、标准制定和信贷评价监管相对缺失，制约了其信贷融资增信效果。为此，构建有效的信用评级体系和提升新型农业经营主体的信用能力成为提高其信贷可得性的重要前提。

当前国内外对相关的研究主要集中在传统信贷融资约束方面，更加关注利用信贷融资担保物来化解信贷融资风险问题。围绕农户与农民合作社之间的利益联结以及信息技术的应用，借助农村金融融资模式和技术渠道的创新，积极发挥新型农业经营主体在衔接小农户信用融资增信中的重要作用来有效缓解农村金融反贫困面临的困境，成为构建农村信用征信体系的重要领域和方向。

四 农村金融反贫困机制研究

在宏观层面，农村金融反贫困重点是通过金融手段，将资金要素注入农村产业发展过程中，通过不断促进经济增长来达到普惠性减贫增收、促进就业、缩小城乡收入差距等目标。传统观点认为，农村金融机构通过拓展金融网点的覆盖广度和普惠深度，通过精准式信贷扶持产业发展来促进区域经济增长，并缩小金融信贷约束带来的收入分配差距，降低多维贫困程度，即沿着"金融发展—经济增长—收入分配—贫困减缓"的路径（曾康霖，2004），从而更好地发挥金融在服务实体经济发展中的积极作用（Levine et al.，2007）。金融反贫困不仅通过金融本身的发展水平发挥普惠的作用，还可以促进城乡要素的双向流通和提高对外贸易的开放度（Fowowe and Abidoye，2013），从而扩大就业、提高贫困农户的收入，间接地实现减贫的目的，但这是一个漫长的渐变过程（Khan and Ahmad，2012）。另外，农村金融发展的区域差异，也会导致区域之间的资源错配，造成收入分配差距和资源错配扭曲，从而带来金融资源的"劫贫济富"，拉大要素资源的贫富差距，降低农村金融反贫困的作用效果（Laffont and Tirole，1991；Mansuri and Rao，2012；Pan and Christiaensen，2012）。

在微观层面，农村金融反贫困机制主要通过微型金融与合作金融来实现对贫困农户的信贷支持和贫困减缓。相对财政扶贫而言，微型金融往往具有特定性而非普遍性，在金融普惠过程中往往表现为贫困瞄准偏误和资源错配严重（汪三贵等，2007），导致互助性金融机构和扶贫性金融机构发挥的扶贫作用较为有限（王曙光、王东宾，2011）。但农村微型金融机构在承担扶贫开发工作时，强烈的政治使命赋能脱贫攻坚却导致较强的融资溢出效应，替代一部分传统正规金融机构的服务功能（高杨、薛兴利，2013），并发挥合作金融在村庄治理、内外部监督、贫困人口瞄准等方面的突出作用，从而更好地服务于真正贫困人群（林万龙、杨丛丛，2012）。农村金融发展水平较低是影响微型金融减贫效果的主要原因，再加上农村长期存在产权制度、保险制度不健全等问题，导致微型金融机构难以在农村贫困群体中扎根以及产生可持续的减贫作用。农业供应链金融信贷还存在"麦金农导管"效应（Jeanneney and Kpodar，2011），通过提高贫困农户的信贷谈判能力和贫困人口的信贷可得性来实现减缓贫困的目的（Burgess and Pande，2005），但这种方法对贫困农户的减贫效应只是间歇性的，并非可持续的脱贫之计。需要长期的信贷扶持政策支持经济增长和提升农民就业（Odhimbo，2011），降低农村商品和劳务的交易成本，间接通过城乡融合发展来实现贫困减缓的目的（Philippon，2015）。

要有效地推进农村金融反贫困，其核心在于降低金融风险和强化过程监督，既要对农村金融反贫困模式创新进行制度层面的风险防控建设，还要加强对大数据信息技术、区块链技术等层面的数字技术的风险防控。农村金融反贫困的模式创新，需要重点对农业产业链和供应链生产环节及供应链环节中的信贷供需匹配进行有效监督，降低供应链内部成员之间的信息不对称，强化同伴监督的信贷软约束作用，从而将外部金融信贷内置化，防范信贷成员进行逆向选择和主动违约。依托农业产业链和供应链环节中的成员之间联保贷款也可以促使信贷融资过程中的道德风险降到最低，激发团队还款意愿（周怀峰、黎日荣，2011）。此外，信息技术建立在大数据技术和信用的全过程动态监控技术上，为乡村振兴阶段更好地掌握不同信贷人群的风险状况提供了有力的技术支撑。

五 农村金融反贫困绩效评估研究

农村金融反贫困绩效的测度往往具有较大的差异，不同贫困对象、时间、区域、方法、范围、指标、概念内涵等都可能导致反贫困绩效难以有效测度且缺乏可比性。Piazza 和 Liang（1998）提出，提高扶贫绩效的关键因素不是扶贫资金供给数量多，而是资金使用效率和资金的瞄准度高。Cohen 等（2004）的研究指出，指标、贫困县和匹配方法的选择会影响扶贫成效，而这种项目效果的不确定性会使参与者很难推测是否能够永久获得收入。在精准扶贫过程中，林文曼（2017）采用扶贫资金利用率、扶贫资金到户率、资金项目报账率、项目招投标率等指标分析了农村贫困人口减少率和农村恩格尔系数、农村失学率之间的关系，认为瞄准对象、瞄准方法和扶贫资源的准确投放将决定扶贫政策或扶贫项目的绩效，且信贷资金往往存在漏损和瞄准偏误的问题，这些问题会造成反贫困绩效存在一定的差异（刘世成，2016），因此需要克服现有的评估方法带来的局限性，综合评估其作用效果（李延，2016）。

针对集中连片特困地区，传统金融机构与多种新型金融反贫困技术和模式的有效融合，也使得农村金融反贫困的效果差异较大，特别是金融机构在精准扶贫过程中肩负着一定的政治使命，采用完全市场化的金融扶贫手段来测度反贫困效果也显得不太合宜。廖晓军（2008）根据贫困县和非贫困县的财政资金、金融资金投入和监督机制进行对比发现，主体责任、权责模糊带来的反贫困效果往往难以在客观数据中体现出来，特别是针对产业薄弱和农民生计资本较低的贫困地区，缺少有效的反贫困测度效率评价体系和长效的监控手段（巫志斌等，2013），这使得农村金融机构在农户个体和主体的协同层面存在较大的扶贫效果差异（黄琦等，2016）。

六　农村金融反贫困创新路径研究

农村金融反贫困创新既需要顶层设计、系统推进，也需要因地制宜、差异化实施，结合各地实际进行深度融合创新。不仅需要强化农村金融反贫困的模式创新，也需要推进金融科技的有效应用来实现农村金融反贫困多元主体、制度以及模式等层面的不断创新优化。在宏观层面，农村金融反贫困不仅需要制度创新、监管政策制定、信息技术平台打造等多维层面的顶层制度设计（周孟亮，2020），也需要在深度贫困地区结合当地实际，给予一定的信贷、保险、担保等金融产品及服务政策的倾斜（张琦等，2020），从而促使金融反贫困创新的政策更为有效。加强金融反贫困的供给侧改革，通过开发性扶贫和政策性金融扶贫以及合作金融、多元化小额信贷组织、创新金融服务等实现金融反贫困路径的有效性（温涛、刘达，2019）。在微观层面，农村金融反贫困创新需要在金融产品设计、服务模式创新、金融主体协同、数字技术应用、农业产业链环节的应用等层面实现多维反贫困（刘建民，2018；周孟亮，2018；关佳，2020）。对于偏远山区存在的高昂交易成本，需要在产品设计和区域协同等层面提供较强的联动，发挥金融科技的普及作用，培训提升贫困农户的金融素养（吴寅恺，2020）。但无论是宏观还是微观层面的反贫困创新路径，现有农村金融反贫困创新都需要强化农业金融服务"三农"实体经济的积极作用，特别是在贫困农户信贷层面，开拓更多的方式和可供选择的产品，强化低收入农户的金融认知能力，结合产业链和供应链（刘西川、程恩江，2013）、技术应用（童馨乐等，2015）、合作社内部软约束等积极增强农户信贷的可得性。

七 相关文献述评

综观农村金融反贫困创新的相关文献，发现大多数研究主要聚焦传统银行信贷和数字普惠金融信贷对农户和新型农业经营主体的融资增信和多维减贫的影响，但是对不断创新适合乡村产业发展及相对贫困治理的金融反贫困制度、技术、产品和服务以及模式等体系，已有研究仍然相对薄弱，具体表现在以下几个方面。

首先，农村金融创新在服务于脱贫攻坚与乡村振兴的过渡期，如何有效衔接小农户与现代金融市场，特别是将新型农业经营主体纳入小农户与现代农村金融市场来进行整体融资增信，现有的文献研究仍然比较欠缺。该阶段不仅需要在理论层面探讨多元主体如何进行利益联结，产业链和供应链环节如何实现融资增信和信用创造，融资主体多元协同的模式创新如何有效地服务于低收入群体，在新型农业经营主体内外部融资增信过程中如何进行风险监督和主体协同，这些都需要理论层面的创新探索，特别是要从农村金融服务于巩固拓展脱贫攻坚成果与推进乡村振兴的战略协同角度来统筹思考和谋划，在理论机理层面给予正面回答和积极评价，为构建中国特色的农村金融反贫困体系提供理论支撑。

其次，农村金融反贫困创新不仅在模式、技术渠道以及不同主体和环节层面具有较大的差异性，在已有农村金融创新过程中如何积极评价这些创新带来的多维减贫效应，已有研究仍然存在较大的分歧。大多数研究仍聚焦农村金融发展在减贫绩效、服务效率、信贷结构、农户信贷可得性等层面的评估,针对农村金融如何围绕产业链、供应链、技术链在模式渠道上创新,以及产业开发载体与协同链所带来的减贫成效的研究则相对欠缺,这也使得农村金融反贫困创新的绩效评价仍然是以传统小额信贷及宏观金融指标为主的金融反贫困评价体系,难以较为客观地刻画金融机构在农村金融反贫困中的实际成效,特别是部分金融机构数字化转型带来的数字普惠成效,难以从传统金融成效中剥离出来进行评估。

最后,由于农村金融反贫困创新受制于区域、结构、致贫原因、模式等带来的绩效评估差异,不同主体在政策、制度、技术应用等多维贫困农户的长效机制建设方面的路径选择存在异质性。因此,亟须在农业金融创新、农业农村高质量发展以及乡村产业振兴发展等层面探索出合适的农村金融服务体系,但已有研究大多聚焦金融普惠在微观和宏观层面的实践探讨,缺少对巩固拓展脱贫攻坚成果与乡村产业振兴发展所需要素的探索,因此需要构建适合农村金融反贫困的长效体制机制,从空间和时间维度多层次地探讨适合农村金融创新发展的重要路径。

第二节 农村金融反贫困理论基础

在人类社会进步发展、同贫困做斗争的历史中,国内外学者根据反贫困的过程、手段和目的,提出了不同的反贫困观点和理论。

一 马克思反贫困理论

1. 马克思反贫困理论的基本内涵

19世纪中期,基于资本主义制度和剩余价值理论,从关注人的角度出发形成了马克思主义的反贫困理论思想。马克思反贫困理论主要包括两个层面的内涵:一是资本主义制度是社会贫困的根源;二是反贫困的根本路径在于消灭剥削,建立适应生产力发展的生产关系。造成社会贫困的核心根源在于资本主义制度,资本主义制度导致资产阶级拥有生产资料所有权、无产阶级受剥削,二者之间不可调和的矛盾加剧了无产阶级的剩余价值被压榨,进一步造成资本积累与贫困恶性循环的不断重复

（黄玉霞，2020）。资本主义剥削制度不仅使得无产阶级遭受物质上的贫困，而且使得无产阶级遭受精神上的贫困。为此，马克思认为，资本主义社会反贫困需要调解资本家与劳动者之间阶级对立的矛盾，调适生产力与生产关系的阶级属性，发挥政府力量来不断加强低收入人群的福利保障，从而缩小贫富差距，但总体效果仍相对有限，唯一的出路在于消除资产阶级对无产阶级的剥削与压迫。

2. 马克思反贫困理论的表现路径

马克思反贫困理论的目标是在"以人为本"的理念下，通过解放人类来实现一个没有剥削、没有压迫的共产主义世界。该理论具有强烈的革命性质和一定的理想色彩，但却为资本主义剥削制度下的贫困工人反抗压迫和摆脱压迫提供了思想武器——消灭资本主义剥削制度，通过建立无产阶级的革命政权来推翻资产阶级的统治，实现社会资源的均等化分配，建立社会主义制度，改变无产阶级命运，从而永久摆脱贫困。

马克思反贫困的理论路径具体表现为两个层面：制度革新是反贫困的前提，发展生产力是反贫困的根本手段。一方面，马克思在分析资本主义制度后揭示出资产阶级对无产阶级的剥削和对生产资料的掠夺，是无产阶级长期贫困的根源。无产阶级靠出卖劳动力为生，资本家对剩余价值的追求和压榨成为资本积累和社会再生产的主要动力，这直接和间接地造成资本不断向资产阶级聚集，而无产阶级则越来越贫困，收入差距和贫富差距越来越大，贫困问题根深蒂固、无法消除，唯有通过无产阶级当政打破剥削与被剥削的关系，并构建无产阶级反贫困的制度保障，才能实现根本性的贫困消除。另一方面，马克思将发展生产力和提升居民物质生活水平作为全人类前进的根本动力，资本主义通过生产力的快速发展和制度的变革，不断创造和积累物质财富。但生产力的快速发展却建立在劳资之间生产关系的阶级对立上，本质上资本主义的发展必然建立在无产阶级贫困的基础上，从而导致阶级矛盾激化和贫富差距的扩大。其核心观点在于消灭剥削、提高生产力发展水平并建立与之相适应的生产关系和社会制度，从而推翻资本主义剥削制度和实现人的全面解放。

3. 马克思反贫困理论创新

马克思反贫困理论机制主要包括以人民为中心的共同富裕价值理念、

突破碎片化和分散化的贫困治理体系格局、彰显辩证唯物主义和历史唯物主义的反贫困方法、加强党政领导在贫困治理体系中的主导作用以及反贫困体制机制建设。

首先，马克思最早揭示了无产阶级贫困化及贫困累积的根本原因在于资本主义雇佣劳动下的资本剥削，认为推翻资本主义政权和消灭资产阶级剥削是消除贫困和实现共同富裕的前提。马克思反贫困思想是建立在以人民为中心的共同富裕价值理念上，充分调动一切积极因素，构建项目、行业、社会扶贫等多方合力的大扶贫发展格局。其次，马克思认为反贫困不是特定地理区位和空间自然形态所进行的一种反贫困措施，而是需要加强区域、行业、产业、政治等有机协同，突破碎片化、分散化的扶贫格局，打造多元共治、空间协同、协作互助，推动跨主体、跨地域、政府与市场有机联动的大扶贫格局。再次，马克思认为人的劳动本身具有非分割性，人的集体协作化劳动并非简单的加总，而是整体合力的凝结和协同效应的释放。因此，需要采取超常规的方式将各方资源有机整合，运用系统和全面、整体和局部、辩证和历史唯物主义的思维来统筹谋划反贫困的事业发展。最后，马克思将人的主观能动性上升到集体的层面，重点在于强化党政领导的核心地位，集聚国家和地方、行业和企业以及各种社会力量参与反贫困，构建党和政府主导下的大扶贫体制机制。

二　西方经济学反贫困理论

1. 信息不对称理论

在商品市场或劳务市场上，信息在产生、传递（或交易）、接受过程中都会产生差异，因此造成交易双方对交易对象的信息不对称。具体来说，信息不对称是指在经济、政治等社会活动中各人信息交换程度不对等，信息涵盖的知识、思想、情感、事实、数据不对称，是客观事物运动状态和运动方式的反映。信息本身是可以传递、扩散、复制、共享和增值的。市场是无形的，具有公开、公平竞争性，在市场交易活动过程中，每一个市场参与者都是理性经济人，以利益最大化为原则，在信息交换的过程中，根据所掌握的信息量做出决策，买卖双方对商品的质量与性能等相关信息的掌握程度存在差异，导致信息不对称现象无处不在。信息不对称理论的本质在于信息优势方对信息劣势方的剥夺,这种信息不对称状况导致交易双方存在交易上的逆向选择和道德风险。信息的不对称性可以划分为两个层面,即信息内容不对称和信息发生时间不对称。从不对称信息的内容看,不对称信息可能是某些参与人的行动,也可能是某些参与人的知识,分别称为隐藏行动模型和隐藏信息模型。从不对称发生的时间看,不对称信息可能发生在当事人签约之前,也可能发生在签约之后,分别称为事前不对称和事后不对称。

2. 团体贷款理论

团体贷款作为在农村金融服务农业产业链和供应链过程中发挥内部同伴监督和社会网络的作用来约束信贷风险的重要机制设计,最早是由尤努斯在孟加拉国小额信贷实践中探索形成的,而后由于其在发挥联保贷款和同伴监督作用方面的积极成效而得到普遍推广。该理论的核心思想是利用社员之间的同伴信任和彼此了解,构建同伴之间相互监督和利益共享的联结机制,达到形成信誉和利益共同体的目的,进而降低信贷风险和提高信用良好群组间的信贷可得性,这种自行联结的方式极大地降低了金融机构对农户信贷的信息不对称性(黄琦等,2016)。同伴之间的内部自行筛选机制也极大地降低了金融机构在风险识别和监督中的交易成本,借款人之间组成的信贷团体会通过自由的风险筛选机制而形成风险相对均衡的贷款集合体,即相同信贷风险的群体会自然地形成信贷共同体,而信用风险高与信用风险低的群体很难组合在一起,高信用组不愿意为低信用组埋单、消耗自身信用(章元,2005),从而提高了相应风险类型的市场利率,进一步克服信贷选择中信息不对称所带来的逆向选择问题,降低信贷过程中的交易成本。此外,联保贷款过程中的连带责任机制也促使担保人有义务去激励和监督利益关联方履约和维护彼此利益,从而有效地维护联保贷款的可持续运营。同伴监督相比银行监督而言具有较大的优越性和低风险性,借款人会倾向于选择风险较小的项目,进而降低资金使用风险(周怀峰、黎日荣,2011)。同时,借款人也会因忌惮同伴监督形成的集体惩戒而积极配合还款工作,这种重复动态博弈也激励各方对历史借贷记录进行良好维护,避免出现因道德风险和单次违约而带来的集体惩戒损失,发挥动态激励对后续贷款的正向作用,实现动态激励相容机制的累进效应,促使履约借款者得到较为丰厚的正向激励回报（丁均伟，2010）。

3. 普惠金融发展理论

20世纪80年代的农业信贷补贴论成为普惠金融的思想萌芽，其假设前提为农村贫困地区的居民基本上无储蓄能力，再加上农业生产具有周期长、风险大、收益率低的天生缺陷，使得以风险最小、收益最大为原则的商业银行不愿意投资农业生产，造成农业生产长期面临资金不足的困境。为缓解农户信贷融资困境，政府积极发挥作用，将财政补贴和低息贷款注入农业生产实践中，且该举措确实激发了较多的农村金融资本流入农业农村，对缓解农村融资困境具有较大的促进作用。但该理论也促使政府面临较大财政压力以及资金使用效率低下的问题，同时较低的融资利率也挫伤了金融机构信贷扶贫的积极性，监管的成本也提高了。金融机构虽然将信贷资金投放于农村，但更多聚焦富农而非贫农，这一方面保证了信贷资金的安全和有效回收，另一方面也满足了政府对农业农村投放的考核要求，这种普惠金融手段直接或间接地造成农村地区贫富农民之间存在较大的分化，因此农民合作社内部信贷往往存在"精英俘获"现象。

在金融反贫困过程中，由于信息不对称和使命诉求的差异，金融机构追求盈利、政府追求社会公益性以及贫困农户追求贷款成本低的诉求，使得三者之间往往构建起一个"信贷不可能三角"的矛盾状况，这种矛盾状况使得农村信贷市场融资难和融资贵现象长期存在。政府和贫困农户之间由于金融资源的分配不均等，存在帮扶对象精准识别难和信贷资源配给的不均衡性的问题；由于金融机构和贫困农户之间缺乏完善的信任机制和保障机制，较大的信贷风险让金融机构对进入贫困地区持观望态度，这使得金融机构与农户之间的信贷供需陷入"金融贫困陷阱"。随着合作金融和微型金融在农村的不断推广应用，越来越多的农村金融机构通过新型农业经营主体有效联结政府扶贫资源和金融机构信贷资金，将信贷风险不断转嫁到集体产业发展及供应链的环节中，降低经济组织的融资增信风险以及管理成本（孔祥智，2011），从而达到金融普惠的效果和目的。

三 中国特色社会主义反贫困理论

中国特色社会主义反贫困理论总体上继承和发扬了马克思反贫困理

论的思想内涵，并在此基础上不断创新，拓展出适合中国国情的反贫困发展道路，特别是对中国反贫困工作做出了科学、系统的阐释，成为精准扶贫和乡村振兴战略发展的思想武器。该理论的核心内涵是以共同富裕为发展目标，通过积极发展生产力和建立生产力与生产关系相匹配的制度体系，从制度层面保障中国特色社会主义反贫困的长效机制，消除两极分化，实现共同富裕。

1. "依靠谁"：金融反贫困的动力源头在于中国共产党领导

反贫困事业的核心在于坚持中国共产党领导、动员全社会力量、组建扶贫工作队和培养农村致富带头人。党的领导是反贫困的根本保障。中国反贫困事业的核心动力在于坚持中国共产党的领导，抓好党建、促进脱贫攻坚，是贫困地区脱贫致富的重要经验。金融反贫困需要动员全社会各界力量，特别是激发国有金融机构在金融支农、政策帮扶等方面的主动性和社会责任感，构建政府、社会、企业、市场等多元主体协同反贫困的大扶贫格局，实现跨越城乡、区域、行业、部门、民族等的社会扶贫体系（李正图，2020）。反贫困的基层运行单元在于组建扶贫工作队和培养农村致富带头人。各贫困村根据发展情况组建扶贫工作队，设立帮扶责任人精准对接到每位贫困户，不仅有利于切实解决好贫困户真实存在的问题，而且有利于强化对基层干部的培养，让基层干部在实践锻炼中成长。

2. "如何扶"：金融助力外源脱贫制度和道路构建

中国特色的反贫困发展道路和制度的核心在于解决"如何扶"的问题，金融反贫困不仅需要发挥市场在资源配置中的积极作用，也需要发挥政府及社会各界在金融资源配给上的协同作用，这是金融"如何扶"的重点，决定了金融反贫困的最终成效。具体表现为以下四个层面。

首先，扶贫主体和方式的多元化。中国特色的金融反贫困道路要重点发挥社会多元主体扶贫的协同作用，形成政府财政专项扶贫、金融行业主动扶贫、社会参与助推扶贫等多方力量、多种举措有机结合和互为支撑的"三位一体"大扶贫格局。金融反贫困不仅围绕金融机构多元主体协同，还包括金融反贫困模式多元协同，提升金融反贫困作用效果。

其次，东西部区域协作与要素流动协同。中国典型的贫困空间差异导致贫困治理的区域不平衡不充分问题突出。西部地区贫困集中，贫困发生率高。改革开放之初的"先富带动后富"的战略思想逐步运用于中国贫困区域的空间治理层面。东部地区协同西部地区打赢脱贫攻坚战，成为中国反贫困的突出特征。同时，东部地区的资金、技术和人才等要素流动协同，并被应用到西部地区的脱贫攻坚战中，从而不断推动乡村产业振兴和组织治理变革，推动东西部地区全面建成小康社会。

再次，金融反贫困助力乡村产业振兴和农业高质量发展。将脱贫攻坚与乡村振兴有效协同，增强产业发展、社会治理、文化组织建设、人才建设等方面的相互协作，积极推进农业产业高质量发展和融合发展，促进乡村产业振兴，并通过中央和省级协作发挥政府与金融主体的协同作用。

最后，农村金融反贫困需求管理与供给侧改革有效协同。传统扶贫手段和模式创新的核心在于政策的精准性。金融精准扶贫成为金融供给侧改革的核心，在脱贫攻坚中需要从普惠性扶贫向精准性扶贫聚焦，特别是马克思反贫困思想与中国特色社会主义实践的有机结合，围绕扶贫对象、项目安排、资金使用、帮扶措施、帮扶干部、脱贫成效等六个方面精准施策，不断强化帮扶村和脱贫农户的"内生脱贫动力"，形成可持续的就业和产业脱贫长效机制。

3. "扶什么"：金融助力内源脱贫

金融反贫困的根本在于将扶贫与扶志、扶智等有效结合，这也是消除贫困的最有效方法。具体而言，扶贫需要先扶智和扶志，发展教育扶贫是阻断贫困代际传递的根本，所以要重视农村贫困地区的教育发展，通过培养和提高贫困农户基本技能和自我发展能力，为激发贫困农户脱贫致富产生源源不断的内生动力。教育帮扶的核心是增加贫困地区子女的受教育机会及促进教育资源配给的均衡化，防止因教育资源的不均等而强化阶层固化，从而导致贫困代际传递。通过发扬持之以恒的精神，集中力量化解深度贫困地区贫困问题，建立脱贫地区相对贫困帮扶长效机制，实现共同富裕，这是社会主义的本质要求。

总体而言，首先，中国特色的反贫困理论重点是坚持以人民为中心的主体思想，将全心全意为人民服务的宗旨贯彻到为中国人民谋幸福、为中华民族谋复兴的重要事业中来，坚决打赢脱贫攻坚战和助推乡村振兴发展，实现农业农村经济高质量发展。其次，中国特色的反贫困理论重在发挥人民群众的主观能动性和培育内生动力机制，坚持马克思无产阶级人的能动性发展观，发挥贫困群众自我脱贫和发展的作用，树立战胜困难的信心，将"授人以鱼不如授人以渔"应用到反贫困实践中，将扶贫与扶志、扶智等有机结合作为斩断贫困代际传递的重要手段。最后，中国特色的反贫困理论重在促进政府与市场机制的协同发力，发挥中国特色社会主义制度的优越性，将"输血"和"造血"手段有机结合，鼓励社会力量协同发力，将消除绝对贫困和相对贫困有效衔接，提高扶贫的精准性和反贫困效率，最终实现全体人民的共同富裕。

第三节 概念界定及内涵

一 反贫困

国内外学者对反贫困的概念界定相对较多。一是按照界定范围可以划分为广义和狭义的反贫困。二是按照贫困的维度可以划分为单维贫困和多维贫困。其中，单维贫困主要是收入贫困；而多维贫困不仅包括收入贫困，还包括健康、教育、能源等多个维度的贫困，囊括所有影响生计的贫困。三是将贫困的程度状况按照国际贫困线划分为绝对贫困和相对贫困，即低于国际贫困线标准的贫困被界定为绝对贫困，高于国际贫困线标准的贫困被界定为相对贫困。四是按照贫困的结构划分为收入贫困、能力贫困和权利贫困，分别反映不同农户的收入、能力和权利是否处于贫困的状况。反贫困的概念辨析见表2-1。

二 农村金融反贫困

金融反贫困相较于政策性扶贫具有更强的开发性和产业扶持带动功能，它是一种缓解地区资金供需矛盾的有效手段。目前对金融反贫困还没有一个非常严谨的概念界定。基于已有文献，本书将金融反贫困概念界定为由金融扶贫部门和金融机构通过加大政策实施力度，不断创新金融产品、服务及运营模式，夯实金融基础，发挥金融机构的杠杆作用，推动对贫困地区"造血式"扶贫和贫困人口自我发展能力的提升，从而提高贫困农户的信贷可得性和金融反贫困素养，进一步改善农户多维贫

表2-1 反贫困的概念辨析

相关概念	内涵界定	相对聚焦	经典文献研究
贫困	一种匮乏的经济社会状态	以食物、收入为主要测度的生存型资本不足导致的福利匮乏和贫困状况	Sen（1981）
绝对贫困	家庭收入低于联合国制定的国际贫困线标准，导致居民难以维持最基本的生存需要		冈纳·缪尔达尔（1991）
相对贫困	相对其他社会成员而言，具有较低的经济收入水平，但相比绝对贫困的人而言收入水平相对较高		Walker-Smith（2002）；Fosu（2017）
收入贫困	个体或家庭的收入水平低于维持基本生活所必需的最低收入水平；其反贫困路径主要包括救济式扶贫、发展社会慈善、增加政府救济金和社会捐助		Robert（2014）
能力贫困	追求美好生活的能力被剥夺，使得人们缺乏追求自由、提升生活水平及福利水平的必要的发展能力，需要通过改善教育和健康状况，实现贫困人口的基本生存和脱贫能力的提升	以技能、机会、制度、权利发展等为代表的发展型资本不足导致的多维度贫困状况	Chambers（1995）；Sen（1999）
权利贫困	社会排斥导致个体在政治、经济、社会、文化、教育、健康等多方面存在的权利缺失，从而导致资源获取不足及贫困状况；通过赋权式扶贫实现乡村贫困治理体系的优化，保障弱势群体的权利和发展机会，实现共享式发展		张秀艳和潘云（2017）
多维贫困	多维贫困指数（MPI）测度了教育、健康、生活水平、可行能力、收入等多个维度层面的匮乏状况		Maasoumi和Racine（2016）；Alkire和Shen（2017）
精准扶贫	针对不同贫困地区资源禀赋状况，因地制宜，采用科学有效的贫困治理方式，对扶贫对象实施"精确识别、精确帮扶、精确管理、精准施策"的治贫方式。其核心在于因地制宜、分门别类地根据实际情况进行有针对性、区别性的扶贫，从而实现贫困人口的脱贫致富	分析致贫原因及其精确帮扶措施，从而让贫困户摆脱贫困	习近平（2014）

困和农村贫困落后的现状的反贫困手段。

供应链金融主要是指供应链环节内部成员为了降低信息不对称和交易成本，构建以供应链体系为主的由资金流、物流、信息流、人流等形成的供应链闭环体系，并整合供应链资金而形成的金融服务体系。金融服务于农业供应链生产、加工、销售等不同环节，使不同环节中的农业利益关联方获得更好的金融服务支持，从而提高各环节的农户信贷可得性，进而发挥金融杠杆作用，促进农业产业发展，提升金融减贫成效。该过程又被称为农业供应链金融或农业产业供应链金融，其核心在于提高资金在产业供应链环节的利用效率，降低供应链环节的信息不对称及交易风险，是围绕农民合作社进行农业生产、加工、销售等全过程的一个授信闭环，将商业银行的授信围绕各融资主体，实现物流、资金流和信息流的有效整合。

三 农村金融反贫困创新

从精准扶贫到乡村振兴，中国特色的脱贫攻坚在制度层面包括反贫困责任体系、政策体系、投入体系、帮扶体系、社会动员体系、监督考核体系和事后评估体系等制度体系，在制度层面保障了脱贫攻坚的有效推进和执行到位，但在政府主导、贫困对象参与的过程中，金融市场机制和社会力量的协同参与必不可少，金融反贫困创新不仅聚焦开发式扶贫创新，也包括内涵式扶贫创新。本书重点聚焦农村金融发展服务产业振兴、推进易地搬迁、增加和提高农村贫困人口受教育的机会和能力、提高农村贫困人口的健康水平等组合式反贫困的模式创新，解决贫困农户在收入、能力、权利等维度的综合性需求。在相对贫困治理方面，金融反贫困创新也更多聚焦金融产品及服务模式的创新来满足贫困农户的金融综合需求，以及依托数字金融科技创新金融服务渠道来提高农户信贷可得性，构建相对贫困农户的内源式减贫增收的长效机制。

四 金融贫困恶性循环

贫困恶性循环一词最早是由罗格纳·讷克斯在其《不发达国家的资本形成问题》中提出，其核心观点认为，发展中国家人均收入水平较低，投资的资金供给（储蓄）和产品需求（消费）都不足，从而限制了资本的形成，使得发展中国家长期陷入贫困状况。相较而言，中国长期面临的城乡二元结构、资本稀缺问题，再加上农村资本的外流带来"卢卡斯之谜"，形成金融资本在农村内部的"空洞化"，而且依靠市场力量无法摆脱这种资金供给不足和外流的状况。同时，贫困农户本身由于对资金需求相对较少，金融意识和素养较低，借贷的需求和意愿往往偏低,生产性融资不足进一步导致其发展不充分,从而导致贫困农户长期陷入"低资金需求→低投资意愿→金融供给不足与信贷排斥并存→发展能力不足→低产出→低收入→低资金需求"的"金融贫困恶性循环"怪圈中。

第三章　农村金融创新融资增信及其反贫困机制

在巩固拓展脱贫攻坚成果与乡村振兴战略有效衔接的背景下，农村金融反贫困重点聚焦农村金融服务乡村产业振兴发展，带动农户脱贫致富。在外部融资层面，农村金融机构不仅需要继续扶持脱贫攻坚产业的可持续发展，还需要助力乡村全面振兴，推动经济高质量内循环格局形成。在内部融资层面，不同类型的农村金融机构之间也需要有效协同形成合力，推动农村金融反贫困创新，从而促推乡村振兴。这不仅有利于直接带动农户减贫增收，还可以间接增强其在教育、医疗、健康等公共配套服务及农户生计方面的获得感。长期以来，由于贫困农户往往缺乏抵质押物，信贷排斥现象严重，信贷融资能力不足，因此，将小农户与新型农业经营主体有效联结起来，发挥农业产业链和供应链融资增信的作用成为关键。为此，构建农村金融信贷互惠合作机制，通过金融科技手段将传统银行信贷与农业产业链、供应链有效联结起来，促使农社利益联结与银社利益联结有效衔接，发挥农民合作社在农业产业链和供应链环节中的桥梁作用，强化金融信贷的融资增信及信用创造功能，将农户的信贷可得性与整体供应链和产业链有机融合，提高社员农户的整体信贷福利水平。结合小农户与农民合作社的利益联结，在产业链上实现融资增信，并借助数字金融科技实现信用创造，将小农户纳入农村金融反贫困创新的信用体系建设中来，提高贫困农户的信用创造能力。

一般而言，农村金融主要通过直接和间接的方式来发挥金融杠杆作用，促推农村产业发展，带动农户减贫增收。在间接作用机制层面，主要通过创新农村金融产品和服务模式来进行开发式扶贫，从而通过振兴乡村产业经济带动农民收入增加，并通过完善收入再分配制度，起到缓解贫困的作用。农村金融反贫困模式创新机制链表现为：信贷抵押不足→农村金融服务模式创新→强化新型农业经营主体信贷利益联结的产业链融资增信作用→产业扶贫及生计转型→农户多维贫困减缓。农村数字普惠金融反贫困创新机制链表现为：信贷抵押不足→数字金融科技赋能产业数字化转型→农户供应链环节交易数据信用创造缓解信贷约束→促推产业振兴及农户生计转型→农户多维贫困减缓。依托农民合作社这一载体来有效衔接小农户与农村金融市场，通过银社互惠与农社利益联结来整体提升供应链和产业链中各主体的信用水平，间接提升小农户个人信用水平，发挥信用融资增信作用，从而更好地服务于"三农"实体产业发展，避免贫困农户陷入"金融贫困恶性循环"的困境。

为了有效衔接贫困农户与现代农村金融市场，创新农业产业链融资模式、数字普惠金融渠道和财政金融扶贫投融资模式，依托农业产业链协同促进融资增信和产业发展之间的协同，利用数字技术赋能信贷风险防控和信用创造，助推财政和金融之间的协同，实现"政银保担"多元主体的协同，从而促进乡村产业发展，实现农民收入、教育、医疗、就业、社保、家庭生计等多维贫困的减缓以及乡村经济的包容性增长，最终促进乡村振兴发展（见图3-1）。

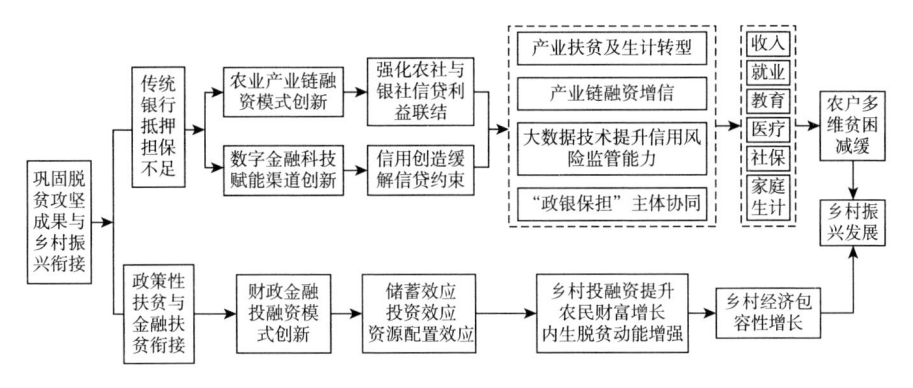

图3-1　农村金融反贫困与乡村振兴的传导机制

第一节　农村金融信贷互惠合作机制分析

为了缓解贫困农户个体的信贷抵押担保不足导致的融资困境，通过创新贫困农户与农民合作社利益联结机制实现融资增信，为探讨这种利益联结形成的融资增信机制是否能带来整体信用水平的提升，即小农户依托农业产业链、供应链融资是否能够在理论层面得到多方效用水平的提升以及农业产业链与供应链融资模式创新能否带来信贷多元主体之间的互惠合作，揭示合约不完全性基础上的银行、农民合作社、贫困农户三者之间的信贷合作博弈，本节借鉴互惠性偏好理论模型，重点从理论层面分析传统银行信贷与农业产业链、供应链联结后带来的银社信贷合作互惠效用的变动状况，目的在于降低普惠金融和精准扶贫背景下农业供应链金融风险，提高社员农户信贷可得性，为商业银行创新金融扶贫模式与提高金融反贫困绩效奠定理论基础。

一 在互惠性偏好下农村金融反贫困合作互惠效用分析

在农业供应链金融中，农民合作社与商业银行在农业供应链金融服务的委托代理中都有较强的动机去维护农业供应链金融关系。农民合作社需要获得作为供应链金融委托方的商业银行为其提供的信贷支持，而商业银行也需要农民合作社为其提供高质量的供应链金融配套服务以及帮助其降低供应链金融风险及交易成本，维持农业供应链金融信贷关系的稳固。在农业供应链金融中，商业银行可以提高信贷额度或者以优惠的利率来换取农民合作社提供更高质量的配套生产服务和更稳固的供应链关系，防范和降低农民合作社内部成员的信贷风险，并提高整个农业供应链的运作效率。

假定商业银行支付给农民合作社的供应链金融信贷供给效用水平高于 Holstrom-Milgrom 的最优水平，以确保农民合作社在最优风险防控努力水平下的收益要高于其保留支付水平下的收益。假定该收益差为 δ，农民合作社选择比最优水平更高的努力水平，假定努力差为 a^*，农民合作社的确定性收益为 $\omega+\gamma$。一般而言，互惠性收益水平范围为 $0 \leq \gamma \leq \delta$，此时的 γ 为确定性收益溢价。当农民合作社为理性经济行为主体时，商业银行的最优固定收益水平为 α_0，于是可以得到：

$$\alpha_0 + \delta + \beta(a+a^*) - \frac{\rho\beta^2\sigma^2}{2} - \frac{b(a+a^*)^2}{2} = \omega + \gamma \tag{3.1}$$

根据 Holstrom-Milgrom 模型，有

$$\begin{cases} \alpha_0 = \omega - \beta a + \frac{1}{2}\rho\beta^2\sigma^2 + \frac{1}{2}ba^2 \\ a = \frac{\beta}{b} \end{cases} \tag{3.2}$$

在新的契约条件下，绩效收益影响因子与 Holstrom-Milgrom 模型基本保持一致。其中 $\beta = 1/(1 + b\rho\sigma^2)$，为此可以求得农民合作社的超额努力程度为：

$$a^* = \frac{1}{b}\sqrt{2b(\delta - \gamma)} \tag{3.3}$$

为了进一步分析在农业供应链金融信贷中农民合作社与商业银行之间互惠性偏好带来的整体福利水平变动状况。进一步假定 $\delta \geqslant \gamma$，从而可以保证农民合作社的超额努力程度 a^* 是一个有效的实数解。当 $a^* > 0$ 时，表明农民合作社与商业银行之间实现了效用福利互惠共赢的局面，商业银行的产出或服务水平较理性人状况下的最优产出有所提升，即有利于实现帕累托改进。

在互惠性偏好下，商业银行的期望收益为：

$$\exp(U^*) = -(\alpha_0 + \delta) + (1-\beta)(a + a^*) = -(\alpha_0 + \delta) + (1-\beta)\left[\frac{\beta + \sqrt{2b(\delta - \gamma)}}{b}\right] \tag{3.4}$$

农民合作社供应链金融信贷选择 δ 最大化其期望收益，则对其进行求导并令其等于 0 时有如下表达式：

$$\frac{\partial \exp(U^*)}{\partial \delta} = -1 + \frac{1-\beta}{\sqrt{2b(\delta - \gamma)}} = 0 \tag{3.5}$$

求解可得：

$$\delta = \gamma + \frac{(1-\beta)^2}{2b} = \gamma + \frac{1-\beta}{2(1+b\rho\sigma^2)} \tag{3.6}$$

当 $\delta \geqslant \gamma$ 时，农民合作社供应链金融信贷的收益为：

$$\exp(U^*) = -w - \gamma + \frac{1}{2b(1+b\rho\sigma^2)} + \frac{b\rho^2\sigma^4}{2(1+b\rho\sigma^2)^2} = \exp(U) - \gamma + \frac{b\rho^2\sigma^4}{2(1+b\rho\sigma^2)^2} \tag{3.7}$$

此时当 $\dfrac{b\rho^2\sigma^4}{2(1+b\rho\sigma^2)^2} \geqslant \gamma$ 时，可以得到

$$\exp(U^*) \geqslant \exp(U) \tag{3.8}$$

如果进一步将固定收益差 δ 用于测度农民合作社与商业银行之间进

行供应链金融合作所带来的互惠性程度，那么农民合作社的确定性收益溢价 γ 与固定收益差 δ 之间可能存在函数关系。为此，构建二者的函数为 $\gamma = f(\delta)$，假定 $f'(\delta) < 0$ 来判定互惠性偏好在 Holstrom-Milgrom 委托代理模型中的重要作用。此时，可以得到：

$$\delta = f(\delta) + \frac{1-\beta}{2(1+b\rho\sigma^2)^2} = f(\delta) + \frac{b\rho^2\sigma^4[1-f'(\delta)]^2}{2(1+b\rho\sigma^2)^2} \quad (3.9)$$

可以求得：

$$\exp(U^*) = \exp(U) - \gamma + b\rho\sigma^4\{2[1-f'(\delta)] - [1-f'(\delta)]^2\}/[2(1+b\rho\sigma^2)^2] \quad (3.10)$$

比较 $\exp(U^*)$ 与 $\exp(U)$ 之间的大小，核心在于讨论 γ 的大小。

情形1：如果 γ 为一常数，则可以得到 $\gamma' = f'(\gamma) = 0$，上述已经讨论过。

情形2：如果 $b\rho\sigma^4\{2[1-f'(\delta)] - [1-f'(\delta)]^2\}/[2(1+b\rho\sigma^2)^2] \geq \gamma$，那么可以得知 $\exp(U^*) \geq \exp(U)$，而只有当 $f'(\delta) < 1$ 时，这种情况才能成立。

基于以上农社利益联结与银社利益联结形成的互惠效用福利对比发现，商业银行通过对农民合作社开展农业供应链金融信贷，将农民合作社的整体信用水平与农户的信用水平进行有效的"捆绑"，可以实现互惠共赢，提升不同主体的效用水平，提高整体产业链和供应链的福利水平。

二 农村金融反贫困互惠效用的信贷模式优化

在商业银行和农民合作社围绕农业产业链、供应链的互惠合作中，往往面临多种外界因素的干扰，从而影响最终的互惠效用福利水平。一方面，农村金融服务农业产业链、供应链时面临农业生产上的多种风险。农村金融机构信贷供给的主要目的在于保证农业生产的正常开展，增加收益。但在实际生产过程中，由于农业的弱质性，农业产业规模化和集中度不够、小农户分散化经营程度较高，导致大多数农户在进行生产经营活动时，无法获取最新的相关有效信息，无法对生产经营过程中的风险进行有效规避，且绝大多数农户所从事的农业生产经营活动技术含量较低，经营收益能力较弱，导致大部分贫困农户最终生产经营所获得的收益难以偿还借贷成本，信贷资金不能按期偿还，进一步影响到贫困农户的信用水平，造成信用贷款可得性降低，最终影响农业产业化经营规模和农户减贫增收的成效。另一方面，农业生产延伸存在信贷风险问题。由于贫困农户是农村金融机构的主要客户群体，大部分的金融机构在信贷资金投放后往往面临信贷资金难以回收、不良贷款比例偏高的问题，严重影响到农村金融机构资金的流动性和收益性。农村信用体系的不健全和信用交易数据未有效联网，使得农村金融机构开展信用贷款业务面临较大的信用风险评估难题，农村信用融资增信体系的不完善进一步加剧了农村金融机构慎贷、惜贷的心理。

为此，农村金融反贫困创新需要解决信用融资增信和农村金融机构协同发展难题。首先，通过创新传统小额信贷融资模式，提高农业产业链与供应链在小额信贷投放中的整体信贷融资增信水平，适当地加大各地区农村金融机构的合作力度，主动促成各金融机构的合并、重组，形成地区性更大规模的商业性金融机构，这样可以扩大借贷资金规模，应对各种业务的需求，发挥产业链和供应链环节的整体协同创新作用，进而提升贫困农户和低收入人群的信用创造能力。其次，通过传统金融机构的数字化转型来提升金融服务乡村振兴的效能，促进数字普惠金融在"政银保担"等机构之间的协同创新，提升资金使用效率。金融机构围绕产业链和供应链环节的信贷传输过程进行数字化风险管控，可以强化信用风险评估和监测能力，创新性地服务好乡村产业振兴。再次，政策性财政扶贫体系与金融反贫困体系有机协同，强化协同体系的创新，合理明确政策性金融机构的业务范围及职责定位，强化"政银保担"体系与政策性扶贫体系的协同建设。最后，创新农村金融服务模式和产品，构建多元化、多层次的农村金融反贫困创新产品和服务体系，促进农村信贷能力层次、信贷需求向多样化方向发展，特别是将政府、银行、保险、担保、期货等多元融资担保主体纳入农村金融反贫困创新体系，通过内外部融资创新不断完善金融机构自身产品和服务模式，不断提高金融服务乡村产业振兴和协同创新的能力。为此，探索农村金融反贫困模式、产业链融资增信、乡村合作融资增信、新型农业经营主体衔接融资增信、财政性政策反贫困体系与金融反贫困体系的协同创新等成为构建农村金融反贫困作用机制的核心。

第二节 农村金融利益联结的融资增信机制

一 农村金融利益联结的融资增信背景

长期以来,农村金融机构服务成本高、机构下沉难度大、收益回报低等现实困境制约了大型金融机构服务"三农"实体经济的能力。在精准扶贫战略和乡村振兴战略背景下,一方面,由于业务发展和资金供给的现实需要,以及金融科技的有效应用,越来越多金融机构下沉到农村地区开展金融产品和服务的创新,助推乡村振兴发展;另一方面,乡村振兴战略以及农业农村建设为金融机构寻找新的"蓝海市场"提供了可能。金融监管机构也提高了对服务"三农"的金融机构的信贷配给要求,不断强化金融机构对农业农村实体经济的信贷投放,在一定程度上加大了金融服务乡村振兴的投入力度。作为乡村振兴市场的重要新型农业经营主体,农民合作社往往兼具生产和服务双重功能,同时是有效联结小农户与大市场的重要桥梁,对于推动农业产业化、规模化、集约化发展具有重要作用。但是,由于农村金融机构的业务开展均是建立在"流动性、安全性和营利性"的基础上,为保障信贷投放安全往往建立在农户抵质押担保的基础上,部分低收入群体和贫困农户被排除在普惠金融的范围外,而农民合作社往往能够与贫困农户建立紧密的合作关系。以农民合作社为载体对贫困农户农业生产生活进行全过程的资金投入,结合生产过程中的农资、技术、销售信息服务,带动小农户生产经营能力提升,缓解信贷融资约束,从而实现可持续经济效益。从银行资金供给的角度来看,金融机构作为金融扶贫的重要供给方,能够通过新型农业经营主体的产品及业务创新有效地为贫困户提供较低成本的金融服务。对融资需求方而言,贫困农户也需要借助新型农业经营主体来有效联动与商业银行之间的融资关系,特别是边远贫困地区的农户与金融机构之间存在天然的"隔阂"。由于农业本身的脆弱性和高风险性,农业信贷申请手续繁杂带来了较高的隐性交易成本,使得流动资金需求相对旺盛;而农户与新型农业经营主体之间的关系也较为松散,贫困农户自身的金融素养较低，他们对信贷融资往往持一种谨慎回避的心理，这种信贷融资约束与心理层面的规避使得农户与金融机构之间的融资关系越发脆弱。其根源在于信贷融资中存在普遍的信息不对称问题，造成信贷融资增信成本较高，而融资需求的多样化和融资增信政策体系的不完善等成为信贷融资面临的主要矛盾，成为制约新型农业经营主体获得商业银行授信的重要因素，从而降低了乡村普惠金融和精准扶贫的成效。

由于农村信用体系建设的滞后性和农村征信制度的不完善，政府和金融机构在普惠金融过程中难以有效解决信息不对称问题，难以发挥财政资本和金融资本对产业扶贫的支持作用，从而导致财政信贷支农方式缺乏针对性和灵活性，造成信贷资金使用效能总体较低和融资成本相对偏高。为摆脱小农信贷成本高、融资信用约束大的困局，针对新型农业经营主体的信用融资成为农村信用体系建设的重要内容。在新型农业经营主体内部，以农民专业合作为主的合作金融在一定程度上能够有效地联动小农户和大市场，但由于农民合作社本身缺失有效的实际产权，即模糊化的产权使得其抵押担保功能相对较弱，传统的信用增级也相对较低，大多集中于部分试点省份的合作社，造成合作金融内部融资增信成效不明显。另外，家庭农场和农业企业等新型农业经营主体本身具有一定的融资能力，也具有较好的融资担保能力，但其本身联结小农户和大市场的利益共享机制的能力相对较弱，再加上大额信贷融资受到银行信贷规模的制约，其融资能力也相对有限，且针对以家庭农场为主的新型农业经营主体的融资增信业务和产品创新才刚起步，特别是农村信用体系的建设受中央和地方政府等政策的影响较大，一些商业银行即使想开展相关业务，也因为相关政策和法律法规的缺陷而难以有效推行。随着大数据和区块链技术的快速发展及广泛应用，越来越多的新型农业经营主体融资增信得到了金融科技的有效支撑。

二 农村金融利益联结的内部融资增信机制分析

为加快农业适度规模经营和农业农村现代化的步伐，以农民合作社为载体的新型农业经营主体成为助推乡村产业振兴发展的重要力量，且其对信贷融资的需求也相对旺盛。由于传统的信贷融资缺乏有效的抵质押融资担保物，信贷供需双方之间难以形成有效的利益衔接，难以助力农业农村的产业转型升级。随着农村信用体系的不断深化和数字化信用的加快应用，通过新型农业经营主体联结小农户，依托农业产业链和供应链各环节的信用创造和模式创新，使得提高信用融资增信和整体信用水平成为可能。村社共同体本身是以行政村为边界，建立在非农产业经济基础之上，并在非农化过程中依赖自身的政治、经济、文化和社会心理等资源进一步凝聚起来的政治经济共同体。在党务部门支持下，在已经空心化的村社组织内置党支部主导的合作金融后，村社就变成了内置金融村社，探索开展土地经营权抵押贷款、开展统购统销、设立村社土地银行（土地托管中心）和产权交易中心。以村社内置金融为基础创建内置金融村社联合社体系，巩固了村社制度和集体经济，党领导农村有了强有力的着力点和抓手。

首先，在农民合作社内嵌产业链、供应链进行融资增信，可以将传统金融机构信贷抵质押担保中无法量化作价的农地经营权、宅基地使用权等资产权内置化，通过社员内部以及合作社之间的联合让无法作价量化的资产权在融资增信平台进行有效流转，政府部门通过扶贫项目或者一般的村社建设项目进行项目支持，达到对村社共同体融资增信平台的激励、信誉评级、量化考核等目的。比如对村社集体开展信用村建设，对农民合作社开展信用评级考核，对信用农户家庭进行信用评价等。其次，为支持农村信用体系的基础设施建设，政府前期通过乡村振兴产业引导基金和建设项目，吸引社会资本进入，让社会资本参与到农村建设过程中来。同时在农村内部管理过程中，村社合作通过对各新型农村经营主体的统一管理，成立以村党支部为核心的村社内置合作金融，能够有效解决资金信贷供需双方信息不对称的问题，进而吸引更多的金融机构参与到贫困地区和贫困户的金融服务体系中。在村社组织内部建立"信用部"，可以将农户土地承包权和村集体成员权等无法纳入金融机构作价抵押的资产在其内部"信用部"进行有偿抵押，真正实现土地集体所有制和村社制度优势的相互结合，降低农民合作社与金融机构之间的信息不对称，也有利于降低商业银行对农民合作社的评估授信等交易成本和减少作价抵押资产无法有效处置的困扰，提高乡村振兴战略实施过程中农民合作社的信用水平（见图3-2）。此外，农民合作社可以有效连接小农户信贷需求和商业银行的信贷资金供给信息，为新型职业农民扩大农业生产规模和创新农业生产方式提供了必要的资金来源。将农民合作社与村社集体信用的利益捆绑和深化，间接地实现了小农户信用水平的提高与非抵押担保资产的量化定价，为带动新型农业经营主体的发展和贫困农户职业农民等经营主体的减少创造了有利条件。

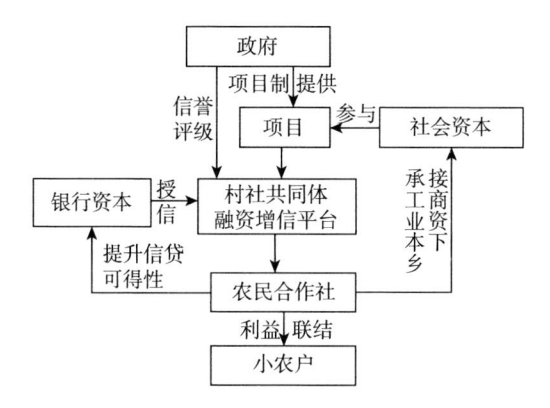

图 3-2　村社共同体融资增信平台的信用创造机制

在村社共同体融资增信过程中，政府在信用评级中积极发挥政策性担保的作用，强化其在项目及融资增信过程中的担保职能，促进合作社信用与村集体信用的有效融合，降低合作社产权的模糊化导致的信用定价的难度，确保村社共同体发挥有效的信用创造效应。首先，以村社共同体为载体，强化政策性担保对融资增信的背书职能，增强融资担保在信用创造中的金融属性。当面临抵押担保风险时，明确政策性担保机构以及协同商业保险机构对抵质押担保物和不良资产的有效处理。同时，发挥政府项目评级的公信力作用，设定融资担保的标准，这也是村社共同体融资增信担保的重要前提。其次，建立有效的融资增信风险补偿及分担机制。村社共同体作为农民合作社与金融机构利益联结的重要载体，在融资增信过程中虽然具有较强的信用融资担保功能，但农民合作社与社员农户信贷担保物（比如农地经营权、山林经营权等）的评估可能存在一定的偏差。因此，政府部门通过建立以财政预算为保障的风险补偿金以及金融机构的风险保障金制度，为农民合作社及部分资产量化定价和授信评级中的缺位和失职提供有效的风险损失补偿（叶剑平等，2010）。再次，将村社共同体融资增信与政府的政策性担保进行整体评估。由于村社共同体融资增信往往存在不同经营主体、不同质押物以及不同评价规范标准，政府在项目融资过程中可能面临无法有效规避风险的问题。因此，村社共同体本身也需要建立一定的融资增信风险分担保证金机制，在一定程度上防范内部社员的"搭便车"和信用损耗行为，防范农民合作社信用融资成为部分社员非法融资的载体。最后，村社共同体融资增信需要确保产业供应链内部交易的现金流的稳健性和交易记录的真实可靠性。一般而言，商业银行自身具有一定的风险防控能力，在融资增信过程中主要依靠政府评级和自身内部交易记录两种方式进行风险防控。同时，大数据、区块链、物联网、互联网等现代信息技术在产业链、供应链环节信用风险中的应用，提高了农民合作社的信用融资增信评级和风险防控能力，对完善农民合作社内部融资增信体系意义重大。

三 农村金融利益联结的外部融资增信机制分析

由于农村金融利益联结本身存在多元利益主体，不同主体之间在融资增信过程中也存在一定的融资博弈行为。为更好地促进各利益主体之间的协同融资增信，强化不同主体之间利益博弈的共同利益价值成为融资增信的关键。为此，重点以农民合作社与农户的利益联结为研究对象，结合政府部门、第三方增信机构、授信银行等主体进行利益博弈决策行为分析。

1. 政府部门的外部融资增信机制

不同主体的行为决策往往遵循收益和成本的博弈均衡展开，政府部门对农民合作社的信用评价和信用增级，重点在于如何让农民合作社的守信激励和违约惩罚达到有效均衡，即农民合作社融资过程中履约守信收益与违约惩戒成本之间的比较。通过新结构主义经济学的基本假定，将有为政府和有效市场作为基本行为准则，政府和市场之间的激励约束作用是实现政府部门与农民合作社供应链融资增信协同的关键。为了比较二者融资增信过程中的守信收益与违约成本，借鉴孟娜娜等（2016）的思路，假设博弈双方分别为授信评级供给方（政府部门）与授信评级需求方（农民合作社）。政府部门的策略选择为（授信，不授信），农民合作社的策略选择为（违约，守信）。当农民合作社选择违约时，政府部门授信评级带来的违约担保损失率为 $1-\sigma$（σ 为违约回收率）；当农民合作社选择守信时，其获得的守信收益为 $Y=f(M)$，其中 M 为授信融资规模。同时,假定农民合作社的信贷融资利率为 γ,当不存在风险时信贷利率为 γ^*(大致为政府部门的授信成本)。政府部门的最优策略选择是协同农民合作社实现融资增信,实现效用最大化,而农民合作社能够运用的资本为 M,此时融资带来的经营收益为 R,而农民合作社未获得授信融资可能导致资金供给不足,此时的损失为 $-M\gamma^*$。

通过构建政府部门信用评级与农民合作社信用增级之间进行授信融资博弈的收益成本矩阵(见表 3-1),农民合作社选择守信的前提在于政府部门的信用评级以及授信融资的收益成本大于0,即 $R+Y-M\gamma > R+M(1-\sigma)$。当二者选择(授信,违约)的策略博弈时,农民合作社将不受到任何的惩罚约束,这将直接导致其选择违约的概率增加,难以依靠单边的策略选择来达到帕累托最优。当政府部门介入农民合作社信用评级进而影响其融资增信时,通过行政手段对违约的农民合作社进行监督和惩罚约束(比如评级降低、信用融资额度降低、项目及政策优惠减免等),构成一定的惩戒效应,使其为此付出相应的违约成本 C。此时,对于农民合作社而言,其获得有效融资增信的前提在于 $R+Y-M\gamma > R+M(1-\sigma)-C$,即融资增信违约成本与融资增信的授信规模、信贷利率存在正向关系,与违约回收率存在反向关系,这种与激励约束机制相容的博弈均衡反映出农民合作社违约成本将随着授信规模和信贷利率的提高而上升,且随着违约回收率的提升而下降。当农民合作社守信的收益大于违约成本时,其最优策略将是选择守信,从而有利于农民合作社信用形成累积效应,促进后续重复进行授信融资。

表 3-1 政府与农民合作社融资增信的激励约束策略博弈

策略	无政府介入	
	守信	违约
授信	$[M(\gamma-\gamma^*), R+Y-M\gamma]$	$[-M(1-\sigma), R+M(1-\sigma)]$
不授信	$(-M\gamma^*, 0)$	$(-M\gamma^*, 0)$

策略	有政府介入	
	守信	违约
授信	$[M(\gamma-\gamma^*), R+Y-M\gamma]$	$[-M(1-\sigma), R+M(1-\sigma)-C]$
不授信	$(-M\gamma^*, 0)$	$(-M\gamma^*, 0)$

2. 第三方增信机构的外部融资增信机制

在金融服务乡村产业振兴过程中，为了增强外部融资增信机构的融资信用创造能力，可以激励第三方增信机构对其进行融资增信。农民合作社与社员农户作为融资方，通过第三方增信机构来量化评级，提升农民合作社的整体信用水平，达到其融资所需的信用水平，提升其信用价差收益。第三方增信机构介入的本质在于衡量融资增信前后的收益成本，然后确定一个最优的融资增信费率，将费率定价作为第三方增信机构对农民合作社信用风险的评判标准之一。假定农民合作社获得外部增信支持需要付出各种隐性成本和显性成本，即融资增信费率 r；同时，第三方增信机构对农民合作社的信用等级进行评估，可以为其降低融资成本和提高信贷融资可得性。假定当农民合作社未获得第三方机构的增信，其信用等级为 G_1，对应的银行信贷融资利率为 i_1；实施增信后农民合作社信用等级提升至 G_2，信用等级的提升带来其信誉及无形资产价值的增加，导致对应的融资利率下降至 i_2，增信前后带来的信用价差收益为 $i^* = i_1 - i_2$。为了确定最优的融资增信费率，假定第三方增信机构的资产价值为 v_t，农民合作社的资产价值为 v_a，增信费用为 F。融资增信后的农民合作社无形资产增值价值为 v_{add}，相应的信用价差收益与无形资产增值价值之间存在一定的函数关系，即 $i^* = f(v_{add})$。

为了揭示第三方增信机构给农民合作社增信带来的信用风险及价差收益，假定农民合作社的抵押资产价值变为 $v_a + v_{add} - F$，第三方增信机构评级后的资产价值变为 $v_t + F$；当增信的农民合作社融资后发生信用风险，第三方增信机构将产生一定的担保损失 L，其总资产价值变为 $v_t + F - L$。为此，构建农民合作社与第三方增信机构之间的策略博弈矩阵（见表 3-2），可以较好地反映第三方机构对农民合作社融资增信前后的总资产价值变动情况。

表 3-2　第三方增信机构与农民合作社融资增信前后资产变动状况

信用风险	第三方增信机构	农民合作社
发生信用风险	$(v_t, v_t + F - L)$	$(v_a, v_t + F - L)$
未发生信用风险	$(v_t, v_t + F)$	$(v_a, v_a + v_{add} - F)$

通过表 3-2 可以看出，当 $v_{add} - F > 0$ 时，不管是否发生信用风险，

农民合作社都将选择增信来获得信用价差,进而提高农民合作社及社员农户的整体信贷可得性。假定信用风险发生的概率为 p,则第三方增信机构的资产变为:

$$p(v_t + F - L) + (1-p)(v_t + F) \tag{3.11}$$

为了实现增信双方的利益均衡,二者之间将满足以下约束条件:

$$\begin{cases} v_{add} - F > 0 \\ p(v_t + F - L) + (1-p)(v_t + F) > v_t \end{cases} \tag{3.12}$$

根据式(3.12)可以得出 $v_{add} > pL$,此时第三方融资增信费用 F 主要与 p、L、v_{add} 之间存在相关性,也是第三方融资增信机构与农民合作社及农户之间融资增信利益博弈的结果。为了测算二者之间的最优融资增信费率,假定融资增信后的农民合作社资产增值部分变为 $v_{add} = 1/r$,并采用柯布-道格拉斯生产函数对农民合作社的资产进行衡量,得到其资产价值为 $v_a = AK^\alpha L^\beta$。同时,假定农民合作社的融资规模和融资增信程度分别为 x_1、x_2,融资增信的费率水平可以表示为 $r = kx_1 + hx_2$,此时农民合作社融资增信后的资产价值变为:

$$v'_a = AK^{\alpha_1 x_1 + \alpha_2 x_2} L^{\beta_1 x_1 + \beta_2 x_2} \tag{3.13}$$

其中 $v'_a = v_a + v_{add} - F$,计算得出增信后的农民合作社资产价值等于增信前后资产价值总和扣除增信费用后的价值,为此,构建融资增信后农民合作社融资利益最大化的生产函数:

$$\begin{cases} \max v'_a = v_a + v_{add} - v_a x_1 x_2 - v_a r \\ \text{s.t.} \ r = kx_1 + hx_2 \\ v_{add} = 1/r \end{cases} \tag{3.14}$$

构造拉格朗日函数为:

$$L = v_a + \frac{1}{r}(v_a x_1 x_2) - v_a r - \lambda(kx_1 + hx_2 - r) \tag{3.15}$$

对费率 r 求一阶偏导得到:

$$\frac{\partial L}{\partial r} = -\frac{1}{r^2} - v_a\left(\frac{\partial x_1}{k} + \frac{\partial x_2}{h}\right) - v_a = 0 \tag{3.16}$$

从而计算得出最优融资费率为:

$$r^* = \sqrt{\frac{1}{\left[1 - \left(\frac{x_1}{h} + \frac{x_2}{k}\right)\right]v_a}} \qquad (3.17)$$

式（3.17）反映了农民合作社的最优融资增信费率 r^* 与融资规模 x_1 和融资程度 x_2 之间呈现正相关关系，即扩大农民合作社融资增信规模、提高融资增信程度，农民合作社的融资增信费率也会相应提高。r^* 与 v_a、k、h 等变量之间则存在负相关关系，表明当农民合作社总资产价值提升，增信规模和增信程度的系数变大时，其融资增信费率也会相应降低。当农民合作社的融资增信费率 $r > r^*$ 时，农民合作社的融资增信意愿也会相应地受到负面冲击，过高的融资增信费用导致融资成本增加，必然影响到农民合作社的最终融资增信效果。反之，当 $r \leq r^*$ 时，则有利于提升农民合作社融资增信意愿，发挥融资增信提升信用水平的杠杆作用，实现资源的优化配置。第三方增信机构以费率定价机制来实现收益成本均衡，成为农民合作社融资增信的重要体现。

3. 授信银行的外部融资增信机制

在农民合作社与商业银行利益联结的融资增信中，授信银行通过金融科技产品和服务创新，采用信息技术手段将基础性的融资增信建立在大数据技术的基础之上，使得融资增信从传统的抵押物转变成授信环节的信息数据，这种大数据信息通过区块链技术防止信息篡改和伪造，防止信用风险在各环节的蔓延，真正做到利用信用数据进行融资增信。授信银行的外部融资增信可以有效摆脱第三方增信机构的信用评估，依托金融科技和融资模式创新，寻求信息技术和价值链融资的基础性增信方法来实现资金供需匹配。一方面，借助金融科技手段，利用农民合作社农业生产经营、销售等交易行为的大数据征信记录，通过智能算法来构建信用评估模型和监测体系，实现互联网信息技术对传统信贷融资增信的数字化转型。另一方面，基于农民合作社有形资产和无形资产无法量化定价的问题，数字技术为供需双方创造了信息匹配平台，从而扩大了传统银行的授信范围，并通过有效的风险防控来实现融资产品的价值链信用增级，从而解决农民合作社的融资难题。但是，商业银行本身的融资授信往往建立在银行自身业务范围的数据基础上，但对于不同银行之间的业务交易记录却难以通过信用互联来实现，虽然中央银行有针对个体的信用记录，但针对个体与企业的联合交易信用记录却较少，且相应的数字化金融基础数据平台较少，这成为制约授信银行外部融资增信业务开展的重要障碍。

从图3-3可以看出，授信银行为了更好地推进金融服务乡村振兴发展，在信用评级和信用增级的政策激励和利润驱使下，一方面，授信银行针对农民合作社进行自动化贷款审批和监控，为保证对农民合作社的融资增信和降低信贷风险，通过创新融资产品和服务模式，将大数据区块链技术应用于农民合作社的农业生产经营、交易及售后服务等各环节，实现对农民合作社的信用评级和增级，借助模式创新或金融科技的方式实现授信银行对农民合作社的信贷监控。另一方面，授信银行为了获取农民合作社的经营状况及财务交易数据，往往需要将农民合作社的所有资金流向及业务交易数据作为融资增信的基础，银行与合作社之间形成稳定的利益联结关系，并借助大数据技术对交易行为数据和创新产品的价格波动进行实时动态评估分析，并为此付出一定的监管成本。为此，授信银行也需要对其信贷盈利能力与交易成本进行有效的权衡，评估农民合作社的实际经营能力和收益状况。特别是在乡村振兴战略实践中，政府的一系列激励措施和政策支持也会使得授信银行积极拓展授信业务规模和覆盖范围，甚至部分银行会为此降低融资的风险管控要求，这导致不良资产率偏高。比如深化农村土地的"三权分置"改革可以为农地经营权抵押担保提供制度保障，同时也为授信银行处置农地经营权抵押权及防范信贷风险提供了有力的依据，并结合政府的政策担保或贴息等政策，授信银行在风险防控的基础上增强了相关业务的普惠性和包容性，从而实现在外部政策激励和内部利益追求中的利益最大化，为乡村振兴和农业农村现代化发展提供资金支持。

第三节　农村金融利益联结的反贫困创新机理

为了更好地测度农村金融发展通过开发式扶贫推进乡村产业振兴，给绝对贫困和收入贫困农户带来怎样的影响。同时，乡村振兴发展的最终目标在于生活富裕，其落脚点在于维护农民群众根本利益、促进农民共同富裕，农村金融反贫困的核心不仅在于对收入贫困的治理，还在于

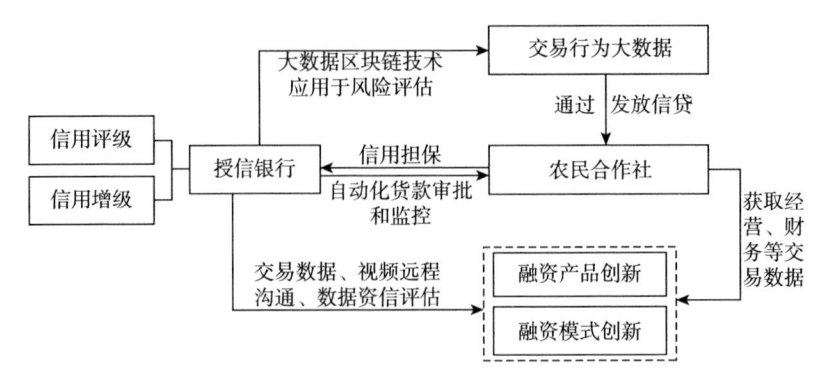

图 3-3 授信银行外部融资增信机制创新

对相对贫困及多维贫困的治理。一方面,利用农村金融发展促进乡村产业振兴,推进开发式扶贫来提高绝对贫困户收入水平,农村金融机构依托金融科技赋能传统银行信贷来进行数字化转型,从而更好地推进数字普惠金融发展,达到反贫困的目标;另一方面,农村金融反贫困通过模式创新,将农村信贷依托产业链和供应链环节的信用创造来实现融资增信,提升农户信贷可得性来达到反贫困的目的。

一 农村金融利益联结的反贫困模式创新机理

农村金融反贫困创新的核心在于将产业链和供应链纳入信贷融资增信的范畴,打造村社融资信用共同体。农民合作社通过农业供应链各环节的资金需求与金融机构信贷供给进行匹配,创新农业供应链金融的服务模式,有效支持农业产业发展,进而通过创造就业机会和提高农民收入水平来达到减贫的目的。在该过程中,农业供应链各环节的物流与信息流有效融合,形成稳定的应收账款,为金融机构有效质押提供了可能,同时也是融资增信的基础,可以有效规避融资风险,提高农业供应链金融信贷的稳定性和农民信贷可得性,进而提高产业扶贫绩效。农村金融利益联结的核心是从制度上降低农业供应链金融信贷风险,这需要在农业产业链和供应链的各环节做到事前风险甄别、事中风险控制和事后履约保障。为保障农村金融利益联结下的风险可控,需要有效识别不同类别社员农户,围绕农业产业链和供应链各环节的风险进行评估,采取不同的风险防控机制来实现农业产业发展,提高农户信贷可得性,进而达到减贫增收的效果。结合社员农户是否具有可行能力大致可以划分为有可行能力的社员农户和委托发展的社员农户。

1. 社员农户具有可行能力的农村金融反贫困机制

由于农村金融反贫困的核心在于缓解贫困农户和低收入人群的信贷融资约束，发挥金融的杠杆作用，带动农业产业发展。具有可行能力的社员，通过加入农民合作社参与到农民合作社的生产经营及销售等各环节中，相应的资金需求以农民合作社为核心载体，与金融机构进行信息互联，从而化解信贷双方的信息不对称，增强借贷农户的信用能力，降低其信用风险。政府对农民合作社往往采取引导和监管双重激励约束相容的措施，对不同农民合作社进行信用评级和信誉划分，较高信用等级的农民合作社在获取信贷融资增信时将获得更优惠的信贷利率，这间接提升了社员农户在供应链金融信贷中的整体信用水平。其具体的运作机制主要表现为社员内部的网络组织、同伴监督、信誉捆绑、集体惩戒等方式的有效联结，促进信用贷款与供应链各环节资金需求的有效结合，使得商业银行将单个的静态信用评价转化为动态的供应链环节信用评价，提高了供应链环节资金的使用效率，同时也可以较好地考察农民合作社供应链成员的整体信用水平以及软实力状况，比如具有稳定供应链交易业务、品牌成熟度高、诚信状况良好、信用评级高的农民合作社往往更受金融机构的青睐，供应链环节中的社员农户也因农民合作社的信用融资便利而整体获益。社员农户具有可行能力是基础，具有脱贫可行意愿是动力，二者缺一不可。只有兼具减贫增收意愿和脱贫能力的社员农户，进一步通过农民合作社供应链环节的信用创造，增强信用意识以及围绕"商业银行+农民合作社+农户"的农业供应链金融各环节设计信贷融资产品和服务，激发农户内生脱贫动能并重塑可持续减贫体系，促进产业发展、金融支持与信贷风险防控的有效衔接，实现商业银行、农民合作社与农户之间的利益有效联结，才能提高社员农户融资增信水平。

①产业发展。对于具有可行能力的社员，加入农民合作社可以将合作社的集约规模经营与个体的积极主动性有效结合起来，农民合作社可以为建档立卡的贫困社员提供劳务雇工、订单农业、定向技能培训等帮扶服务，加快以农民合作社为载体的村社集体经济发展，进而促进贫困农户减贫增收。政府部门在激励村社共同体发展时，会将产业扶贫专项资金和扶贫项目整合到村社集体经济中，激励农民合作社积极开展产业

扶贫，特别是遴选出具有较强带动力、脱贫效果显著的农民合作社进行重点扶持，发挥新型农业经营主体在脱贫攻坚中的示范带头作用，推动村社集体产业发展来促进村民共同富裕。同时，将村社集体产业发展与农民合作社及社员农户的利益有机结合起来，扶持具有较强带动能力和社会责任感的农民合作社，扩大其生产经营规模或者成立合作社联合社，降低合作社入社门槛并吸纳贫困户入社，承接农业产业化发展项目，利用市场化手段来实现产业扶贫的目标。此外，政府部门也需要协同商业银行积极参与到村社集体产业发展中来，并对农民合作社的设立标准及内部治理规范等进行优化，保障社员农户的合法权益，减少"精英俘获"现象的发生。

②金融支持。农村金融利益联结的重心在于通过金融服务产业发展来实现金融扶贫的目的。但在金融扶贫过程中，涉及信贷供给方（商业银行）、信贷担保方（保险和担保公司）、信贷监管方（央行及金融监管局等）以及各种小微信贷融资服务机构等。在农村金融利益联结过程中，金融监管部门通过建立金融扶贫大数据及扶贫工作站等方式实现信用数据的收集并进行集中评估，实现基础信用的评定。信贷供给方对建档立卡贫困户和供应链金融主体进行信用尽职调查、信用评价以及授信贷款等，并将信用大数据、交易大数据与央行征信系统衔接，从而达到金融精准扶贫的目的。信贷担保方围绕村社集体产业及农民合作社各环节的资金风险进行担保，协同政府部门的政策性农业保险及商业保险，增强产业的抗风险能力。信贷需求方以农民合作社及社员农户为主，通过引导和扶持商业银行与贫困农户之间的订单农业、劳务雇工、农地流转及托管等方式，甚至是土地入股的方式达成利益联结，发挥农民合作社的桥梁纽带作用，从而增强农民合作社对贫困农户的脱贫致富带动效应。此外，利用支农再贷款和扶贫再贷款的利率优惠政策以及差异化的专项扶持贷款政策，商业银行将贷款资金投向涉农贷款且加大对贫困农户的资金供给，这一举措将有效地提升社员农户的信贷可得性，并不断降低金融减贫的资金成本。

加大商业银行对新型农业经营主体在产业扶贫中的资金嵌入，特别是结合当地特色产业发展提供充足的信贷产品和服务，以精准地对接特色种养殖、乡村旅游、特色农产品、农村电商等，实现对贫困农户的

"无担保、免抵押、全贴息"扶贫小额信贷支持,提升贫困户的信贷可得性。商业银行通过发挥智能大数据的评级授信与供应链、产业链各环节的信贷监管作用,实现资金流通的全过程信贷服务及风险监控。一方面,在农民合作社联结小农户的金融供给过程中,商业银行的评级授信制度往往采取"三会三公示两审核"的方式来保证评级授信的公开、公正、公平。强化贫困农户的授信调查,在农民合作社内部,推举老党员、村干部、村组代表、老农民以及农民合作社负责人等为信用评定委员会委员,形成推选会、商业银行评审小组培训会以及建档立卡贫困户的调查评级会;结合"三会"评选结果进行公示,包括代表公示、评级结果公示以及授信结果公示;将公示后的结果再次审核,由县级产业金融服务中心和商业银行同时审核农民合作社的资质。通过"三会三公示两审核"的评级授信制度,尽可能地降低商业银行在初次筛选作为农业供应链金融联结主体的农民合作社等新型农业经营主体时的信用识别风险,并降低其后续交易成本。对于已经授信的农民合作社及农户,结合农业供应链环节的交易大数据与金融科技评估模型再次对其进行技术层面的评价审核,减少主体识别风险,对金融信用风险进行大数据画像并提供信贷决策图谱。另一方面,信贷监管机构制定规范的信贷发放、使用、风险防范等监管条例,对贷款发放等各流程在制度层面进行规范,比如采取县、乡、村产业扶贫金融服务中心及商业银行"四级审批"制度,同时将传统的信贷审批全流程放在网络上审核,做到流程的可追溯,发挥多方贷款监督管理和清收的作用,督促农民合作社积极发展产业和贫困农户用好信贷资金,对于涉及农业供应链金融中信贷资金未有效利用和乱用的农户,及时予以提示和告知,并提醒贫困农户及时还本付息。

信贷担保方(保险和担保公司)作为农村金融利益联结的重要保障机构,为顺利推行金融服务担保提供保障支持。保险公司以银行和政府扶贫项目为担保质押基础,推行三方协议框架的扶贫贷款保险服务,从而降低信贷风险和稳固利益联结,为农村金融反贫困风险防控提供保障。政府为商业银行和农户开展农业供应链金融信贷提供风险补偿金,组织社员农户参与到产业扶贫进程中,进而发挥金融杠杆作用,撬动农村信贷市场以更好地服务于农民合作社。风险补偿金主要是对贫困农户损失类贷款进行适当兜底补偿,一般按照损失贷款的额度以一定比例分别由风险补偿金与商业银行、保险公司及担保公司等多方共同分担。

③风险防控。农村金融利益联结过程中的风险防控主要是指信贷供给方协同政府部门与金融监管部门，同时构建金融服务网络、协助贷款监管和考核奖惩。首先，风险防控的源头在于筛选出适合作为供应链主体的农民合作社，围绕农民合作社内部的信贷软约束和大数据交易记录，评估出信用度较高的贫困户和资质较好的农民合作社管理人员，规范化管理扶贫贷款资金，积极发挥农业供应链金融在产业扶贫中的杠杆作用。政府部门通过开展针对农民合作社的政策优惠及扶贫项目，释放对信誉良好和运营规范的农民合作社开展项目的激励信号，形成正向激励，并为商业银行筛选农业供应链金融服务核心主体提供有效依据。其次，政府部门协助商业银行加强对农民合作社治理能力的提升，加强对贫困社员农户的技能培训和信贷资金用途管理，推动信贷资本转化为产业发展资本，并围绕农民合作社等经济组织在不同周期不同环节的资金需求状况，及时评估信贷需求规模和贷款贫困户的还款能力，避免因信贷资金与还款周期之间的错配给农户带来还款压力，降低商业银行不良贷款率和农民合作社信贷交易费用及成本，间接达到脱贫的目的。再次，政府部门利用政务大数据来加强对信用村、农村信用合作社、信用村集体的动态管理和授信评价，结合不同地区的资源禀赋来科学选择扶贫项目，协同金融机构开展信贷产品和服务的特色化和本土化创新，围绕资金流与信息流的联结，在农业供应链上形成多方利益的联结捆绑，加强内部监管以及贷款的公开化，实现对农业供应链利益相关者信贷风险的实时监控，从对整个供应链的风险监控管理来降低单个供应链成员的信贷风险，避免商业银行的信贷投放与个体农户之间因信息不对称导致逆向选择，从而造成金融机构减少对"三农"实体经济的信贷资金投放。最后，在信贷利率投放上，金融监管机构协同采取信贷保证保险和政策性保险等风险转移工具，增大对扶贫网络组合的监测力度，同时不断完善金融机构的考核与激励机制，构建政府和保险公司为农业供应链金融产业发展提供"政银保担"协同的制度体系。

综上，社员农户具有可行能力的农村金融利益联结反贫困机制见图3-4。

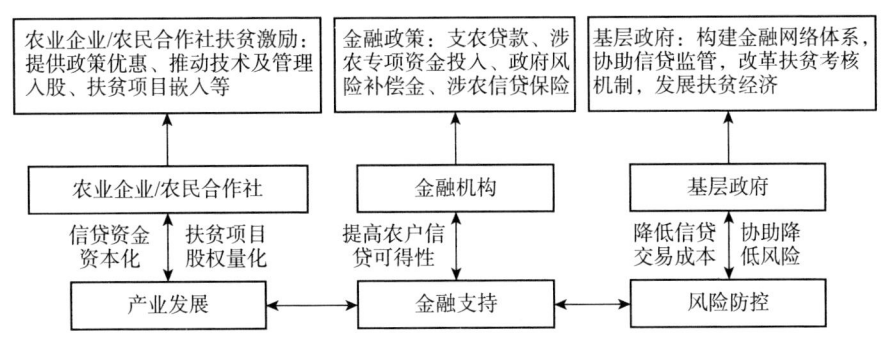

```
┌─────────────────┐  ┌─────────────────┐  ┌─────────────────┐
│农业企业/农民合作社│  │金融政策：支农贷款、│  │基层政府：构建金融│
│扶贫激励：提供政策│  │涉农专项资金投入、 │  │网络体系，协助信贷│
│优惠、推动技术及管│  │政府风险补偿金、涉 │  │监管，改革扶贫考核│
│理入股、扶贫项目嵌│  │农信贷保险        │  │机制，发展扶贫经济│
│入等              │  │                  │  │                  │
└────────┬────────┘  └────────┬────────┘  └────────┬────────┘
         ↑                    ↑                    ↑
┌────────┴────────┐  ┌────────┴────────┐  ┌────────┴────────┐
│ 农业企业/农民合作社│  │    金融机构     │  │    基层政府     │
└────────┬────────┘  └────────┬────────┘  └────────┬────────┘
  信贷资金│扶贫项目     提高农户信          降低信贷│协助降
  资本化  │股权量化     贷可得性            交易成本│低风险
┌────────┴────────┐  ┌────────┴────────┐  ┌────────┴────────┐
│    产业发展      │←→│    金融支持     │←→│    风险防控     │
└─────────────────┘  └─────────────────┘  └─────────────────┘
```

图 3-4　社员农户具有可行能力的农村金融利益联结反贫困机制

2. 委托发展模式下的农村金融反贫困机制

委托发展模式以缺少可行能力、无法自行获得劳务报酬的建档立卡贫困农户为主，该类贫困农户往往缺乏偿还贷款的能力，且属于金融机构信贷规避的对象，但却是金融扶贫的重要对象。金融机构的市场行为与企业承担社会责任的政治使命，使得金融反贫困需要村社集体经济和社会的共同扶持。为此，村社共同体可以将小额信贷扶贫资金或政府扶贫专项资金量化后的股份委托给农民合作社统一经营管理，将贫困户的股权所获得的农业资本回报作为偿还贷款的依据。这种模式以债权或股权为主，通过壮大村社集体经济，并通过优化村社集体经济收入来进行固定比例收益或股份分红，从而享受农业产业发展带来的资本收益，最终实现脱贫致富的目标（见图3-5）。委托发展模式下的农村金融反贫困重点是政府主导村社集体经济发展，通过扶贫干部来主导农民合作社和村社集体经济的有效融合，同时不断争取上级政府的产业扶贫项目及资金扶持，采取技术、集体资产及管理人员智力等入股的方式，金融机构在政府部门的引导下，为村社集体经济带动的贫困农户提供小额信贷资金，并对贫困农户的农地经营权或在村社集体内部质押的资产进行资本量化，作为小额信贷投放的参考依据。生产投资入股或委托农民合作社统一经营管理后，将产业扶贫项目所获得的收益给贫困农户分红、偿还贷款以及作为农户基本的生活保障（马九杰等，2016），将其作为监督管理农民合作社持续为产业扶贫项目的发展壮大提供可持续生计资本的方法。贫困农户也可以通过选举产生执行代表，加入监督管理小组，对生产经营等供应链全过程和全流程进行监督管理，从而达到扶贫项目服务村社集体和保障贫困农户权益的目的。

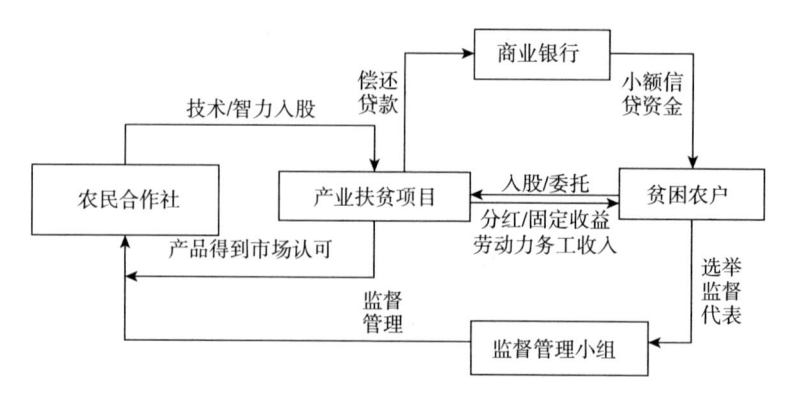

图 3-5 委托发展模式下农村金融利益联结反贫困机制

对于获得国家扶贫项目资金的农民合作社,有义务积极承担扶贫社会责任。政府部门也需要加大对财政扶贫资金的绩效管理力度,将村社集体产生的收益或部分自有资金用于对建档立卡贫困户的配股和捐股,设立资产股份账户作为贫困户获取收益的重要途径。此外,对完全丧失劳动能力和耕种效率非常低的贫困户与部分缺乏劳动意愿的贫困农户进行区别对待,在坚持家庭联产承包责任制的基础上,采取土地经营权流转或托管入股的方式,加强农民合作社的统一经营,借鉴国有资产的经营管理经验,完善农民合作社的资产收益分红制度,实现收益扶贫的目的,逐渐形成以资产收益扶贫为主导的帮扶体系和长效机制。农民合作社是村社集体经济与农业供应链金融信贷的核心主体,也是缺乏劳动能力的贫困社员股权及债权管理的代理方,贫困农户与农民合作社之间形成了一种典型的"委托代理"关系,农民合作社有义务提供稳定的资产收益分红作为缺乏劳动能力的贫困户脱贫的重要收入保障。这种委托代理关系也促使农民合作社不断完善内部治理结构,特别是农民合作社的负责人在农业供应链金融信贷中的公正执行尤为重要,能直接和间接地影响农村金融减贫的效果。

(1) 农村金融反贫困内部治理结构

农村金融反贫困主要需要优化内置金融的治理结构,通过金融机构对农民合作社等新型农业经营主体的信贷投放与需求进行匹配,达到信贷直接供给与间接信贷帮扶贫困农户的目的。其中,信贷直供模式主要是以商业银行直接针对贫困户进行供应链资金的信贷管理和监督，农民合作社发挥社员内部熟人社会的网络优势，负责协助商业银行在内部征信、信贷供需信息匹配等方面的信息系统数据录入及资料审核的工作。针对一些组织化程度较低、经营规模较小以及发展时间较短的农民合作社，加强对该类主体的资金管理培训，并围绕农民合作社内部治理结构进行规范和重构。商业银行在农业供应链金融信贷中，由于信贷主体信息相对较少、供应链交易数据缺失，商业银行只有通过较为传统的地推信贷员才能完成信贷甄选，将农民合作社在产业链上下游物流和信息流的前期交易数据作为考察评估信贷风险大小的重要依据，并结合大数据建模完成对信贷资金和信贷主体的评级、授信以及信贷资金回收风险的监控，这种基于商业银行自身的信贷监控体系总体上为信贷风险甄别以及贫困户的信贷投放提供了基础的数据支撑。在信贷投放后，商业银行在面对信贷农户信息不对称的现实困境时，将借助农民合作社内部的熟人关系网和治理结构来实现对信贷资金投放的有效监管，同时，将农民合作社理事长和发起人作为贫困农户信贷资金的重要担保人。由于合作社理事长或发起人本身在合作社中属于较大股东，在封闭式社员管理中资信水平也相对较高，往往具有较强的贷款偿还能力，在农业供应链金融业务中担保能力和信用也较好，可以有效制约其盲目将信贷投放给风险较高的社员的行为，避免风险集聚。同时，理事长或发起人对内部社员的生产生活、家庭资产状况以及当地社员农户的基本信用状况也相对熟悉，社员之间的相互担保也在一定程度上发挥了内部软约束的监督作用，形成了内部监督管理的第二道防线，有利于商业银行将信贷投放到以理事长或发起人为主导的农民合作社中。一旦农民合作社内部社员无力偿还信贷资金，社员农户特殊的抵押物（农地经营权、劳务外包抵债等）就可以灵活地作为担保和抵押物在农民合作社内部或村社集体经济组织之间进行转让，降低商业银行信贷资金转成不良资产的风险。

在以农民合作社为核心主体的农业供应链金融信贷中，间接信贷模式是以商业银行与农民合作社之间建立的典型委托代理关系为基础，形成信贷供给和信贷监督的职能定位。商业银行完全依靠农民合作社内部的规范化管理和大数据交易记录来间接影响对订单农业的信贷投放。具体运作流程为，规范化运作的农民合作社首先向商业银行获得批发贷款，然后根据社员农户的信贷需求进行零售贷款，社员农户加入农民合作社内部不同环节的生产经营所需资金完全纳入农民合作社的管控范围内，批发信贷利率相比零售信贷利率具备成本较低的优势，整体上可以降低社员农户的信贷融资成本，间接地增强农民合作社对社员农户的信贷服务能力。但总体而言，这种模式往往要求农民合作社的组织结构规范、经营规模较大和信用等级相对较高，在与商业银行进行信贷谈判及获取批发贷款额度时，可以提供较为规范的经营流水账单，且具有稳定的销售渠道，类似于规模较大的生产经营公司。此外，农民合作社从商业银行获得批发贷款后，将根据社员农户的资金需求情况进行二次分配，但该过程侧重于对生产经营相关业务的信贷配给，与社员农户生活相关的信贷配给则相对较少，需要农民合作社内部统筹协调后，按一定的比例给予调剂和短期资金扶持。对于统购统销的社员农户，需要统一收购农户的农产品进行销售，相关资金流和信息流均利用商业银行的支付结算体系来进行交易，避免社员农户资金交易与农民合作社的销售行为脱离，农民合作社在农产品实现销售回款后由商业银行统一划拨抵扣贷款金额，避免出现资金的截留或滥用行为（见图3-6）。这种农村金融利益联结机制间接地将农业供应链金融信贷的监管内部化，由商业银行重点监控农民合作社的行为，并承担由主体甄别不力带来的信贷风险。

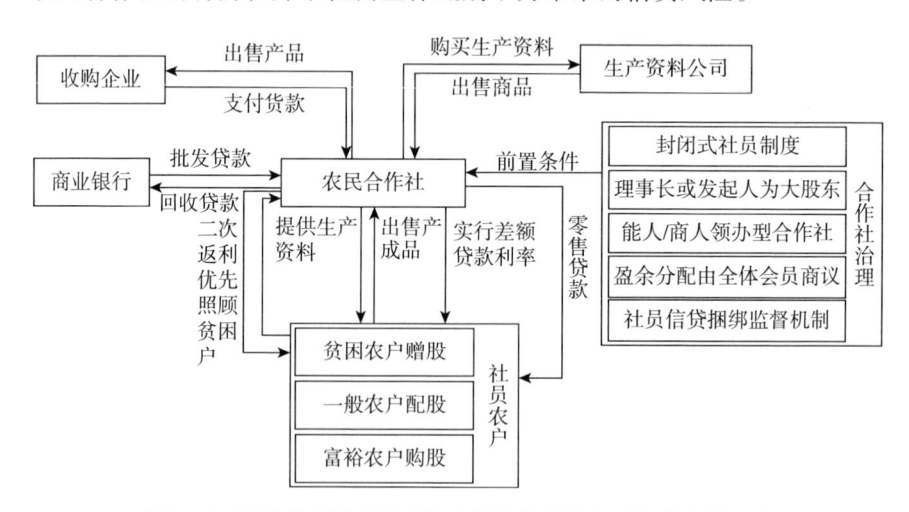

图3-6 委托发展模式下农民合作社供应链金融信贷支持示意

商业银行在对农民合作社进行信贷甄别和整体授信时，需要重点对农民合作社中信誉较好且经济实力整体较强的理事长或发起人进行尽职调查,特别是由较多企业、种养殖大户、乡村干部等领办的农民合作社,为了获得政策优惠,往往规避农民合作社的核心监管,从而导致"空壳"合作社或者"休眠"合作社大量存在。为此,不同领办主体在商业银行批发信贷授信中也存在较大的差异,需要重点对社员农户信息的真实性进行审核,避免信贷资金的投放存在"精英俘获"和"扶富不扶贫"的现象。间接信贷模式整体上可以降低因商业银行直接面对农户而产生的信息不对称和道德风险,也能较好地激发农民合作社自身发展的潜力,促进贫困农户参与到供应链金融的产业发展中,从而逐步脱贫。但是,农民合作社理事长或发起人在农户信贷过程中为了规避风险,也可能会存在资金供给上的歧视和信贷偏好,比如重点将信贷资金"零售"给富裕农户或与自己关系好的农户,从而形成信贷资金投向上的"精英俘获"。为此,由贫困农户选举产生的代表需要定期或不定期地强化资金投放及使用的规范审核,并组成监督管理小组来化解农民合作社理事长或发起人信贷资金"内部人控制"导致的资源错配问题。

由于信贷资金的投放需要将信贷供给与信贷需求有效结合起来,社员农户与农民合作社的信用捆绑及风险监控使得社员农户之间需要相互担保,从而确保信贷投放的公开透明,降低因信贷资金投放的监管缺位造成的风险。同时,农民合作社在农业生产经营过程中,也能够通过对农户的生产经营行为进行信用甄别和信用筛选,协助商业银行进行贷款用途监督以及贷后资金的监督和催收等工作。随着互联网在农业供应链各环节的不断渗透,农民合作社可以作为信贷供给方增强对信贷需求方的信用收集、资金管理、还款资料入库及销售记录以及信用评价等能力,发挥联结商业银行的桥梁纽带作用。在农村金融信贷间接联结过程中,商业银行可以针对农民合作社的信贷投放和征信进行积极的风险防范和信贷用途管制的激励,对农民合作社在生产经营过程中存在的风险经营和对农户信用收集中存在的弄虚作假等行为也可以采取相应的惩戒措施,并及时取消与违约农户的信贷合作,情节严重的及时移送至金融监管部门和公检法部门。

(2) 农村金融利益联结的资产收益反贫困机理

在农民合作社和村集体经济有效联结过程中,将农业供应链金融信贷服务于社员农户的资产经营管理,可以为社员农户提供资产管理收益回报,并在收益分配时更加注重贫困农户和弱势群体的利益,这是农民合作社肩负的收益与扶贫的"双重使命"。但是,目前大多数农民合作社主要还是由核心社员和普通社员组成的中心与外围的社员结构,使得合作社存在内部控制和决策以及利润分配均倾向于资本化的问题(黄祖辉等,2009),从而导致农民合作社出现"使命变动"与"精英俘获"等制度变异的现象(苑鹏,2013)。为实现农民合作社"双重使命"的均衡,内部治理机制作为农民合作社供应链金融信贷减贫"双重使命"的前置条件,需要对农民合作社的社员、理事长和发起人的职能进行规范。其中,农民合作社为企业主或能人领办型合作社,资产收益盈余分配由全体社员一人一票投票决定,但在农业生产经营过程中,大股东和发起人具有重要的决策权,实现决策权和分配权的有效分离,联合社员农户的信贷捆绑监督(见图3-7)。由于社员农户内部之间相互熟悉,信贷软约束和互相监督可以较好地防范系统性风险,且5户联保的信用制度也为农业供应链金融信贷风险防范加上"紧箍咒"。理事长或发起人通过股权控制和社会资本控制双重约束来进行农民合作社的组织管理和风险管控。股权控制在农民合作社组织管理中起基础性的作用,特别是在农业供应链金融中贫困社员农户往往处于增收难度大和抗风险能力弱的两难困境,使得小农户只能跟随大户、企业或者村集体干部领办型合作社以寻求整体发展。而这些领办型合作社精英社员处于核心资本地位,普通贫困社员大多是以"临界资本"或者以资格股的方式加入,往往出资额较少且相对平均,即处于边缘资本的角色。这种核心资本与边缘资本的二元出资结构,使得目前农民合作社发展在资产分配层面是按股分配收益还是在公平的基础上优先考虑贫困农户的利益之后再确定股权收益分配具有一定的争议。虽然拥有核心资本的精英社员在农民合作社经营管理中是拥有决策权、经营权、剩余索取权和分配权的主导者,但政府部门的扶贫项目资产的量化作股也在一定程度上增加了弱势群体特别是建档立卡贫困户的股权份额,而且为了驱动农民合作社自身健康有序发展,农民合作社在经营效率和利润原则的基础上也会适度提高对贫困社员的分配额度，从而维护最广大社员群体的利益。因此，农村金融利益联结的反贫困既需要注重效率也需要强调公平，在经营决策权和剩余索取权上，建立对弱势群体和贫困农户的利益保护机制，做好农民合作社经营管理权与剩余分配权的"两权分离"。

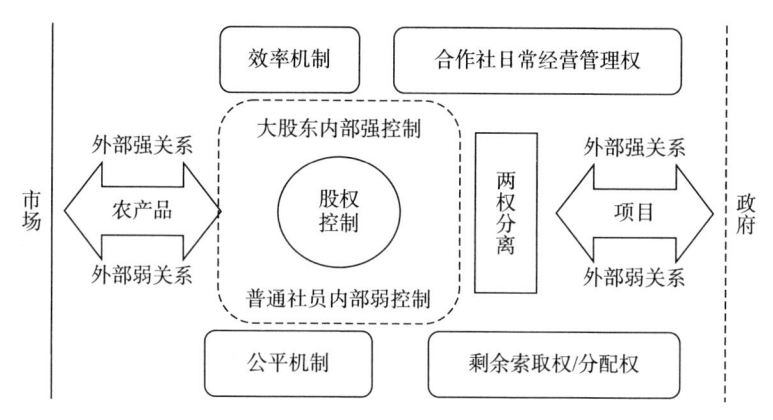

图 3-7　农民合作社供应链融资中资产收益扶贫股权结构

相比普通社员而言，农民合作社中精英社员在政府合作、市场开发等外部资源获取上具有一定的比较优势；而普通社员具有较低的时间机会成本、参与农业生产的动力更足，在社会网络关系与互惠共享方面具有一定的比较优势。在强化农民合作社内部监督和凝聚社员共识上，精英社员与普通社员可以发挥各自的禀赋优势。精英社员主要负责合作社内部的经营管理及对外市场销售等方面的开拓，发挥其经营管理及外部资源优势；而普通社员负责将主要的订单农业及业务生产做好，形成互惠共赢的局面。在政府扶贫项目支持、农产品的市场销售等方面，精英社员也可以较好地发挥其资源获取和整合能力，从而争取到政府扶持、项目资金、交易网络和交易伙伴信任等。普通社员在面对市场和政府时发挥其弱关系的作用，内部社会网络形成的丰富的社会资本能够有效地降低农民信贷的风险。普通社员农户之间由于熟人社会的关系网络，彼此之间可以防范机会主义行为，从而形成重复交易的良性正向循环，更好地促进农民合作社的稳健运行。随着精英社员和普通社员之间的互动，以及政府和市场交易网络的不断拓展、交易次数的不断增多，普通社员和精英社员之间形成更为紧密的利益共同体，将进一步提升多方主体之间的利益联结程度，实现金融服务农民合作社产业发展的目标。

农民合作社作为农民协作发展的经济组织，本身具有内在的互助性和社员资源禀赋的差异性，从而造成社员结构在扶贫过程中的异质性，最终导致剩余索取权和控制权的不同。由于农民合作社内部成员依据各自的资源禀赋和参与要素来获得话语权，所以合作组织的主导权集中于精英社员手中，而普通社员的收益获取能力逐渐被弱化，造成资源和利益分配上的"精英俘获"。

长期以来，社员农户的资源禀赋异质性造成一部分贫困农户参与农业供应链金融的意愿较低。即便是参与的贫困农户，其进行农业生产经营所获得的贷款额度也较低，大多是依靠农民合作社订单农业生产来组织贫困社员农户加入，通过提高组织化程度来提升农产品销售的能力。但农业供应链金融本身具有较强的商业性，必须遵循营利性原则来推广，这无形中使得贫困农户信贷资金量减少，可偿还性较低的特性加剧了逆淘汰化，使得一些地区扶贫资源利用效率低下以及真正贫困户无法被精确瞄准从而无法分享金融减贫的好处（邢成举、李小云，2013），造成背离制度性扶贫的政策设计目标。因此，农民合作社供应链金融信贷减贫的重点在于解决"扶持谁"和"怎么扶"的问题。在传统的扶贫模式下，政府扶贫项目往往自上而下传递，资金利用效率低下导致各级部门层层资源损耗，同时资金项目瞄准也存在偏差难题。在农民合作社信贷供给过程中，往往存在合作社能人或精英与地方政府部门项目管理人员勾结的情况，形成农村边缘势力并横架在国家扶贫项目与贫困农户之间，成为阻碍农村发展的力量，成为扭曲国家扶贫政策和国家与农民关系的多元利益的结构性力量（赵晓峰、邢成举，2016）。以政府项目为引导农民和社会资本参与扶贫的载体，以商业银行信贷供给为配套支持，以土地整理为依托，以农民合作社定向扶贫等为路径，激发贫困农户的内生动力和积极性，构建政府项目扶贫和农民合作社产业扶贫相互补充的扶贫格局。农民合作社通过嵌入村落社会发展来拓展与弱势贫困农户的内生帮扶范围，成为政府和贫困农户之间的桥梁。在农民合作社供应链金融信贷过程中，农民合作社承担了贫困户瞄准和识别的重要任务，解决"扶持谁"的问题；在政府项目扶贫的过程中，加强金融合作和技术培训，使财政资源精准对接农民合作社，通过优化合作社治理结构来实现扶贫资金与资源的股权量化并倾向于对贫困农户的分配，充分保障弱势贫困户的合法权益，从而实现互惠共赢。在选择农民合作社作为政府扶贫项目资源承载主体时，还需要考核农民合作社的社会扶贫责任意识，增强党组织对合作社的引导和带头作用。

农民合作社在组织农业生产经营和农产品销售过程中，作为生产经营者和互助性的经济组织，将松散的农户通过利益捆绑组织起来，发挥经济组织平台在发展特色产业中的积极作用。在贫困农户加入合作社之后，借助产业扶贫引导基金的支持，联结信贷资本与产业资本，强化双边的利益联结，将政府引导基金进行股权量化并作为参与农民合作社经营的重要资本金和贫困农户的股本。农民合作社通过筛选优秀的农民职业经理人进行经营管理，带动贫困社员农户更好地参与农业生产，并不断将入社股金与村社集体资产进行保值增值，贫困农户可以享受相应的收益分红但不能撤资撤股，以防止部分贫困户发生机会主义行为。对于丧失劳动能力的贫困农户，村社集体通过将承包地委托或流转给农民合作社统一经营，甚至将多余的宅基地入股作价并入村社集体资产，将贫困村集体经营性建设用地投入市场来构建资产收益分配、增加农民财产性收入。在村社集体的管理下，进一步增加农民合作社发展的专项资金，巩固脱贫攻坚成果与乡村振兴的深入衔接，建立健全合作社内部的治理规范机制和长效扶贫的制度体系，保障脱贫农民在参与农民合作社生产经营过程中能够分享到金融利益联结带来的合法权益。

在金融利益联结作用下，资产收益扶贫需要采取市场化的手段，将贫困社员农户有效地纳入巩固脱贫成效的治理体系中，将传统的仅仅聚焦"项目到村、资金到户"的扶贫模式转换成"权益到人、资本到户"的收益扶贫模式。在巩固拓展脱贫攻坚成果与乡村振兴有效衔接的过程中，需要将政府财政补贴资金、信贷资金以及村社集体自筹资金绩效有效整合，发挥股份合作和债权发展收益的利益联结作用，针对缺乏劳动能力的贫困户建立资本入股及收益分配的制度体系，动员贫困户积极参与到壮大村社集体经济资产的过程中来，特别是将贫困农户的扶贫与扶志、扶智等相互结合起来，将确权到户的集体利益和资产分红收益作为农户长期生计的重要保障。充分利用贫困户的土地要素、承包地资源等以更有效的方式参与村社集体的统一经营管理，实现农业的规模化、集约化、组织化生产经营。

农村金融利益联结下的资产收益减贫机制需要统一规范管理农民合作社等新型农业经营主体，发挥资本股权量化的作用，将各农户松散的资源有效整合到农民合作社这一平台上来，构建资本分配和资本运营相互分离的机制，创新资产收益分配和社员利益联结的形式。在村社集体资产运营管理过程中，农民合作社需要坚持市场和管理能力相统一的原则，逐步将资产的经营权集中到精英社员手中，实现资源的最优化配置；但在资本分配过程中，要更加强调公平和公正的原则，对贫困农户和弱势群体进行优先分配并加大对其支持力度，保障对丧失劳动能力和缺乏有效资产的低收入群体的收益分配的优先权；根据政府扶贫资产的量化入股设置扶贫股，作为贫困农户优先分享到的农业规模经营和产业发展带来的收益分红。这些方式既有利于兼顾公平和效率，也符合农民合作社作为市场经济组织需要以效率为先的经营理念和经济属性要求。村集体领办型农民合作社能进一步带动专业大户或者农民职业经理人参与到农业生产经营过程中，形成合作社联合社，进一步壮大村社集体资产，从而实现联合扶贫或农民的共同富裕，这种联合较好地将农户和市场以及村社集体资产和生产经营的成果有机联系起来，发挥社会黏合剂的作用，推动农民合作社股权和债权的资产收益扶贫。

（3）农村金融反贫困风险防控机制

①事前甄别。在农村金融利益联结的信贷风险甄别中，重点需要针对农民合作社的订单农业生产和社会化服务，加强社员农户在生产经营层面的供应链环节上的联结，从而确保二者交易记录和资金流向的准确，以防因信贷主体甄别失误而扩大信贷风险。同时，依托社员农户内部之间的熟人社会关系网络，以及社员农户信用守约的良好习惯，确保商业银行在农民合作社供应链金融信贷过程中能够保障信贷资金的安全，并确保将较高风险类型的社员农户排除在授信范围之外，具体包括对信贷需求农户的合作基础辨识和授信准入甄别，做好信贷风险的事前甄别（见图3-8）。其中，合作基础辨识首先需要通过尽职调查全面掌握农民合作社的资产和运营数据，确保农业供应链各环节风险处于可控的范围内，结合中国人民银行征信体系和业务交易记录，对农民合作社供应链金融信贷进行信用甄别和交易风险的大数据建模评估，并建立商业银行与农民合作社的合作联结协议，强化风控合规性和审贷的技术风险安全

性，降低整体供应链的信用风险。

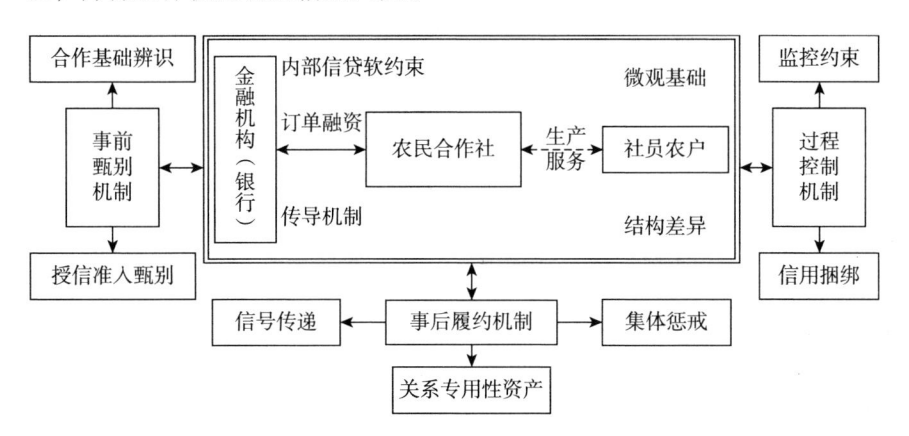

图3-8 农社金融利益联结下的信贷风险防控机制

②授信准入甄别。为了解决因贫困农户缺乏抵押担保物而导致的信贷排斥问题，农民合作社开展农业供应链金融信贷，将信用度较低的贫困农户融入信用度较高的农民合作社整体供应链环节中，将信贷支付程序内化为农社之间的产业资金流动行为与合作关系。在授信准入甄别环节，评估农民合作社的授信准入成为风险防控的重点，也是整个农业供应链节点上授信评估和风险监控的关键。农民合作社信用与银行信贷投放之间具有显著的正相关性，农民合作社的整体信用也就决定了农业供应链金融信贷在实施过程中的信用等级和信用地位（Marshall and Werb, 2010），农民合作社的授信和风险评估成为整个供应链金融风险的根源。一方面，通过市场化的手段强化商业银行与农民合作社之间的契约关系，采取市场的信贷利率定价机制，以正式契约来强化农业供应链金融中社会资本的作用。农民合作社在选择贫困农户时，不仅需要关注农业供应链内部长期合作的社员农户是否具有较好的信用，维护整体供应链的声誉，还要考虑订单农业生产经营及资金周转等交易信息，及时评估双边交易可能产生的风险。同时，通过合同或协议的方式将农社内部项目的生产、经营以及资金流转等进行合约化和契约化，确保商业银行能够有效地参与到资金流所涉及的交易行为中，通过大数据来评估供应链交易环节的信用风险和信用变动状况，这种内生的信用集合方式进一步强化了原来积累的非正式社会资本，形成关系专用性资产（王筱萍、王文利，2015）。另一方面，农民合作社与农户之间由于长期在生产、经营、技

术、信息等方面的合作，形成了信任、声誉和交易习惯等非正式社会关系网络及有效的协调机制，这也为农业供应链金融信贷的稳固提供了有力保障，特别是农村内部的社会关系网络可以规避正式的契约关系无法解决的治理难题，比如解决信息不对称和信贷监管中的无效率问题，防范农户加入合作社后产生的机会主义行为，以及促进交易各方的协同互动和合作社的高效运营。这种利益相关者之间的协同参与和信任、声誉形成的隐形契约关系正好弥补了正式契约关系中的不足，提高了农村金融利益联结的风险防控水平。

③过程控制。由于农业供应链金融信贷不仅受到市场环境及自然灾害等不确定风险因素的影响，还容易产生因农业供应链不同环节农户可能无力偿还信贷而造成的信贷违约风险，当这种风险转嫁到农民合作社的运营中，极易导致农民合作社的破产倒闭。因此，加强对信贷的过程监控，提升内部监控的约束力和治理的规范化水平，需要加强合作社的内部监控约束与信用捆绑。内部监控约束可以使农业供应链金融信贷参与主体有效协同风险监控，并采取激励相容的措施，激励农业供应链金融各环节主体之间精诚协作，并对违约成员采取惩戒措施。在内部监控约束方面，社员农户财产受益权的嵌入也是农民合作社信贷融资的重要因素，需要考核农户与农民合作社之间的利益联结程度，以及商业银行与农民合作社之间的交易及风险累积状况，形成多边利益关联和横向监督的利益共享、风险共担机制。通过信用捆绑和隐形契约来降低道德风险和提高信贷履约，确保在对贫困农户的信贷配给过程中，更加突出信用合作和动态信用评估，从而有利于商业银行开展有效监控及管理。

在农民合作社开展农业产业链和供应链业务时，强化供应链上下游农户和供应商之间的信用捆绑成为农村金融利益联结的关键。通过对供应链中的众多上下游信贷农户进行批量、整体授信，将供应链上单个农户的信贷风险转变成整个供应链的整体信贷风险，重点通过村社集体信贷软约束与供应链交易业务大数据同时审核信贷风险，降低信贷成本和化解小农户融资难题（龚坚，2011）。农民合作社的交易记录良好不仅可以赋能单个农户的信用，也可以形成信用共同体，促进合作社整体信用水平的提升。集体内部信用的利益共同体意识使得单个农户采取信用投机行为，也会造成较大集体惩戒，提高单个农户违约成本，从而发挥农民合作社供应链的信用捆绑作用。这种稳定的信用捆绑关系，可以促使农户借助农民合作社获得信贷，而合作社则通过内部理事会和监事会来加强对信贷农户社员的信用评价，农户之间的互保也提升了信贷农户的信用担保能力，从而形成有效的风险共担及相互约束机制，保障农业供应链信贷资金在农民合作社内部形成良性循环和贷款的有效自偿。

农民合作社与商业银行的利益联结过程如何做好风险防控，需要对以信贷保险和担保为主的产业链和供应链进行全过程的有效监控，防范合作社内部产生系统性风险。在过程监控中，农户集群内部成立风险监督机构，在农业供应链金融信息和数据在统一平台进行运作的背景下，通过重点考察贫困农户的订单生产和服务数据，加强对农业供应链金融的系统性风险评估。一方面，对于农民合作社中单个社员农户的违约行为，农民合作社连同商业银行将集中实行集体惩戒，将故意违约的社员农户纳入信贷黑名单，甚至将其从该农民合作社供应链金融信贷合作圈中淘汰，提高单个农户信贷违约的成本；另一方面，加大对信贷诚信社员农户的有效激励，通过提高信贷额度、加大农民合作社内部订单农业生产的供应量和给予优先权，强化农社之间的信用捆绑以及银行、合作社与农户在供应链金融信贷各环节的整体信用连带责任，依托供应链环节的内生信贷过程监控和信用履约共同担保连带责任机制，促使农民合作社有更强烈的意愿维护供应链整体的良好信用和积极防控内部风险，强化农民合作社内部社员之间的信用意识，激发金融服务实体经济的内生动力。面对自然灾害和市场环境等不可控风险，农民合作社协同商业银行、保险公司、政府等相关部门，通过市场化的手段，以合作社整体信用以及农产品销售应收账款等为标的，向保险公司购买农产品保险，并协同政府部门提供的政策性保险，以及脱贫攻坚扶持保障资金及相关资产，搭建农民合作社供应链金融信贷服务生产和交易的信息共享平台，从而形成多方利益共享、风险共担的信用防控利益共同体。

④事后履约。在农村金融利益联结过程中，社员之间的社会关系网络作为非正式制度的重要组成部分，成为联结供应链成员顺畅交易和同伴信用监督软约束的重要变量。社员农户彼此之间的社会信任是影响农户组织结构和社会交往质量的关键。由于农业供应链金融事后履约需要嵌入农村社会关系圈层结构中，通过社会关系网络的信号传递和声誉机

制来克服农户信贷中的投机行为,以防产生逆向选择和道德风险。农民合作社作为农业供应链金融信贷的核心主体,借助农村社会资本网络将贷款者的信誉和关系圈层嵌入农业供应链各环节中,依托社会资本内生的作用机制来发挥信贷的事后履约作用。在事后履约过程中,社员之间的社会资本的信号传递与集体惩戒,以及供应链内部供需交易记录的完备性所形成的稳定的利益联结关系专用性资产尤为重要。

⑤社会资本的信号传递与集体惩戒。社员之间的社会关系网络作为嵌入农户之间以及农户与农民合作社之间、为推进农民合作社的有效治理而形成的非正式制度和规范,在一定程度上会影响信贷合约的事后履约水平。在农民合作社供应链金融信贷市场中,社员农户在当地的社会资本越高、社会关系网络越广、社会资源越多,往往越具有信贷市场上的比较优势,在信贷评估中也往往可以获得越高的声誉得分和信任评价,从而提高银行与合作社的合作意愿。此外,社会资本也是检验农村金融市场信誉好坏的重要依据,是信贷市场长期博弈的均衡结果。相反,如果社员农户的社会资本越少、社会信誉越低,往往在信贷市场和供应链金融内部进行信贷联保的难度也越大,由此会形成越高的交易成本。这种信号传递作用也为商业银行评估供应链的稳定性提供了有力的政策依据,特别是在农民合作社供应链金融信用贷款中,往往成为衡量一个社员农户信贷风险水平的斯宾塞-莫里斯条件(Spence-Mirrlees Condition)。

此外,社会资本的信号传递机制还体现在社员内部的惩戒层面,具体表现为合作社内部的限制性准入、同伴的道德谴责以及声誉资本的软约束监督。首先,由于农民合作社在农村金融利益联结过程中,往往在生产规模、农产品品牌塑造以及市场信息资源占有等方面均具有一定的比较优势,社员农户不管是人为主动违约失信还是由经营不善或天灾等造成的信用违约,农民合作社内部成立的违约失信调查委员会,有权实施惩戒手段,如对主动失信农户设置限制准入、产品和技术服务的非对称交易以及社员的集体谴责等。社员农户在合作社内部的长期稳定合作能够规避"囚徒困境",从而形成相互监督的信用共同体。其次,同伴的道德谴责也能在一定程度上减少农户机会主义行为,农村往往人情关系较为复杂,属于熟人社会关系圈。一旦被视为农村金融内部失信社员,将会遭到农民合作社及村集体的道德谴责,形成其前期社会资本投入和积累的"沉没成本",无法被收回。失信社员的社会资本难以通过参与农民合作社的供应链金融业务获取收益,从而被排除在信贷担保和供应链融资的范畴之外。最后,声誉资本不仅是社员农户和农民合作社的一项重要无形资产,也是商业银行开展供应链金融信贷的重要评价依据,是一把"双刃剑"。良好的声誉资本能够有效地保障交易的稳定运营和获得较好的收益,而破坏声誉资本也将造成原有社会交易网络的破坏,进而形成不可挽回的损失。良好的声誉资本既能弥补契约不完全的缺点和减少社员农户的机会主义行为,也能降低交易成本和提高交易的效率,避免因信息不对称而产生的交易陷阱和失衡。

综合而言,农村金融反贫困创新的作用机理一方面依托农村金融产品和服务创新,推动农村金融机构数字化转型、改善农户生计资本,进而实现贫困农户在教育、医疗、住房、保障等多维生计层面的发展,直接和间接地减缓贫困地区农户的多维贫困;另一方面,通过农村金融模式创新,推动金融服务农业产业结构转型和农业产业链、供应链的优化,提升农村金融利益联结的融资增信能力,不断发挥金融服务产业结构振兴乡村产业发展的作用,从而实现贫困农户在物质、能力、权利等多维层面的贫困减缓。

二 农村金融利益联结的反贫困渠道创新机理

传统以财政扶贫为主的模式往往忽视了贫困人群自身的主体意识,而金融反贫困模式创新及服务创新赋予贫困人群信贷权,不仅可以强化贫困人群的主体责任意识,还可以减少对社员农户信贷权利的剥夺和信贷机会的排斥行为。其核心目的有以下三点。一是培养农民的主体意识,构建以农民为主体的农村金融反贫困责任方和实施方,将外在的支持者转变为亲身参与者,真正激发农村发展内生动力,发挥金融在资源配置中的积极作用。二是构建信贷促进脱贫发展的机制。优化农村低收入人群生产经营方式、扩大生产规模、提高生产效率以及改善农民基本生活状况,推动乡村金融生态良性发展。三是实现金融服务乡村振兴发展的长效供给。短暂性的脱贫物质支持和财政补贴难以保障贫困农户的长期生计,仅能解决农户在生产生活上的短期需要。因此信贷减贫要实现农村发展的可持续性、自我可复制性与长期性,进而保障农村得到长期、稳定、持续、高效的发展。

农村金融反贫困的主要运作方式包括以下几点。

一是直接向农户提供小额信贷。通过小额信贷扶持农业产业发展，推动农业产业链和供应链的长效健康发展，为贫困农户创造就业发展机会。由于劳动技能的缺失和恋家情绪的作用，许多农户没有外出务工的意愿，再加上农业生产资源不足，贫困农户往往缺少稳定的收入来源，农业生产经营创造的就业岗位为小农户提供了大量兼业机会，提高了务农兼业农户的工资性收入和经营性收入，减少了农村盛行的高利贷行为，增强了社会的稳定性。农村小额信贷改善了农村资本要素的匮乏状况，在一定程度上支持了农村金融体系的有效运行。小额信贷在农业农村生产过程中的运营也不断创新调整。通过农村金融利益联结、农村金融产品和服务创新，加快农村经济合作组织的发展和治理结构的优化，探索出了一条在市场经济体制下为农户提供有效的信贷服务并实现信贷机构自身可持续发展的新路径。

二是"银保"对接，即传统银行和保险公司合作机制的建设。由于农业的弱质性，保险机构很难在保证自身财务可持续性的情况下为农业生产提供保险服务。而农业信贷和农业保险的有机整合能够在一定程度上解决这些问题，特别是农村大型的商业银行及保险担保机构，在农村地区具有较高的市场认可度和品牌认知度，保险机构能够借助银行品牌认可度的优势拓展农村金融市场的业务。与此同时，银行提供的信贷金融服务也离不开保险机构给予的支持，特别是"银保"协同在商业银行开展金融普惠服务乡村振兴中发挥了积极作用，部分银行甚至会给予协同参保客户或新型农业经营主体优先贷款的权限。

三是"银社"对接，就是构建传统商业银行和农民合作社之间稳定的合作关系。中国农业经济的发展正在由传统高度分散、高经营风险、低规模收益的小农经济转型为具有一定组织化、规模化和产业化的现代农业产业，银行等金融机构为其提供的金融服务支持势必也应该做出相应的变化（见图3-9）。首先，由于其信贷需求旺盛、信贷规模较大，大型金融机构具有明显的比较优势。其次，合作社内部通过担保建立合作机制来增强信用，这种模式的核心是合作社内部实施严格的内控制度，对农户的贷款申请先进行内部审查和额度控制，并由合作社内部负责担保，然后向银行提出集中贷款申请，这种贷款模式在很大程度上增强了银行对收回贷款的信心，降低了银行所需承担的风险，同时提高了双方参与借贷的积极性。

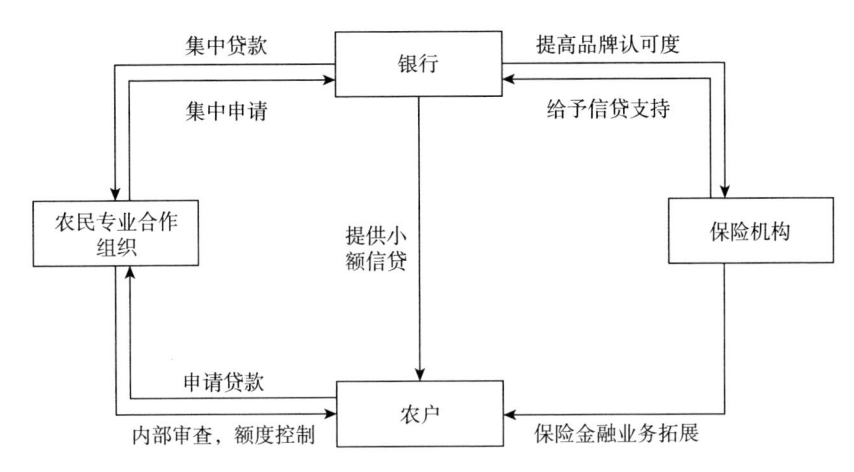

```
农民专业合作组织 ──集中贷款──> 银行 <──提高品牌认可度── 保险机构
                <──集中申请──        ──给予信贷支持──>
       │                    │提供小额信贷              │
       │                    ↓                        │
       └──申请贷款──────> 农户 <──保险金融业务拓展──────┘
         <──内部审查，额度控制──
```

图 3-9　传统银行小额信贷减贫机制示意

在巩固脱贫攻坚成果与实施乡村振兴战略有效衔接的过程中，为了防范农村金融反贫困创新带来的信贷风险，不仅需要积极应对农村金融反贫困过程中已有融资累积的"存量"风险，也要避免出现大面积风险集聚带来的"增量"风险对脱贫攻坚成果的挤压问题，积极统筹农村金融反贫困的可持续性及未来对乡村振兴发展的支撑作用（周孟亮、罗荷花，2019）。农村居民尤其是贫困地区农村居民的金融需求具有借贷额度偏小、居住分散偏远、缺乏有效的抵押品等缺点（冷晨昕、陈前恒，2017），而数字普惠金融具有覆盖面更广、成本更低、业务办理更加高效快捷、提供更多贷款渠道促进农村经营主体转型等优势（李凌云、李金杰，2019）。除此之外，整个金融活动的开展、进行和完成均以互联网为基础，在时间和地域方面突破了传统金融的束缚，有效地使新的供需双方之间的资源得到更优化配置（王佳瑶、刘青，2019）。

首先，数字普惠金融发展通过增加农户的经济机会，提高农户的信贷可得性，进而达到对农户多维贫困减缓的目的。增加贫困群体的信贷供给、提高金融服务可得性可以减缓贫困（郑秀峰、朱一鸣，2019），但即便是在信贷供给充足、贫困甄别严格的前提下，有劳动能力但处于最低收入水平的贫困农户往往也会面临抵押融资不足的困境，而农户家庭的经济机会、必要的生产能力是决定其能否有效利用互助资金贷款改善贫困状况的重要因素（林万龙、杨丛丛，2012）。经济机会是普惠金融影响贫困群体收入水平提高的重要因素（郑秀峰、朱一鸣，2019）。数字普惠金融不仅能够直接促进农村产业发展，为贫困农户提供更多就业创业的经济机会，拓展增收渠道，还能间接地增强乡村产业融合发展进而提升农户脱贫致富的"造血"能力（刘锦怡、刘纯阳，2020）。

其次，数字普惠金融发展可以通过数字技术提高农户的融资增信能力，降低信息交易成本，从而提高金融扶贫的精准性，促进金融扶持产业发展，实现农户多维减贫增收。在经济机会的帮助下，农户能够获得贷款，但传统的金融机构在发放农户贷款的过程中，需要在数据采集、分析等过程中花费大量的时间以及人力成本。基于大数据和云计算的互联网金融模式具有支付便捷、交易成本低、资金配置高效等信息和渠道优势（刘海二、石午光，2015），不需要通过耗费大量人力、物力以及中介费来实现，因此在一定程度上降低了农户获取金融产品和服务的成本（见图3-10）。同时，数字普惠金融能够借助信用体系平台化解以往传统金融出现的信息不对称问题，使农户摆脱以往需要凭借抵押物来实现贷款的约束，提高金融扶贫的精准性。

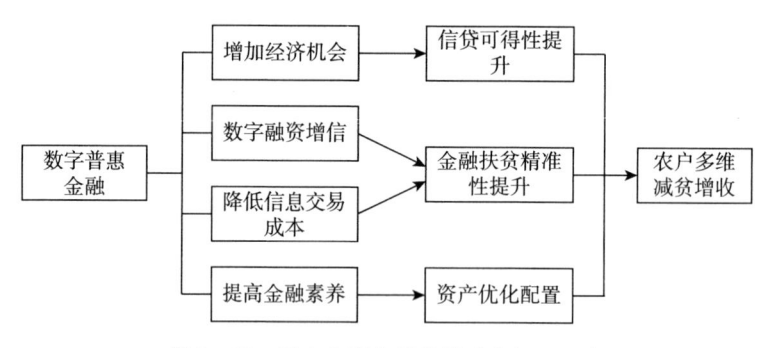

图3-10 数字普惠金融信贷减贫机理示意

最后，数字普惠金融发展可通过提高农户金融素养，加快农户家庭资产的优化配置，增加农户财产性收入，从而减缓农户的多维贫困。家庭的金融素养在其中发挥着重要的作用，即金融素养较高的家庭，在繁杂的信息中分析、整理和吸收相关信息的能力较强，从而使得其获取信息的渠道增加，其使用意愿、使用程度显著提高（董晓林、石晓磊，

2018)。吴本健等（2017）通过实证研究发现，在受教育水平和金融知识普及程度都较低的农村地区大力推进基础教育和金融知识宣传，不仅可以提高农民的金融素养、改变农民传统的金融习惯，也有利于数字普惠金融效应的充分发挥。反之，由农民受教育水平低或金融知识宣传缺乏所导致的"自我排斥"会抑制数字普惠金融效应的发挥。

第四节　本章小结

农村金融反贫困创新的核心在于有效衔接小农户与现代农村金融市场，防止贫困农户陷入"金融贫困恶性循环"困境，从而更好地巩固拓展脱贫攻坚成果与乡村振兴有效衔接。农村金融反贫困的难点在于如何有效地将农业产业链和供应链环节信用纳入小农户的融资增信过程中，并发挥数字金融科技的信用创造作用，提升产业全链条的信用，从而促进小农户融资增信、带动脱贫致富。基于互惠性偏好理论的视角，阐释了银社互惠与农社利益联结带来的小农户信贷联结可以有效地提升整体的信贷福利，在传统的农村金融反贫困机制中，通过自主发展模式下的农村金融扶持产业发展、模式创新及风险防控的利益联结机制来实现对社员贫困农户的"造血式"扶贫。对于缺乏脱贫能力的农户，通过委托发展模式下的农村金融反贫困机制创新来优化合作社内部治理结构和利益联结机制，借助政府专项扶贫资金及贫困农户信贷资金的股权量化，利用债权和股权等资产收益扶贫作用机制，增加无脱贫能力的贫困社员农户的财产性收益来达到减贫增收的目的。在数字普惠金融反贫困机制中，重点探讨了互联网金融渠道创新在支持"三农"实体经济方面如何促推农户脱贫致富，特别是数字普惠金融对传统金融的补充和完善，有利于通过就业创造、人力资本提升、技术支持农户融资增信、电商产业发展等来提升数字普惠金融效应。为此，在乡村振兴背景下，农村金融反贫困需要将传统金融与数字普惠金融有效协同，发挥普惠金融在相对贫困治理中的作用。

第二篇 评 估
——农村金融反贫困创新绩效

第四章　农村金融反贫困历程与创新发展现状

中国农村金融机构自新中国成立至今，已经走过了70多年的反贫困创新发展历程，主要分为计划经济时期和改革开放后的农村金融反贫困创新两个阶段，两个阶段相互统一、缺一不可。中国农村金融反贫困在正规信贷供需、城乡区域发展水平以及农村金融反贫困治理模式等方面存在较大的差异，需要揭示不同模式下的财政与金融反贫困效率和手段等带来的减贫效果，分析乡村振兴阶段面临的问题和挑战，为有效创新农村金融反贫困模式和发展路径提供科学依据。

第一节　中国农村金融反贫困发展历程

中国农村金融反贫困发展历程总体上可以划分为新中国成立到改革开放前的30年和改革开放至今的40多年两个发展阶段，分别对应以计划经济为主的农村金融反贫困体系和以转型发展背景下的市场经济为主的农村金融反贫困体系。在改革开放前的30年中，中国农村金融反贫困体系总体属于城乡金融"大一统"的原生综合型农村金融体系，具体可分为以人民公社为主导的综合型阶段（1949~1958年）和城乡金融机构合一型阶段（1959~1978年），这也是计划经济时期城乡金融体系从以合作金融为主导向以城乡金融合一为主导转变的农村金融体系。在改革开放后的40多年里，中国总体上从计划经济时期的原生综合型农村金融体系逐步过渡到市场经济时代的普惠金融体系，通过不断探索实践和完善相应的发展路径，不断适应时代发展要求，大致经历了公益性小额信贷阶段（1979~1992年）、发展性微型金融阶段（1993~2005年）、综合性普惠金融阶段（2006~2015年）和精准性普惠金融阶段（2016年至今）四个阶段。不同阶段的发展均伴随相应的农村金融政策变革，具有较强的时代特征。

一 计划经济时期农村金融反贫困历程

纵观计划经济时期30年的农村金融发展历程，总体上以"大一统"的城乡金融合一为主要特征，也被称为原生综合型农村金融体系。自1949年新中国成立以来，我国在一穷二白、百废待兴的基础上确立了优先发展重工业的战略。为保障该战略的有效实施，将缺乏比较优势的农村金融资源投入资金密集型的工业发展中，形成城乡金融合一的"大一统"金融体系。这也直接促使中央银行与商业银行均集中于服务计划经济，所有的金融机构均由中国人民银行计划调配，实行中央集权式垄断经营，将中央银行与商业银行二者属性融为一体，通过行政计划手段来发挥作用。农村信用合作社的合作性质不断被行政"官办"性质替代，逐步发展成为中国人民银行在农村地区的基层金融服务组织，而信贷管理上的"统存统贷"则将信贷资金的供需完全按计划指令实施。"统存统贷"主要是将大量的农村资金上缴到中央银行总行，以便为筹集低成本的资金进行统一贷款，而大量资本重点投放于重工业，工农业融资成本和信贷供需的"剪刀差"使得计划经济时期信贷资源错配问题非常严重。农村金融成为城市金融的附属和延伸，城乡金融体系融为一体，但农村金融成为城市金融资金供给的重要输出地和"牺牲品"。

1. 以人民公社为主导的综合型阶段：1949~1958年

新中国成立初期，国家百废待兴，中央政府通过土地改革，调动广大农民的积极性，有效促进了农业农村经济的快速复苏，使农民收入水平总体上得到较快的增长。但农民缺乏生产资料，特别是缺乏金融要素对农业产业发展的支持，使得传统农耕社会往往依托宗族关系网络之间的民间互助融资解决融资约束困境。1950年12月，为稳定信贷关系，支持农村土地改革，中国人民银行讨论通过了《筹设农业合作银行提案》，1951年正式建立了农业合作银行，农业合作银行得到快速发展。农村信用合作社通过农民集资入股、合作互助的形式逐步累积资本（孙建国，2017），最早的农村信用合作社由中国华洋义赈救灾总会在河北香河县创立。随后，邹平的信用合作社（1931年成立）、定县的信用合作社（1932年成立）成为民国时期具有一定代表性的信用合作社（李爱喜，2009；艾恺，2013）。1943年在陕甘宁边区成立的延安南区沟门信用合作社则成为抗战时期中国共产党辖区内的重要农业生产信贷融资渠道（李爱喜，2009），此类合作金融的探索实践为新中国农村信用合作社发展打下了坚实基础。作为农户"自己的银行"，农村信用合作社将吸收的农户的闲散资金贷给需要的农户，极大地促进了农村金融的繁荣，同时也有效地打击了农村地区高利贷行为，促进了当时农村经济的发展和农村金融的稳定。在政府强有力的推动下，农村信用合作社在除西藏以外的全国其他省区市快速建立，成为当时农村合作金融最普遍的信贷融资主体。

在此期间，国家通过大力发展合作金融，将闲散资金入股，在"民办、民管、民受益"的原则下，解决了因农业支持工业发展而面临的农村融资困境。农民合作金融的大力发展确实在一定程度上解决了小农户个体面临的融资难题。随着人民公社化运动的逐步升级，国家为推动农村信用合作社的转型，逐步将农村信用合作社纳入国家的战略规划中，国家银行业务逐步下沉至农村基层，越来越多的农村信用合作社开始组建，农村地区形成了以民间私人借贷、国家政策性农贷与农村信用合作社商业信贷为核心的农村金融服务体系。随着农村金融体系改革的逐渐深化，国家政策性银行、商业银行以及农村信用合作社日益成为农村基层借贷的主要力量（常明明，2009）。1953年12月，国家出台了《关于发展农业生产合作社的决议》，提出要把农业生产互助合作、农村供销合作和农村信用合作作为对小农经济进行社会主义改造的三种主要形式进行同步改造，其核心使命就是支持集体经济和农业生产发展。然而，农村信用合作社无法有效满足农业生产发展需要。1958年，中央提出了供销社负责物资供应，信用社提供农业生产资金支持，二者同时成为社会主义改造背景下的农业生产经营组织，并制定了"三结合"的政策方针，逐步将农民所有的农村信用合作社转制为国家在农村地区的基层金融组织，农村信用合作社逐渐脱离了农民所有的互助性质，成为国家促进农村经济发展的金融中介，不再是"农民自有"的商业性金融机构。随着农业集体化程度越来越高，农民的贷款需求逐渐减少，再加上人民公社的建立和经济制度的改变，农村信用合作社成为人民公社时期的基层"银行"。农村信用合作社逐渐成为中国人民银行在农村地区开展金融业务的专业银行，农村信用合作社的互助性质逐渐消失，成为中国人民银行商业信贷的一部分。这一时期的人民公社化运动催生出的农村信用合作社带有浓厚的计划经济色彩，但在农村金融体系缺失的状态下，农村信用合作社确实满足了当时农村经济社会发展的需要，从而成为适应计划经济体制的中央集权式农村金融体系的时代缩影。

2. 城乡金融机构合一型阶段：1959～1978年

随着农村信用合作社由农户所有转为集体所有，中央统一集权领导农村信用合作社的发展。

1959～1978年，以农村信用合作社为主的农村金融体系经历了多次从集体所有到国家所有的反复交替过程。虽然在当时以乡镇为单位的农业生产合作社集体经济有利于帮助社员与生产队有效地办理存贷款业务，在一定程度上可以促进村社经济发展，但是农村信用合作社的"统存统贷"模式在信贷供需匹配方面往往缺乏弹性，难以适应个体需求的差异（李爱喜，2009），而1949年之后的土地革命本质在于激活农民生产生活的积极性，这种"统存统贷"模式到"文革"后期逐渐成为村社经济发展的桎梏。同时，由于中国幅员辽阔，农村金融体系在广大的农村地区也受到经济、社会、文化、风俗等多种因素的影响，不同地域之间的差异性导致民间金融创新也受到"大一统"农村金融体系的影响（丁骋骋，2016）。以中国人民银行为主导的金融监管体系和信贷体系的合一也使金融监管与金融市场行为难以有效地协调起来，计划经济末期的农村金融体系逐步成为社会经济发展的绊脚石，难以适应农业农村发展的新趋势。

此外，通过对1957～1978年中国城乡居民消费水平和消费差距的对比可以发现，城乡消费水平比几乎都处于3倍以内（见图4-1）。城乡消费差距较小和人民公社化运动对资金需求不足，总体上使得"大一统"的农村金融体系适应了当时经济社会发展的战略需要，特别是在计划经济时期优先发展重工业的战略背景下，农村金融体系成为优先服务我国工业化建设的重要经济组织，使得计划经济时期基本上没有独立的农村金融体系。中国农业银行和中国农村信用合作社也仅仅是中国人民银行体系的延伸，成为国家从农村地区抽取资金向重工业进行资源配置的重要工具。1958～1978年，农村信用合作社累计存款达1802亿元、发放贷款 520 亿元，余下 1282 亿元流向工业部门[①]，在这样的条件下，农村金融的垄断和国家统一运营是适应当时国家发展战略的合理选择。

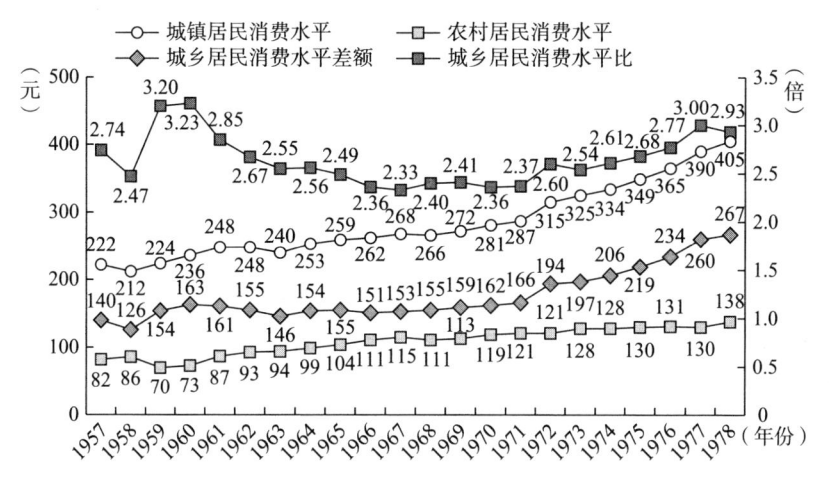

图 4-1　1957~1978 年中国城乡居民消费水平

资料来源：历年《中国统计年鉴》和《中国农村统计年鉴》。

二　改革开放后农村金融反贫困历程

随着改革开放的持续深入，农业农村的发展对金融产品和服务的需求不断增加。纵观改革开放 40 多年间农村金融的发展历程，往往伴随农业农村经济发展实践而逐渐改革现有的农村金融体制机制。中国农村金融反贫困体系也随着农业农村经济体制的变革而发生相应的调整，其发展历程大致可分为四个阶段：公益性小额信贷阶段、发展性微型金融阶段、综合性普惠金融阶段和精准性普惠金融阶段（见表 4-1）。随着新型城镇化的快速推进，农村金融发展带来农民收入的快速增长，但也直接或间接地导致城乡居民和农村居民内部收入差距的扩大。

1. 公益性小额信贷阶段：1978~1992 年

改革开放之后，安徽和四川等地通过探索试行多种形式的农业生产经营责任制，逐步实行家庭联产承包责任制和统分结合的双层经营体制。农村家庭联产承包责任制拉开了中国农村改革发展的序幕，农民进行农

---

① 数据来源：《中国农村统计年鉴》。

表 4-1 新中国成立以来中国农村金融制度变迁历程

阶段	"大一统"原生综合型阶段	城乡金融机构合一型阶段	公益性小额信贷阶段	福利性发展阶段	发展性微型金融阶段（商业性发展阶段）	综合性普惠金融阶段	精准性普惠金融阶段
时间	1949~1958 年	1959~1978 年	1979~1992 年	1993~1999 年	2000~2005 年	2006~2015 年	2016 年至今
背景	1949 年农村土地制度改革，以人民公社为主导的综合型阶段	1978 年家庭联产承包责任制	"差额包干""实贷实存"信贷管理并存	小额担保贷款政策	2000 年中国人民银行试点推行	《国务院办公厅关于金融支持小微企业发展的实施意见》	《推进普惠金融发展规划（2016—2020 年）》
主导机构	农村信用合作社	政府与中国人民银行分离	中国农业银行、扶贫经济合作社	农村信用合作社	各类金融机构	金融机构与类金融机构
资金来源	农村信用合作社农户股本	财政补贴	捐款、补贴	捐款、补贴、存款	股本、债务融资、补贴、捐赠与民间资本	股本、债务融资、补贴、捐赠与民间资本、众筹、P2P 网贷等
服务对象	农村信用合作社中的农户	主要为弱势群体提供小额贷款	农户、贫困妇女，客户范围逐渐扩大	城市失业人员、农民、企业	全部弱势群体	全体弱势群体以及有资金需求的小微企业、新型农业经营主体等
服务模式	贷款小组顺序贷款	联保贷款	联保贷款及基础金融服务	多样化的金融产品和基础服务	金融服务模式和金融产品多样化，精准度不断提高，互联网技术不断提高的包容性不断提高

业生产的积极性得到极大提高，而飞速发展的农村经济对农村金融产品和服务的需求也日益增加。为了扩大农村信用合作社的自主权和打破计划经济时期银行业"大一统"的格局，中国农村金融反贫困体系逐渐成立多个专业性的银行机构来推动县域经济的发展，促进贫困地区加快发展，从而实现整体性脱贫。由于改革开放初期的发展战略仍然是以城市建设和重工业发展为重心，农村金融反贫困体系虽然在一定程度上摆脱了"统存统贷"的计划金融色彩，但资金流通的市场化行为导致资本往往追逐收益更高的城市金融，使得农村金融沦为城市金融的附庸和资金融通的"垫脚石"（郭连强、祝国平，2017）。农村金融的商业化市场行为受到城乡二元经济结构的制约，逐渐形成了城乡二元金融结构，而农业的长周期、高风险和低收益也决定了农村资金大量流向城市金融体系并形成了较强的路径依赖。在此期间，农村信用合作社的产权问题和业务定位也较为模糊，使得农村金融体系成为小额信贷的重要场所，但相关业务开展并未采取规范化的企业经营管理机制。粗放的经营模式、信贷监管的缺位、经营管理人员缺乏自我约束和激励，使农村金融体系的"人情贷"和"关系贷"层出不穷，导致中国农业银行和农村信用合作社出现了大量的呆账和坏账，金融对农村经济产业发展的支持也大多是以公益性的小额信贷为主（匡贤明、杨冬月，2016），但农村金融反贫困体系通过自发的资金互助和社会团体的公益性贷款确实也在一定程度上满足了普通农户的金融需求。

2. 发展性微型金融阶段：1993~2005 年

从 1993 年开始，中国农村金融反贫困体系建设进入了"快车道"，特别是将农村政策性银行从商业性银行中剥离出来，金融分业经营进一步细分化、精准化。农村信用合作社也逐步从合作经济组织转型为商业银行（姜建清，2019），农村基层的金融机构开始实行"商业化改制"，并且大量县级以下的农村商业银行及金融机构被撤并，农村商业银行的数量在县级以下的农村市场不断萎缩。由于农村金融机构数量的大量萎缩与农村经济发展旺盛的信贷需求相矛盾，中国通过引进孟加拉国小额信贷模式，开启了公益性小额信贷的普惠金融发展之路。该模式依托国际捐助和软贷款，不需要政府资金介入，首次在河北易县建立了扶贫经济合作社。随着该项试验在全国的推广实践，农村人口大量流向城市，导致以信誉和声誉机制维系的小额信贷模式难以有效适应中国乡土社会的人情关系，个人违约成本较低导致违约率居高不下，使得这种公益性的小额信贷模式受到公众较大的质疑。为此，农村金融体系从以合作金融体系为主逐渐转向以商业性为主，其核心前提在于保障农村金融体系的安全性和稳定性。1993~1999年，由于农村金融没有建立完全适应市场经济运行的商业化金融体系，农村金融陷入供给严重不足和小额信贷违约并存的现实困境，以孟加拉国为代表的联保小额信贷在中国的实践受阻。21世纪初期，城乡金融机构逐渐朝着商业化银行的目标进行改制，大量的国有银行和股份制商业银行通过股份化和商业化的改造，剥离大量不良资产后，逐渐在中国A股市场和香港股票市场上市，商业化改制的目标基本确立。而大量农村金融机构的商业化和股份化改造使得在农村地区微利经营的市场业务逐渐收缩，从传统的福利性发展阶段转变为商业性发展阶段，该阶段成为中国农村金融反贫困体系探索改制和不断快速发展的阶段。

（1）福利性发展阶段：1993~1999年

从1993年中国引入孟加拉国的格莱珉银行小额信贷模式之后，通过大力探索"扶贫经济合作社"，将公益性小额信贷的理念体现在农村金融体系的建设中，这成为中国普惠金融发展的萌芽阶段。从1994年到21世纪初期，随着《国家八七扶贫攻坚计划》的出台，通过扶贫贴息小额贷款运动在七年时间内解决农村8000万贫困人口的温饱问题，真正拉开了金融扶贫的序幕，我国正式迈入了福利性普惠金融的发展阶段。该阶段通过政府的贴息贷款和商业银行小额信贷，在一定程度上满足了部分低收入人群和贫困农户的信贷需求。这种由零散试点的社会组织小额信贷逐渐上升为以政府财政贴息为主的国家推动式小额信贷，使得信贷资金从零散小额转变为充裕全面，农村信贷资本充足率和投放率得到大幅提升。各类农村金融机构小额信贷年利率从无息提升到3%左右，通过小组联保贷款和无须抵押担保的方式，农村贫困人口在农业生产经营过程中融资难和融资贵问题逐步得到缓解。但这种福利性的小额信贷模式也带来了严重的副作用。2000年之后，由于"输血式"的小额信贷扶贫模式在财政上不可持续，缺乏财政贴息的农村商业银行利率开始逐步提升，小额信贷规模也出现了大幅度的萎缩，农户面临的"金融贫困恶性循环"困境和融资难题再次出现。在该阶段,中国农村金融体制改革也进入了"快车道",农村政策性金融从商业性金融中分离出来,中央提出了建立以政策性银行(中国农业发展银行)、商业性银行(中国农业银行)和合作性金融机构(农村信用合作社)等为主体的农业金融体系,共同承担服务"三农"的主要任务。农村信用合作社与中国农业银行也进一步脱钩,虽然农村信用合作社恢复了其"三性"的经营原则,但经历了几十年的改革,农村信用合作社的产权模糊问题仍然没有得到根本有效的解决,农村信用合作社的产权关系和政府与市场之间的关系仍然没有真正厘清。

(2) 商业性发展阶段:2000~2005年

进入21世纪,中国在加入WTO后,为适应世贸组织对银行业的监管要求,中国的普惠金融进入商业性发展阶段。从2000年开始,中国人民银行开始逐步对国有商业银行和股份制商业银行进行股份制改造。正规商业银行等金融机构以信用担保贷款和联保贷款等方式,不断加大对农村地区产业发展和扶贫开发等的扶持力度,成为承担普惠金融的社会责任的主力军。其核心目的在于通过担保贷款实现信贷的可持续性运营,实现银行流动性、安全性和营利性的目标。然而,商业银行本身的逐利性和农村地区出现的高风险、高成本、低盈利、长周期等状况,使商业银行陆续减少在农村地区设置的机构和网点,对"三农"实体经济的信贷扶持也不够(张晶等,2018)。随着农村金融机构的商业化运作和中国农业银行逐步退出农村基层,中国邮储银行"只存不贷"的现状加快了资金从农村抽离到城市的进程,农村信贷资金由农村向城市的单向流动带来农村地区农户融资难和融资贵问题。商业化的小额信贷也越发偏离普惠金融的本质,其使命变动造成农村人才、资本等要素的大幅流失,农村经济发展越来越困难。到2002年,随着党的十六大提出统筹城乡发展战略,农村金融供给不足的问题得到新的重视,城市金融反哺农村金融成为化解农村金融供给不足的重要举措。比如,2003年国务院针对农村信用合作社产权结构和管理体制进行深度改革,农村信用合作社的资产质量和服务"三农"的能力有了明显提升;针对中国农业银行的股份制改造,放宽对农村金融机构的准入,使村镇银行和农村资金互助合作社大量涌现。农业保险机构和担保机构及新型农村金融产品的出现,在一定程度上缓解了农村金融供给严重不足的局面，但农村金融内部资源的有限性和资本的逐利性导致农村金融"嫌贫爱富"的总体局面并未得到明显改观。此外，由于该时期农村金融反贫困体系在金融市场和金融机构监管层面没有形成有效的市场竞争环境，政府主导的信贷市场不可避免地导致农村金融更多趋向于国有性质的银行进行信贷投放（李明贤，2009），小微企业和贫困农户受到信贷风险和融资成本高等因素制约，且农村金融机构的信贷排斥进一步加剧了城乡二元金融结构的固化，农村金融供给不足和城市金融流动性过剩的两难困境仍然较为明显（李明贤、叶慧敏，2012）。

3. 综合性普惠金融阶段：2006~2015年

随着农村金融商业化发展程度的加深和城乡二元金融结构的逐步固化，农村普惠金融面临越来越大的现实挑战，特别是在工业反哺农业、城市反哺农村的背景下，统筹城乡发展的任务越发迫切。自"普惠金融"概念提出之后，包容性的金融体系成为全方位有效地服务社会各阶层群体的重要体系，越来越多的农村小额信贷机构进入综合性普惠金融阶段。中国自加入普惠金融联盟阵营之后，通过探索多元主体的普惠金融发展模式和构建普惠金融制度体系，加快农村普惠金融的发展，不断全方位、综合性地发展普惠金融（焦瑾璞等，2015）。2006年底，中国银监会出台了《调整放宽农村地区银行业金融机构准入政策的若干意见》，鼓励农村小微企业和农村信用合作社增加农村金融机构网点数量，针对一些金融服务空白和信贷投入过少的地区进行网点数量调整。直到2008年金融危机爆发前，中国农村金融反贫困体系建设的制度化和透明化得到有效深入推进。随着农村金融机构准入门槛的降低，各种新型农村金融机构应运而生，农村金融的信贷供给能力不断提升，但农村贫困地区的信贷融资约束困境依然存在。同时，综合性普惠金融在农村经济的包容性发展和促进城乡统筹发展方面发挥了重要作用，但综合性普惠金融发展也导致有限的农村金融资源无法做到精准深入持续地扶持"三农"实体经济，特别是农村信贷"撒胡椒面"式地对农村地区进行金融扶持。虽然这种综合性的普惠金融使各融资主体的信贷可得性得到了较大的提升，但信贷额度和信贷质量却未得到明显的提高，特别是随着新型农业经营主体的逐步崛起，对信贷需求的规模和质量要求也越来越高。

银行等金融机构的信贷产品还需要进行深度精细化创新，使普惠性农村金融体系的建设适应农村金融产品和服务的多样化、个性化发展需求，也迫切需要精细化的普惠金融政策与之匹配。

4. 精准性普惠金融阶段：2016年至今

2016年至今是普惠金融进入精准性深耕发展的新阶段，党和国家对普惠金融发展高度重视，特别是随着数字普惠金融的广泛应用，大数据、区块链等信息技术与金融的结合，促使金融科技为精准性普惠金融发展提供了先进的技术保障。由于中国互联网金融和数字普惠金融的快速推广应用，庞大的农村金融市场、良好的数字普惠金融应用场景及生态环境、互联网技术的不断创新为农村普惠金融发展夯实了有效的基础。相比国外更早进行普惠金融的国家而言，中国在数字普惠金融方面已经实现"弯道超车"，走在了世界的前列（吴晓求，2018）。但由于中国经济在区域之间和城乡之间发展不平衡不充分的矛盾较为突出，发展精准性普惠金融对于改善地区金融普惠不均衡状况以及化解城乡二元金融结构矛盾具有重要的作用。此外，农村信用合作社的商业化改革和其在农村普惠金融中的"支农"主体地位，使精准性普惠金融制度化建设在农村经济高质量发展中显得更加重要，特别是农村金融支持精准扶贫和乡村振兴发展能够更好地强化"三农"实体经济的内在包容性和金融的精细化服务。

纵观农村金融反贫困发展历程及其体系变迁过程，农村金融反贫困发展经历了由农村信用合作社和中国人民银行统一经营领导到银行业分业经营，再到综合性普惠金融和精准性普惠金融的反贫困发展阶段，呈现不破不立的历史性的变革规律。农村金融反贫困体系建设和改革的本质是由国家层面主导的自上而下式的改革，这种强制性制度变迁通过控制城乡金融资源配置来弥补财政能力的不足，从而实现国家金融资源效用的最大化（陈俭，2017）。在国家发展战略和政策偏好的作用下，农业的基础地位使得农村金融体系均是围绕"三农"实体经济发展这一核心任务来服务的，确保从国家层面保障农村金融的安全稳定，这是关系广大农民的利益和收入增长的根本性问题，也是政府执政的根基。因此，农村金融体系的不断变革和完善有助于解决"三农"问题、助推精准扶贫和乡村振兴发展，特别是在实现全面建成小康的第一个百年向第二个百年目标的迈进过程中，精准性的普惠金融可以更好地服务于广大的农村贫困地区，积极发展内生于"三农"经济的非正规金融，并建立行之有效的农村金融资源回流机制（陈俭，2017），帮助广大低收入人群和贫困农民摆脱"金融贫困恶性循环"的困境，从而全面建成小康社会。

第二节　中国农村金融反贫困发展现状

一　中国农村金融反贫困信贷供需状况

1. 农村金融反贫困信贷需求状况

农村信贷需求主体包括农村经济组织（农业企业、农民合作社、家庭农场等）和农村居民，贷款申请主要用于农业生产、日常消费等。图4-2展示了2013~2019年中国农村居民家庭收入情况。其中，低收入农户的信贷需求主要是为了满足生活需求，但由于低收入农户还款能力有限且缺乏贷款抵押品，所以大部分的农村金融机构无法满足其贷款需求，而这部分低收入农户也是国家重点扶持对象，政府财政补贴能在一定程度上满足其生活需求。除了这部分低收入农户外，大部分农户对信贷的需求主要是用于农业生产、医疗、救助等，这部分中低收入的农户虽然在收入方面对贷款的需求不大，但在其余多维度生活需求方面对贷款的需求较大。中等收入农户一般属于小规模种植户，在规模及长期投资的资金较大时，依托自有资金与信贷资金积累可以满足其融资需求。针对中高收入的农户，其农业生产摆脱了传统生产模式，开始逐渐扩大农业生产规模以及改变生产方式，并开展非农业生产经营活动。随着农业产业的发展，农业经营模式也在不断发生变化，农业生产结构不断现代化，传统的经营模式已经无法满足现代生活的需要，因此，对应融资需求随之增加，且这部分中高收入农户在抵押贷款与还款能力方面强于中低收入农户，他们在信贷方面不仅有贷款需求，更有贷款能力。高收入农户基本上从事经营性生产，如农业企业经营。这部分农户能够满足基本生活需求，因此他们对贷款的需求主要是为了扩大生产经营规模，加大对农业企业的投入。

第四章 农村金融反贫困历程与创新发展现状

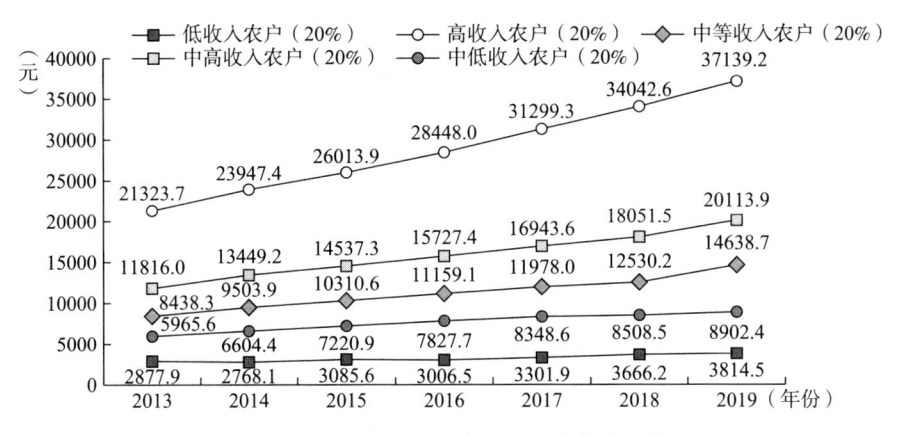

图 4-2 2013~2019 年农村居民家庭收入情况

资料来源：2014~2020 年《中国农村统计年鉴》。

2. 农村金融反贫困信贷供给状况

（1）农村金融机构发展现状

中国农村金融机构经过多年的发展，其功能与体系逐渐得到完善，针对传统正规金融机构而言，中国的金融机构主要分为政策性银行、商业性银行与合作性银行，而新型金融机构则主要有村镇银行与农村资金互助合作社。传统金融机构与新型金融机构相结合，填补了县级以下农村金融服务的空白，在一定程度上缓解了"三农"经济主体融资难的问题（程惠霞、杨璐，2020）。

（2）农村金融服务水平

在服务"三农"方面，中国人民银行对农村中小金融机构实施了差别化存款准备金政策并积极推动中国农业发展银行改革，对农村商业银行发放支农、支小专项再贷款，鼓励和引导金融机构加大对"三农"信贷的支持力度（罗剑朝等，2019）。从表 4-2 中可以看出，各项涉农贷款金额逐年增加，涉农贷款主要运用于银行业金融机构涉农贷款、农村贷款、企业涉农贷款以及农村企业涉农贷款。

表 4-2 2012~2018 年涉农贷款及"三农"贷款情况

单位：万亿元

贷款种类	2012 年	2013 年	2014 年	2015 年	2016 年	2017 年	2018 年
银行业金融机构涉农贷款	17.62	20.88	23.60	26.35	28.23	30.95	32.13

续表

贷款种类	2012年	2013年	2014年	2015年	2016年	2017年	2018年
农村贷款	14.54	17.29	19.44	21.61	23.55	25.14	26.27
个人涉农贷款	3.71	4.63	5.52	6.32	7.28	8.33	8.68
农户贷款余额	3.62	4.50	5.36	6.15	7.08	8.11	8.31
农林牧渔业贷款	2.73	3.04	3.34	3.51	3.66	3.87	3.92
企业涉农贷款	13.07	17.76	16.99	18.73	19.90	21.79	22.01
农村企业涉农贷款	10.35	11.88	13.37	14.66	15.92	17.03	17.89

资料来源：2013~2019年《中国金融年鉴》。

图4-3反映了中国农村金融发展与城乡居民收入差距，农村金融发展规模的持续扩大带来城乡居民收入差距的不断扩大，但随着普惠性涉农贷款余额的增加，城乡居民收入比基本上处于较为稳定的阶段。

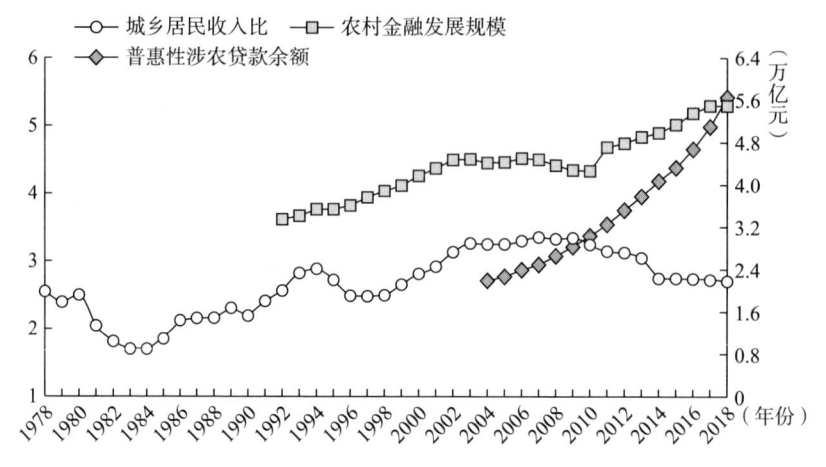

图4-3 1978~2018年中国农村金融发展与城乡居民收入差距

资料来源：1979~2019年《中国金融年鉴》与《中国农村统计年鉴》。

综观涉农贷款余额的变化情况，随着农村商业银行市场化进程的深入推进，从1997年开始，一方面，部分农村金融机构逐步将各类不良资产进行剥离，建立金融资产管理公司，启动资产证券化；另一方面，政府完善分业监管体系，加快资本市场发展，完善资本市场的功能，资本市场的扩容以历史性的速度发展。就整体而言，1997~2005年中国金融发展规模呈逐年扩大趋势（见图4-4）。金融规模的不断扩大、金融发展的逐渐深化，给人们提供了更多的机会享受金融服务，不仅提高了城乡居民的收入，同时提高了其生活水平。但是由于城乡二元结构等原因，金融发展在城市与农村之间无法实现均衡。在金融发展的初期，很长的一段时间内农村可以享受到的金融服务很少，相比城市而言，金融发展广度和深度均不够。

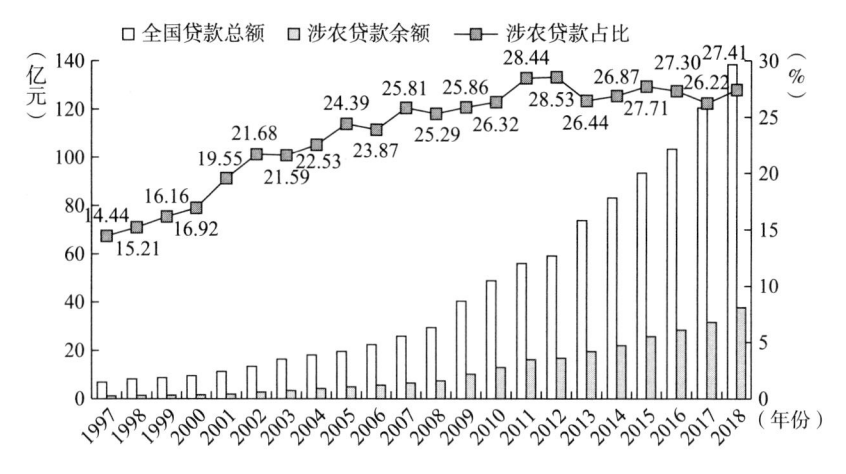

图 4-4　1997~2018 年涉农贷款余额及占比

资料来源：1998~2019 年《中国金融年鉴》。

二　中国农村金融反贫困的区域异质性

1. 中国各区域金融反贫困空间分布

受地理环境以及地区经济发展水平的影响，中国各区域金融反贫困发展状况也存在差异。从表 4-3 中可以看出，2015~2019 年，中国各区域金融机构数缓慢增长。其中，东部地区金融机构数从 2015 年的 8.82 万个上升至 2019 年的 9.05 万个，上升幅度为 2.61%；中部地区金融机构数从 2015 年的 5.21 万个上升至 2019 年的 5.36 万个，上升幅度为 2.88%；西部地区金融机构数从 2015 年的 5.92 万个上升至 2019 年的 6.05 万个，上升幅度为 2.20%；东北地区金融机构数从 2015 年的 2.14 万个上升至 2019 年的 2.17 万个，上升幅度为 1.40%。各区域金融机构数均有所增加，不过中部地区增长幅度最大，东部地区次之，最慢的是东北地区。在银行业从业人员方面，东部、中部、西部地区的银行业从业人数均有所增加。其中，东部地区增长幅度最大，其次是西部地区，而东北地区 2019 年银行业从业人数相比 2015 年有所下降。

表 4 – 3　2015～2019 年中国农村贫困地区金融机构现状

指标	年份	东部地区	中部地区	西部地区	东北地区
金融机构数（万个）	2015	8.82	5.21	5.92	2.14
	2016	8.84	5.30	6.04	2.10
	2017	9.13	5.38	6.04	2.11
	2018	9.10	5.33	6.08	2.13
	2019	9.05	5.36	6.05	2.17
银行业从业人数（万人）	2015	167.42	80.13	90.72	40.77
	2016	164.08	81.75	92.75	41.04
	2017	173.57	86.81	92.98	41.43
	2018	174.25	81.70	97.51	39.82
	2019	180.86	81.11	95.05	39.60
金融机构资产总额（万亿元）	2015	100.56	27.05	33.82	12.78
	2016	112.39	31.22	37.94	14.41
	2017	125.18	34.39	41.53	14.75
	2018	131.85	37.07	43.54	15.12
	2019	143.68	40.36	46.10	15.89

资料来源：中国人民银行调查统计司统计数据，根据区域所在省份经整理后得出。

中国各区域金融机构资产总额均呈现上涨趋势。其中，2015～2019 年东部地区的上涨幅度为 42.88%；中部地区的上涨幅度为 49.21%；西部地区的上涨幅度为 36.31%；东北地区的上涨幅度为 24.33%。中部地区金融机构资产总额上涨幅度最大，其次是东部地区，最后是东北地区。总体而言，由于中国东部地区经济发展状况最好，所以其金融机构的发展最好，其次是西部地区，再次是中部地区，最后是东北地区。从各地区农村金融机构资产利用效率（见图 4 – 5）来看，东北地区相比东部、中部、西部地区的金融机构资产利用效率要高得多，而其他三个地区之间的资产利用效率差距不大。

2. 中西部 22 个省区市农村金融反贫困发展现状

中国中西部 22 个省区市主要是指国家划定的贫困县尚未实现全面脱

第四章　农村金融反贫困历程与创新发展现状

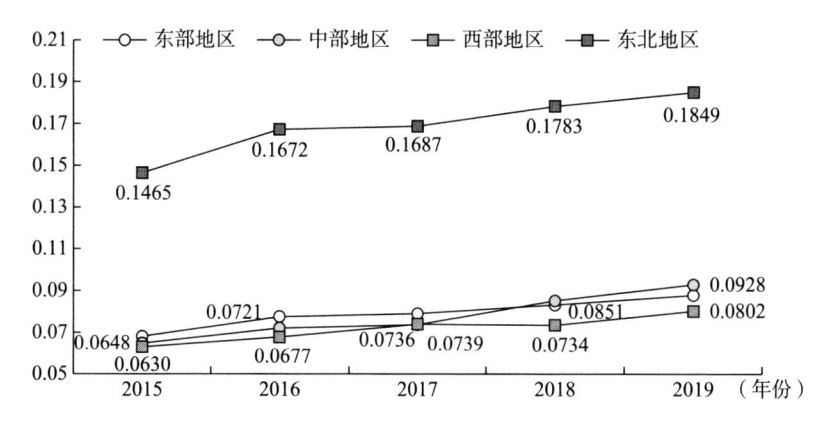

图 4-5　2015~2019 年农村贫困地区各区域农村金融机构资产利用效率对比

注：金融机构资产利用效率 = 金融机构资产总额/(金融机构数 × 银行业从业人数)。

贫的地区，这 22 个省区市包含的银行营业网点数量代表了金融机构在贫困县域的网点覆盖情况，是普惠金融支持脱贫攻坚成效的重要体现，银行网点的数量关系到贫困人口可获得贷款在空间上的分布状况。

为了解中西部 22 个省区市银行服务可得性，以下采用每万人银行网点数，分别对 2013 年、2017 年中西部 22 个省区市的情况进行比较分析，将银行网点数划分为三个梯队：第一梯队为每万人银行网点数在 1.8 个及以上的省区市，第二梯队为每万人银行网点数在 1.5 个和 1.8 个之间的省区市，第三梯队为每万人银行网点数在 1.5 个以下的省区市。从图 4-6 和图 4-7 中可以看出，在 2013 年，位于第一梯队的省区市有西藏、内蒙古、山西、青海、宁夏以及重庆；位于第二梯队的省区有陕西、甘肃、吉林、黑龙江、四川、新疆以及海南；位于第三梯队的省区有河北、江西、湖南、贵州、河南、安徽、湖北、广西以及云南。在 2017 年，位于第一梯队的省区有内蒙古、甘肃、宁夏、西藏、山西、吉林、陕西、青海；位于第二梯队的省有黑龙江、四川、海南、江西、河北；位于第三梯队的省市有贵州、新疆、湖南、河南、安徽、湖北、重庆、广西、云南。2017 年位于第一梯队的省区市比 2013 年的多；位于第二梯队的省区市比 2013 年的少；从位于第三梯队的省区市数量来看，二者相同。从整体来看，2017 年银行的普惠性有所提高。重庆在 2013 年位于第一梯队，2017 年则位于第三梯队，其普惠性明显下降，甘肃、吉林、陕西在

2013年均位于第二梯队,在2017年都进入了第一梯队,三个省银行的普惠性有所提升;新疆在2013年位于第二梯队,而在2017年则掉出了第二梯队,位于第三梯队,其普惠性有所下降。而2013年位于第三梯队的江西与河北两省在2017年进入了第二梯队,其普惠性有所提高;湖南、贵州、河南、安徽、湖北、广西与云南七个地区2013年和2017年均处于第三梯队,其银行的普惠性相对于其他省区市偏低。

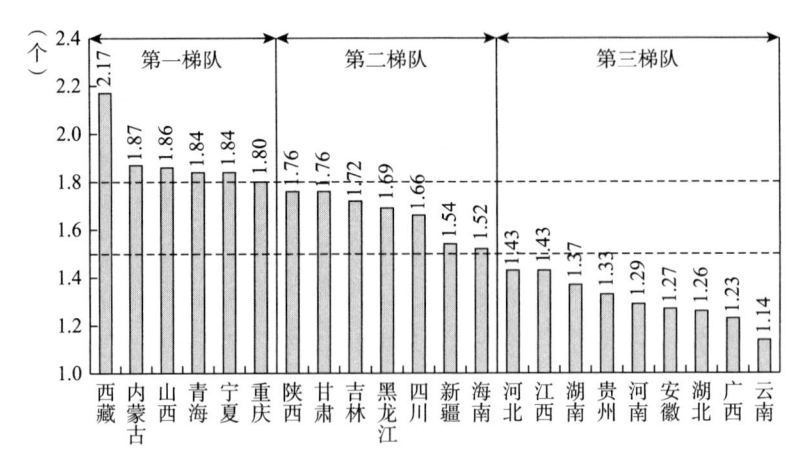

图4-6　2013年中西部22个省区市每万人银行网点数

资料来源:中国人民银行发布的《2013年中国区域金融运行报告》。

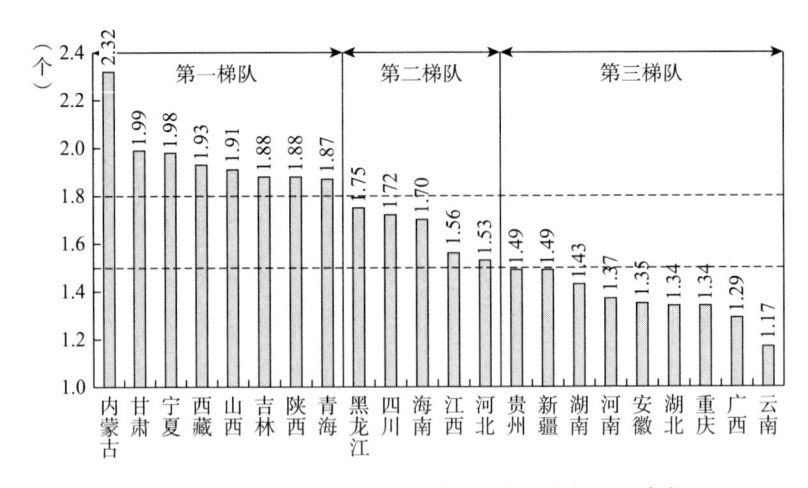

图4-7　2017年中西部22个省区市每万人银行网点数

资料来源:中国人民银行发布的《2017年中国区域金融运行报告》。

为了解各省区市银行的地理渗透性,以下采用每万平方公里银行网点数对2013年、2017年中西部22个省区市的情况进行对比,并将银行网点数划分为三个梯队:第一梯队为每万平方公里银行网点数在400个及以上的省区市,第二梯队为每万平方公里银行网点数在200个和400个之间的省区市,第三梯队为每万平方公里银行网点数在200个以下的省区市。从图4-8和图4-9中可以看出,在2013年,位于第一梯队的省市有河南、重庆、河北、安徽、山西、湖南、海南;位于第二梯队的省区有湖北、江西、陕西、四川、贵州、吉林、广西;位于第三梯队的省区有宁夏、黑龙江、云南、甘肃、内蒙古、新疆、青海、西藏。在2017年,位于第一梯队的省市有河南、河北、安徽、重庆、海南、湖南、山西、江西、湖北;位于第二梯队的省区有陕西、贵州、四川、吉林、广西、宁夏;位于第三梯队的省区有云南、黑龙江、甘肃、内蒙古、新疆、青海、西藏。2017年位于第一梯队的省区市比2013年的多,但位于第二、第三梯队的省区市比2013年偏少。从整体来看,2017年银行的地理渗透性有所提高。其中,江西、湖北在2013年均位于第二梯队,在2017年都进入了第一梯队,两个省银行的地理渗透性有所提升;宁夏在2013年位于第三梯队,在2017年进入了第二梯队,其地理渗透性也有所提高;黑龙江、云南、甘肃、内蒙古、新疆、青海与西藏2013年和2017年均处于第三梯队,其地理渗透性有待提升,且内蒙古、新疆、青海、西藏由于地理面积过大,其地理渗透性远低于其他省区市。

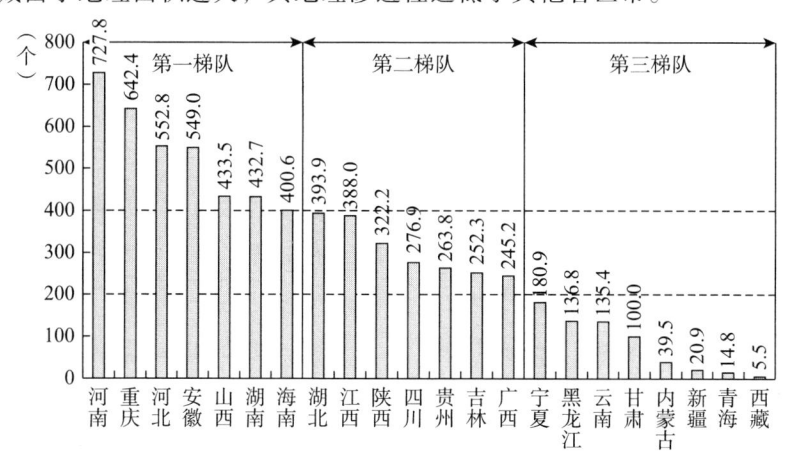

图4-8 2013年中西部22个省区市每万平方公里银行网点数

资料来源:中国人民银行发布的《2013年中国区域金融运行报告》。

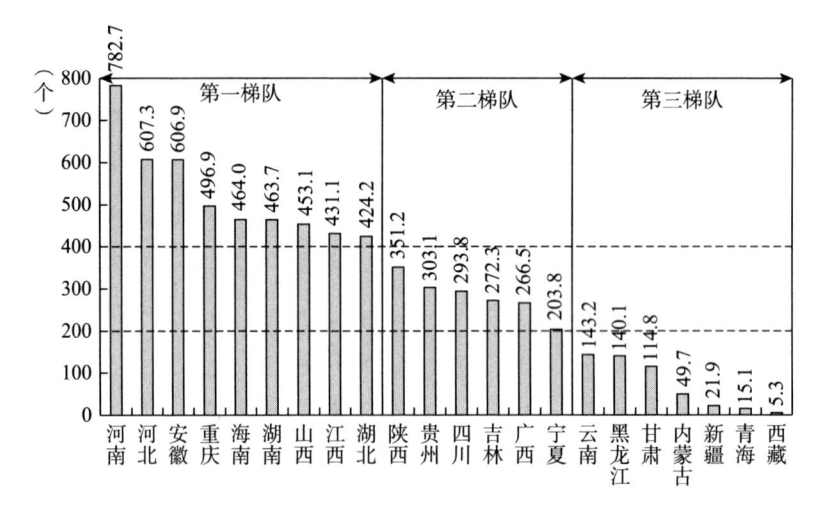

图 4-9　2017 年中西部 22 个省区市每万平方公里银行网点数

资料来源：中国人民银行发布的《2017 年中国区域金融运行报告》。

3. 中国各区域多维贫困指数区域异质性

从时间上看，各区域多维贫困指数走势与全国多维贫困指数走势保持一致，但不同区域在不同年份的变化幅度存在差异。从区域上看，2010~2018 年多维贫困指数平均值呈现"西部 > 中部 > 东北 > 东部"的大小关系（见图 4-10），表明西部地区多维贫困家庭范围广且贫困程度较深，这也与国家重点扶贫区域相匹配。尽管如此，西部地区多维贫困指数下降幅度却不是最大的，这与其地理环境有关，表明西部地区的扶贫难度相对较大，扶贫任务依然非常艰巨。

三　农村数字普惠金融反贫困发展状况

从宏观层面来看，我国农村数字普惠金融反贫困可以反映数字经济对中国农村经济发展结构与转型升级的影响。数字普惠金融指数总体上可以反映数字经济时代普惠金融的数字化对农村经济发展和农民收入水平影响的广度与深度，能够更加全面、科学、准确地反映普惠金融的内涵和特征。以数字普惠金融指数衡量金融服务在中国农村地区的普及程度，为评价中国农村金融反贫困效果奠定了基础，是农村经济发展总量的最直接体现。此外，城乡居民可支配收入比可以体现普惠金融服务的均衡性，是衡量数字金融要素在城乡之间是否均衡配置的重要指标。综

第四章 农村金融反贫困历程与创新发展现状

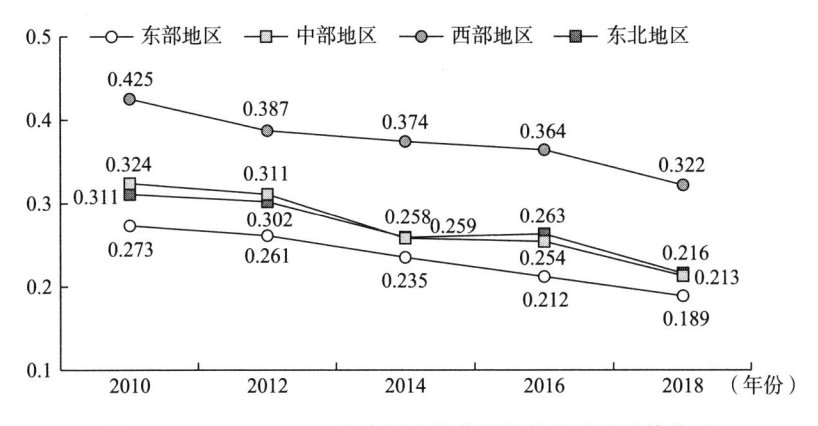

图4-10 2010～2018年农村多维贫困指数区域异质性关系

资料来源：北京大学"中国家庭追踪调查"数据对农户多维贫困指数的测度结果。

上所述，以2014～2019年北京大学数字普惠金融指数为基础，从表4-4可以看出，2014～2019年农民人均可支配收入、人均消费支出走势基本保持一致，均呈现稳定上升趋势。农民人均可支配收入、人均消费支出同步增长的趋势表明，近年来随着金融服务在农村地区的普及，农村经济从中受益，农业总产值稳步提高且上升趋势稳定。另外，城乡居民可支配收入比与数字普惠金融指数保持着相反的走势，近年来前者一直呈现稳定下降趋势，2014～2019年从2.75下降到2.68，表明数字普惠金融有效地为弱势群体提供了平等享受现代金融服务的机会与权利，使受到非自愿性金融排斥的弱势群体公平及时地获得了金融服务，共享金融发展的成果。

表4-4 2014～2019年数字普惠金融对农民收入变化及收入差距变动的影响

年份	农民人均可支配收入（元）	农民人均消费支出（元）	农民人均消费支出占人均可支配收入比重（%）	数字普惠金融指数	城乡居民可支配收入比
2014	10489	8383	79.92	183	2.75
2015	11422	9223	80.75	200	2.73
2016	12363	10130	81.94	250	2.72
2017	13432	10955	81.56	284	2.71
2018	14617	12124	82.94	336	2.69
2019	16021	13328	83.19	375	2.68

资料来源：2015～2020年《中国农村统计年鉴》，经笔者整理后得出。

从微观层面来看,中国农村金融反贫困发展对多维贫困农户的贫困状况具有改善作用。在图4-11与图4-12中,多维贫困临界值 k 越大,相应的多维贫困发生率与多维贫困指数越小。当 $k=0.8$ 时,多维贫困发生率与多维贫困指数均趋近于0,表明仅有极少部分家庭处于极度贫困状态,这也是当前精准扶贫工作的重点对象。从总体上看,农村家庭多维贫困发生率、多维贫困指数均呈现逐年下降趋势。其中,2016~2018年相关指标下降幅度较大,说明近年来中国扶贫工作效果显著。然而,就 $k=0.3$ 的最终多维贫困临界值水平而言,2018年中国农村家庭多维贫困发生率超过0.5,多维贫困指数处于0.20~0.25,表明中国扶贫任务依然艰巨。

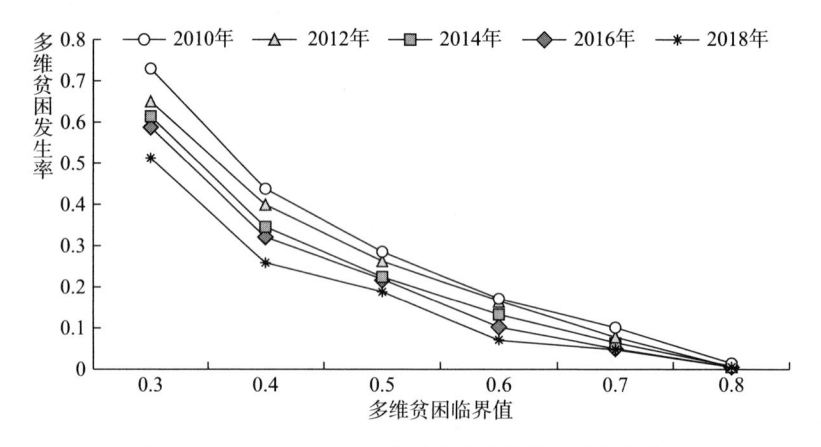

图4-11 2010~2018年农村家庭多维贫困发生率水平

资料来源:北京大学"中国家庭追踪调查"数据对农户多维贫困指数的测度结果。

四 农村金融反贫困的制约因素

自精准扶贫战略实施以来,大规模的救济式和开发式脱贫攻坚举措极大地消除了大面积的绝对贫困,但由于深度贫困地区的致贫机理较为复杂,致贫因素较为多维,农村金融反贫困过程中需要捋顺贫困农户致贫的原因,大致可以将其归纳为自然资源环境、社会环境、个体和空间区域等四个维度的致贫原因。

1. 自然资源环境恶化约束信贷抵押流动性

自然环境是人类生产生活的重要载体,自然资源和地理环境的好坏

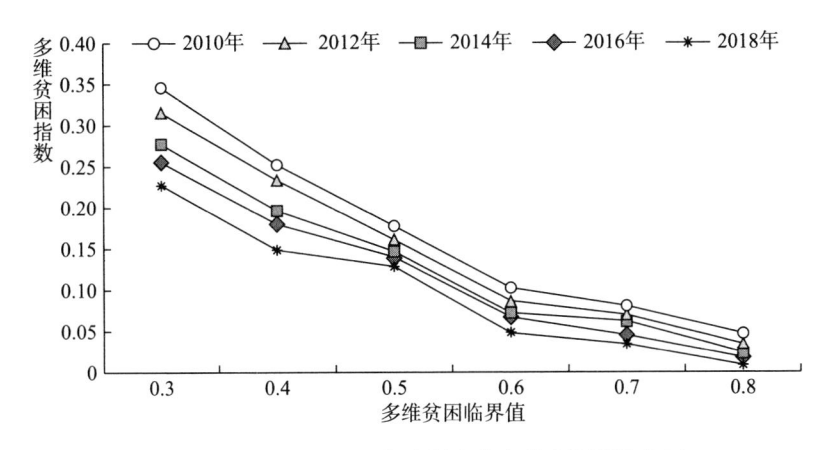

图4-12 2010~2018年农村家庭多维贫困指数水平

资料来源：北京大学"中国家庭追踪调查"数据对农户多维贫困指数的测度结果。

直接影响到农村居民资源要素的流通和抵质押变现及流动状况。假设自然环境恶化必然会破坏人类的生产生活方式并影响到物质供给和农村居民福利。首先，深度贫困地区贫乏的自然资源限制了贫困农户的再生产能力，这种要素禀赋是深度贫困地区的重要致贫因素，大多以可用资源匮乏、资源结构分布不合理、自然灾害频发等为主，贫困发生率远高于全国平均水平，典型的如"三区三州"贫困户生计资本较低，脱贫能力及脱贫可持续性较弱。其次，地理位置偏远及要素市场不发达制约了城乡要素的有序流动，贫困农户因难以获得非农就业机会而造成其权利贫困和机会缺失，从而带来收入结构的单一化、产业规模化和技术水平偏低，并最终限制了金融资本的投入意愿。最后，生态贫困脆弱性提高了深度贫困地区的灾害发生概率，使贫困农户承受经济发展和环境保护的双重压力，资源承载能力不足导致的掠夺式经济发展必然加剧生活环境的恶化，引发贫困恶性循环。

2. 社会环境薄弱制约贫困农户脱贫能力

社会、经济、文化等宏观环境成为深度贫困地区农户致贫的重要因素。一方面，贫困地区公共基础设施建设不足制约了金融资本的辐射功能及投资倾向，引发贫困发生率与资本厌恶的恶性循环。基础设施的落后也引发了教育、交通、信息获取、医疗服务等多维贫困的加剧，从而提高了脱贫成本。同时，基础设施落后也导致农业产业结构单一和生产效率低下，农产品市场竞争力较弱，贫困农户难以依托农业发展摆脱贫困。另一方面，制度不完善导致不同地区、群体及个人在资源配给和收入分配等方面的不平等，个体和群体可能落入代际贫困的陷阱，制度的缺失和产品供需不匹配引发资本短缺。比如城乡二元结构、财税/户籍/社保等制度的区域差异、农村居民内部收入的贫困差距以及政策执行的偏差等均有可能导致金融反贫困的作用效果存在偏差，贫困信息的不准确以及政策执行的不精准也导致制度性贫困问题难以有效解决。农村金融反贫困不仅在制度层面难以达到有效均衡的局面，同时也存在政策执行不精准等多种因素的干扰。

3. 个体生活资本和民俗文化观念挤压带来"金融贫困恶性循环"

深度贫困地区文化贫困导致贫困农户在心理和价值取向上的贫困思维，通过文化习俗、生活习惯的长期积淀而形成落后的贫困心态、思维定式与价值取向，造成意识形态固化。贫困地区婚姻市场高昂的彩礼造成农村地区因婚致贫的现象层出不穷，特别是在基础教育落后及职业技能培训水平较低的地区。高昂的婚姻成本致使婚姻市场的要价权和婚后生活的支配权被异化，而金融机构在婚姻市场中的扶持作用也受到贫困农户缺乏有效的抵质押物的影响而无法缓解农户因婚致贫带来的生活压力。同时，贫困地区部分落后的民俗文化深深影响着农业生产和生活，进而带来一些顽固性的贫困，年轻劳动力的城市转移和非农就业促使常住人口大多以老、弱、病、残、孕、幼为主，农村空心化进一步促使落后的民俗文化难以被积极的文化思想融合，比如数字普惠金融在深度贫困地区难以得到有效开展和应用往往与部分传统落后的民俗文化的强烈冲击有关，这种致贫因素具有长期性。

4. 空间区域贫困传染带来金融资源配置的不均衡

传统金融理论提出，健全的金融体系能够有效地促进和动员农村居民储蓄，进而实现金融资源的优化配置，拉动农村地区经济增长，带来由高收入阶层向低收入阶层的溢出效应。综观592个国家级贫困县，贫困地区的致贫原因之一是金融排斥导致的对弱势群体的信贷排斥。信贷排斥导致储蓄资源大量外流，进而在贫困地区农户与金融机构之间形成接触性排斥，使贫困地区农户无法获得有效的金融产品供给，造成收入差距分化和不平等，阻碍了农村地区经济的发展。金融资源的区域配置和居民个体需求的不均衡，导致益贫效果相对有限。金融发展的不稳定也造成人口自发的区域流动，低收入人群和低技能人群无法进行自由的非农就业，致使贫困的代际传递和金融资源的"嫌贫爱富"，进一步加剧了弱势群体的金融贫困问题。政府对贫困人口的救助和社会伦理的金融责任感的强化难以有效地缓解贫困地区生产经营过程中的信贷约束，还需要一种包容性的金融反贫困机制进行支持。另外，金融系统的城乡"剪刀差"和财政系统的不匹配使县域金融排斥在空间地理上存在不均衡分布状况，县域政府部门期望依托金融机构竞争来发挥金融普惠效应，从而促进"三农"实体经济发展，而金融体系内在的逐利性和"三农"惜贷倾向致使金融机构在贫困地区的资源配给和储蓄抽离，造成贫困地区农业产业发展"失血"现象和"锦上添花"现象并存，贫困地区的空间贫困存在区域传染性。

第三节　中国农村金融反贫困存在的问题

一　农村金融市场和金融生态环境亟待优化

当前，中国农村金融市场尚处于起步阶段，相关金融产品、金融生态环境与发达国家之间存在较大的差距。第一，对于农村来说，融资渠道较少，农村金融机构在农村金融产品和服务方面的创新力度依然较小，特别是中小农村金融机构创新农村金融产品和服务的能力不足，而大型金融机构却对农村金融市场的积极性不高，这直接限制了农村金融市场的发展壮大。第二，农村金融基础设施建设的融资难度大。完善的金融基础设施有助于为农村居民提供良好的金融服务环境，提升金融扶贫效率，然而由于公共属性较强、相对投资周期长等特点，农村金融基础设施建设很难获得金融资本的支持，长期以来陷入了基础设施建设发展缓慢的困境，进一步导致农村金融服务效率低下。第三，农村金融反贫困法律机制尚未健全。一些贫困地区金融反贫困相关法律几乎一片空白，缺乏对扶贫资金使用过程的外在约束，由此造成部分地区扶贫资金使用效益不高的情况。此外，对金融反贫困过程中产生的纠纷无法利用现有的法律机制进行解决，阻碍了金融反贫困的进一步发展。

二 农村金融创新服务产业链和供应链的能力有待加强

随着农村经济的发展以及金融反贫困的逐步推进,农村金融服务需求改变,但金融机构体系改革不力,其扶贫水平仍存在一定的提升空间。第一,金融扶贫主体缺乏合力。金融扶贫主体主要包括金融银行、保险机构等,这些主体在金融反贫困过程中联动性不强、各自独立,加之经验不足,极大地制约了扶贫效率的提升。第二,金融机构落实扶贫政策不力。金融机构对一些扶贫政策的落实流于形式,没有深入分解任务和全面实施政策,使部分农民的资金需求与农业生产中的问题没有得到根本解决。同时,投入的经费和人力严重不足,影响了扶贫工作的效果。第三,信贷管理机制的约束过强。农村银行贷款存在手续烦琐、复杂和贷款门槛高等一系列问题,同时一些新型农业经营主体不属于合法的贷款主体,难以获得银行贷款以满足其资金需求,加之银行信贷扶贫的主动性、积极性不足,制约了金融反贫困作用的发挥。

三 数字金融风险监测与协同防控机制仍较为薄弱

稳健的金融风险分担和防控机制有助于保障农村金融反贫困发展进程的稳定性,但部分地区的风险防控机制尚未健全,一些问题亟须解决。第一,扶贫贷款风险配套机制不完善。农村地区金融机构贷款风险补偿机制不具备普惠性,一些地区大部分金融机构参与了扶贫工作,但仅有极少数享受了风险补偿政策。第二,资金介入难且存在非法集资隐患。部分扶贫项目本身的不规范性导致扶贫资金难以介入;一些贫困地区非法集资案件频发且涉案金额大、涉案人员众多,特别是一些新型非法集资手段,如消费返利等极具迷惑性并且传播速度快,导致风险大量积聚,阻碍了金融反贫困的进程。

四 农村非正规金融与正规金融协同反贫困体系建设不足

西部地区的农村非正规金融普遍存在,传统正规金融信贷融资约束长期存在,以民间借贷为核心的非正规金融反贫困作用受制于信贷利率偏高、贷款额度有限等,使得非正规金融信贷往往也存在"救急而不救困"的状况,特别是深度贫困地区高利贷现象仍然时有发生,导致农户非正规金融信贷贫困恶性循环现象不断涌现。改革开放以后，由于正规金融信贷供给不足，加之正规金融机构贷款过程繁杂，无法有效满足农村信贷资金需求，这些非正规金融活动得到了快速发展，并依靠其流程简单、费用较低等优势得到了广泛的应用。但目前由于国家相关政策的出台，非正规金融机构的活动受到了限制，一些金融机构甚至受到了整顿关闭的处罚。农村非正规金融反贫困发展受限又进一步导致农民信贷需求得不到满足、融资渠道减少等一系列问题。

五 农村金融知识和数字技术普及亟待增强

第一，农户对金融产品及业务不够熟悉。近年来，创新型金融产品，例如农业保险、农产品期货期权等不断推出并在农村地区普及，但同步性的金融产品使用常识教育并未普及，从而导致居民对金融市场上的金融工具不够了解。第二，学习、运用金融知识解决问题的能力较弱。相较于城市居民，农村居民文化程度普遍较低，对数字普惠金融容易产生排斥心理，加之少有机会接受此类金融知识教育，导致农户易与越来越先进的互联网金融时代脱节。第三，金融法律意识淡薄。由于相关知识匮乏，农户在产生金融纠纷时无法借助法律手段保障自身权益，造成了不必要的损失，而这又加剧了农户对互联网金融的排斥心理，从而形成恶性循环。

第四节 中国农村金融反贫困创新面临的挑战

一 金融支持相对贫困户识别和瞄准机制不够健全

在全面建成小康社会与深入推进乡村振兴战略的实施过程中，中国金融反贫困的主要目标从解决绝对贫困问题过渡到满足相对贫困户的金融服务需求。各阶层之间以及阶层内部的收入差距导致从单一贫困转向多维贫困的信贷服务需求识别难度加大，即金融机构需要考虑收入、教育、医疗、保险、基础设施、公共服务等方面的综合性贫困，在信贷精准投放和识别过程中不可避免地难以做到科学、精准、有效，无形中又导致部分农村金融机构偏向于从收入维度来识别贫困人群，从而违背了金融扶持相对贫困户的政治使命,特别是在贫困人口老龄化和自身脱贫能力较弱的状况下,相对贫困户仍然面临较大的返贫风险。因此,未来农村金融如何有效支持相对贫困地区的经济发展、如何缩小相对贫困地区与其他地区的差距和同步实现现代化建设,是相较于脱贫攻坚时期解决绝对贫困问题更加持久和困难的战役。

二 金融服务乡村振兴发展资金缺口与服务创新难度大

乡村振兴战略作为后扶贫时代破解城乡二元经济结构的重要举措,对于长期促进和支持"三农"发展具有重要作用,但乡村振兴战略是一个中长期发展战略,广大农村地区产业振兴发展面临巨大的资金缺口,而长期以来农村可用于银行抵押融资的有效资产缺失严重,社会资本进入农村的积极性不高和动力不强,巨大的资金缺口长期制约着农业农村的可持续发展。而深耕农村金融服务的金融机构在金融服务和产品创新中,往往面临人才、技术、政策、运营管理、风险管控、农村信用体系建设等方面的困难,这给传统农村金融机构服务乡村振兴发展带来了较大的挑战。此外,普惠金融的发展缺乏规范化、持续性和稳定性等也成为乡村振兴发展的瓶颈。因此,如何构建更加全面、持续和可发展的金融反贫困体系,为乡村振兴战略的贯彻落实奠定坚实的机制基础,值得进行进一步的研究和探索。

三 农村金融机构数字化转型困难重重

随着数字经济时代的快速发展,大数据、区块链技术以及人工智能的快速迭代,困扰金融机构多年的"成本高、收益低"的问题将可能受益于金融科技的应用而得到有效化解。然而,在数字化转型进程中,金融机构与农户也面临不同的挑战。一方面,各金融机构如何顺应数字化转型趋势及时对金融业务进行改革,使其能够更好地满足数字化时代的金融扶贫要求。另一方面,广大农户,尤其是年龄较大的农户如何适应数字化浪潮,主动接受数字化知识普及教育,积极运用新型数字金融业务满足自身金融需求。这些问题仍然亟须解决。除此之外,农村金融反贫困还将面临文化支持挑战。虽然数字普惠金融已经得到较为广泛的应用,但利用金融工具支持贫困农户发展尚未得到政府的广泛认可与充分重视，因此未来金融反贫困需克服相关服务不易获得政府等机构资金供给与政策支持的困难。这些挑战正是人民日益增长的美好生活需要同不平衡不充分发展之间的矛盾的体现，对这些挑战的回应也正是农村金融反贫困工作的重要内容。

第五节 本章小结

本章首先对新中国成立至今的农村金融反贫困发展演进历程进行了详细梳理，分析了改革开放前 30 年与改革开放后 40 多年的农村金融反贫困的两个主要阶段，并根据金融反贫困不同时期的侧重点揭示了农村金融反贫困的发展脉络。其次，根据农村金融反贫困信贷供需状况和数字普惠金融反贫困发展状况，揭示了农村金融反贫困方式的改进在区域层面和扶贫效率层面的差异，从自然资源环境、社会环境、个体差异以及空间区域等维度探讨了农村金融反贫困的制约因素，并比较分析了金融扶贫与财政扶贫效率。最后，根据农村金融反贫困发展现状和金融扶贫成效，阐释了目前中国农村金融反贫困创新中存在的问题及面临的挑战。

第五章 农村金融利益联结增信的减贫效应

传统的小额信贷减贫受制于信贷个体的正规贷款和非正规贷款的减贫效应，特别是贫困农户往往存在抵押担保难等困境而难以有效地获得融资贷款，导致贫困农户的多维减贫效应难以实现。为此，依托农民合作社来联结贫困农户与金融机构之间的信贷合作，通过强化三者间的利益联结来实现乡村产业振兴发展，实现农户的本地就业、产业融合与集体经济收益，实现农户在收入、健康、教育、医疗等多维度的福利提升，达到多维减贫的效应。

第一节 农村金融利益联结增信的减贫背景

随着城镇化和工业化的深入推进，金融在支持农业产业链和供应链的有效衔接方面扮演着越来越重要的角色。其中，规范化的农民合作社成为推进农业供应链金融发展的重要载体，以市场为导向，优化要素资源配置，使适度规模化经营的农民合作社与农户开展深度合作，形成紧密的利益联结关系（王乐君等，2019），这对高质量推进乡村振兴发展具有重要意义。开展多样化适度规模经营，构建新型农业经营主体与小农户的利益联结机制，积极引导小农户以其土地经营权入股，合作开展产业化经营，有效实现新型农业经营主体对小农户的带动作用。同时，掌握利润分配主动权，使利润向产业链上游的小农户倾斜，为农户创造更多福祉，加速农户脱贫增收进程。深化农村改革，加快培育农民合作社，进一步培养脱贫人口内生发展能力，实现脱贫攻坚成果与乡村振兴战略有效衔接。

近年来，多维度评估农户贫困程度以及完善农社利益联结机制成为专家学者研究的重点。农业产业化发展助推农民合作社与农户形成紧密的"利益纽带"。目前，农社利益联结的探索在国内取得了一定的进展。杨兆廷和孟维福（2017）从农业价值链角度探讨了农民合作社作为融资平台与农户的利益联结机制。小农户加入农民合作社相比其独立地直接向金融机构申请信贷，具有更高的信贷可得性，但也存在内部核心社员挤压或侵占农业供应链金融信贷资源的可能（崔宝玉、陈强，2011），导致农户的需求并未得到有效满足。此外，传统的购销订单合同模式虽然有助于解决农产品卖难问题，但仅限于初级农产品。农户因利用合作社销售渠道而提升的农产品商品化率是衡量利益联结紧密度的重要标尺。农民合作社开展技术扶贫有利于提升贫困农户可持续发展能力，接受技术指导的农户可以较好地保障产品的质量安全和销售收入（李红、常春华，2012），农户组织化带来的规模经济效应也有利于加快农业技术扩散（吴比等，2016），从而体现农民合作社的益贫性（李想，2020）。因此，农社联结在提升农户技能方面发挥了积极作用，提高了产品质量，农民合作社又因技术得到推广，科技成果转化加快，进而实现了农业现代化目标。

第二节　农村金融利益联结的多维减贫机制

一　农村金融利益联结的融资增信机理

农户信贷满足度不仅受到农户自身信贷需求的影响，也受到正规金融机构信贷供给的影响。为了提高信贷融资增信，消除信贷供需双方的信息不对称成为关键，特别是要降低供需双方过高的交易成本和信贷风险（Boucher，2008），而融资能力较弱的农户往往落入因信贷排斥而形成的信贷能力低水平均衡陷阱（Kon and Storey，2003），同时风险规避行为与"面子"观念也会产生需求型信贷约束（王芳，2005）。而供给型信贷约束主要来源于金融机构一方，正规金融机构在此过程中面临的情况较为复杂，往往会拒绝向农户提供贷款（田祥宇、董小娇，2014）。需求端与供给端的双重约束，使得农户信贷满足度较低，这成为贫困地区出现"金融贫困恶性循环"的主要原因。

1. 农社利益联结对农户正规金融信贷的影响

农社利益联结能缓解农户信贷约束，提高农户信贷满足度。首先，农民合作社作为农户融资的中介与桥梁，能起到有效传递信息的作用，对农户获得贷款之后的贷款用途与信贷履约形成有效制约，进一步降低金融机构交易的不确定性，使其扩大信贷供给。其次，农户加入合作社可以获得社团型社会资本，拓宽融资渠道（周月书等，2019），提升其信贷满足度。在需求端，由于农民合作社在生产经营上具有规模优势，农户以土地等要素入股合作社时，连片的土地助推农业规模化生产，进一步提高了农户生产性融资需求；同时农社利益联结能够为农户带来生产方面的技术指导与服务便利，为其农产品提供稳定的销售渠道与销售市场，解决农户在生产销售端的主要问题，使农户有意愿且有能力扩大生产，进一步提升了农户的信贷需求。在供给端，具有一定声誉的示范社（比如国家级、省市级示范合作社）往往可以将合作社的良好声誉转嫁到社员农户身上，强化社员农户融资优势。最后，部分发展较好的农民合作社能形成具有转贷业务模式的资金互助部门（崔红志、王军，2018），社员可以合作社的名义向正规金融机构申请专项贷款，以达到融资的目的，这种转贷模式能极大地缓解农户供给端的信贷约束，提高农户的信贷满足度。

2. 农社利益联结对农贷市场"精英俘获"的影响

除了农户自身的信贷约束以外，在农贷市场上以农民合作社为主体的信贷普遍存在"精英俘获"现象（温涛等，2015），农贷资源极易被精英社员侵占（李祖佩、曹晋，2012），造成农村地区的公共社会资源分配不均匀（周晔馨，2012）。拥有较高社会资本（尤指政治资本）的农户，其收入水平也较高（程名望等，2014），"精英俘获"现象使得市场出现结构扭曲、功能错位与目标偏离（温涛等，2016），制约了金融扶贫进展，导致扶贫进展相对迟缓、扶贫资源配置低效（郭劲光等，2019）。关于农社利益联结对"精英俘获"的影响，学术界普遍存在两种对立观点：一种观点认为，目前中国农民合作社在发展过程中，社员内部之间同样存在农贷"精英俘获"现象（梁剑峰、李静，2015）；另一种观点认为，《中华人民共和国农民专业合作社法》的出台，能够有效强化农民合作社的内部治理，避免农民合作社资源被"精英俘获"，从而保障全体社员权益的有效公平（何慧丽、杨光耀，2019）。此外，发展高层级的农民合作社能够更好地优化和完善其法人治理结构、公平的利益分配机制与全面的监督管理机制，从而减少"精英俘获"现象。

目前，精英社员往往担任管理农民合作社的角色，这种"精英治社"的格局避免不了农贷方面的"精英俘获"问题。为此，农民合作社与农户利益的有效联结在农贷市场中能够在一定程度上抑制"精英俘获"现象。一方面，由于目前大多数农民合作社采取"精英治社"的传统治社方式，精英社员所获权益明显多于普通农户。精英社员在使用农民合作社的转贷融资等金融功能时，会利用自身权利获取更多的信贷资源，而普通农户行权意识与维权能力相对较弱，导致农贷"精英俘获"现象长期存在。另一方面，精英社员过度侵占农贷资源的行为会导致普通社员排斥甚至退出合作社，这种"用脚投票"的行为导致农民合作社出现集体行动困境，而农民合作社的稳定经营是正规金融机构信贷风险评估的重要前提。当农社利益联结程度降低时，正规金融机构对农民合作社的整体信贷也将面临恶化的风险，最终影响到精英社员的利益。因此，精英社员必定会让渡一部分资源给普通社员，从而使得不同群体的信贷满足度均有所提升。

3. 农社利益联结对农户自身还款能力的影响

农户收入是影响农户自身还款能力的重要因素，稳定的收入是农户还款能力的保障。个体农户往往受到生产上与需求上的双重风险和双重约束，这导致了农户收入的不确定性（孙良媛、张岳恒，2001），同时市场风险、科技风险、社会风险和国家风险等均会不同程度地影响到农户收入状况（曾玉珍、穆月英，2011），而农社利益联结则能较为有效地解决上述问题。对于农户自身而言，农民合作社的集体化运营模式能减少交易成本，为农户销售农产品提供稳定的市场与渠道，能够极大地降低个体农户寻找交易渠道所花费的成本。从供销服务来看，农民合作社为社员提供生产信息、生产服务和收入保障。从社会资本来看，农民合作社具备个体农户所不具有的财富与社会资本，能为农户增收提供有力的保障（梁爽等，2014），且农民合作社能够发挥内部社员之间的同伴监督作用（社会资本软约束）与信用联保的激励作用，通过增收、增强信贷可得性和加强风险管理三种作用机制来提升农户的还款能力（李爱喜，2014）。农社利益联结有利于将分散的农户组成利益共同体，可以改善农户在生产、销售和利益分配等多个环节的状况，从而提高农户的生产能力，稳定农户的收入来源，提高其收入水平，从而增强农户的还款能力。

4. 农社利益联结对农户自身信用增级的影响

农业信贷风险的形成原因主要有农村信用环境差、农村金融风险分散机制和农业风险经济补偿机制不健全以及存在农业政策性信贷风险等（顾银宽，2009）。信用较低的农户和中小农业主体大量存在导致农村整体信用不佳，银行对小农户的放贷十分谨慎，导致农村普遍存在信贷约束。农民合作社与农户之间形成的信用共同体能对农户信用水平产生积极作用。首先，农户与农民合作社之间的利益联结能够有效化解农户自身存在的信用风险。当农户通过组织化方式进行正规融资时，农民合作社可担任"中介担保人"的角色，可以降低金融机构对农民交易不确定的预期，从而提高农户信贷可得性，降低金融机构的信贷风险（胡士华，2007），作为农户转移风险的平台，加入农民合作社已成为农户应对现代市场挑战的重要选择（陈丽等，2018）。其次，农民合作社能发挥信誉证明和还贷责任保证的双重作用，对抵押品具有替代效应（Conning，1996；Holmstrom，1979）。同时，加入农民合作社的农户信用会与农社捆绑，使银行在对农户进行信用评价时，会综合纳入农民合作社这一评价指标，降低了银行的信贷风险，优化了农村金融环境。最后，由于农民合作社内部存在以乡村社区为单位的"本土圈层"的情感关系，所以农民合作社存在内部信息优势（王存同，2010），这种信息优势使合作社能够较为全面地了解社员的基本情况，并监督观察社员，使他们能够按时足额地归还借款。

二 农村金融利益联结的多维减贫机制

改革开放后，党中央、政府多措并举，通过在农村推行家庭联产承包责任制等方式，加速实现小农户与现代农业的有机衔接。但随着多种类型新型农业经营主体的快速发展与土地流转速度的明显加快，小农户在生产、培育、销售等中间环节面临各种问题（崔红志、刘亚辉，2018）。为稳定粮食生产、提高粮食产量、解决农产品在生产端与流通端脱节问题、推进农业供给侧改革，农民合作社与农户之间的利益联结应运而生。同时，国家也积极推行订单合同、农工商一体化、"产+销"一条龙等措施以进一步加强农社利益联结机制的稳固性（王乐君等，2019）。近年来，新型农民合作社发展迅速，在各个方面与小农户建立起了利益联结机制（见图5-1）。因此，引导构建紧密稳定的利益联结机制是减缓农户多维贫困的关键。

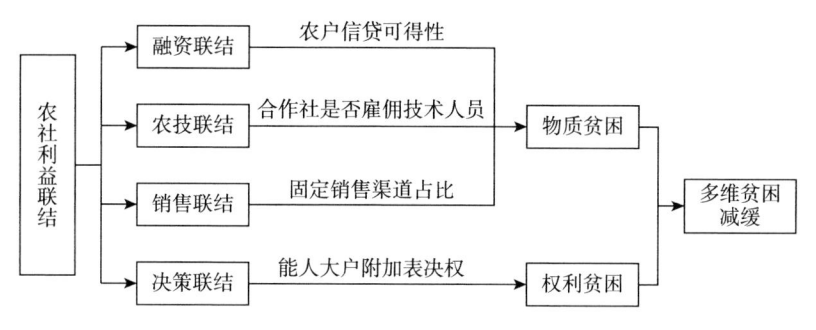

图 5-1 农社利益联结的减贫机制示意

①融资联结与物质贫困。武翔宇（2008）基于比较优势视角，将融资联结阐述为"实现金融机构信贷优势和合作社信息优势互补的资金融通过程"。在中国农村农业的发展进程中，一方面因小农户可抵押资产有限、经营面临的自然风险和价格风险较大，另一方面因银行信贷政策未能适应新型农业经营主体对资金的需求特征，无法低成本地衡量小农户的资金偿还能力和信誉状况，导致很多小农户无法获得扩大耕地规模的资金贷款，进而无法改善农户贫困现状。近年来，随着"互联网+金融"模式的不断创新，农社通过农业供应链金融信贷、为社员和农户提供融资服务等融资联结方式，不仅提高了农民获得全额信贷的可能性，而且还提供了农业投入和营销以及增加了与农业企业谈判的机会（Ali and Awade，2019），在促进城乡金融资金的双向流动中发挥了较好的杠杆作用。

②农技联结与物质贫困。知识和经验是小规模农户发展的关键，农业现代化的迅速推进导致农业技术需求增加，助推了合作社与农户之间农技联结的建立。合作社能够通过提供技术支持弥补相关利益主体在有关技术知识方面的不足，特别是对陷入"无心种田、不会种地"困境的农村年轻人来说，可以降低其学习和试错成本。以农民合作社为平台整合与表达农民的科技需求，使政府的供给与农民的需求有效契合，农民合作社为农户提供测土配方施肥、新品种选育等技术指导支持（Abebaw and Haile，2013），农社农技联结将影响农户的农技自主采用意识，加快

现代农业发展转型。在农机技术方面，通过引入农社农技联结机制，为小农户组织集中技术培训，降低小农户因小规模分散经营和运用现代技术的能力不足而陷入技术投入成本高和使用效率低的困境的可能性。同时，合作社通过加大农技教育服务投入积累人力资本，而农村人力资本的提高有利于贫困地区粮食生产效率的提升（高鸣、马玲，2015），进而加快扶贫方式从"输血"向"造血"转变，提升农户内生发展能力，保障农户与现代农业有机衔接。阮荣平等（2017）立足"三农"视角，通过比较分析发现，在龙头企业、合作社和家庭农场这三类新型主体中，对农户的带动作用最大、技术推广覆盖面最广的是合作社。农社对周边农户和农村发展的辐射带动效应无疑会促进农户就业，实现农户脱贫增收（谢来位、付玉联，2019）。在信息技术方面，随着农业物联网和大数据的发展，研究者开始注意到农村电子商务扶贫产业，其中以合作社为主的农村电子商务扶贫模式具有代表性（张益丰，2016）。合作社可积极争取政策支持和供应链金融信贷，搭建农村电子商务扶贫服务平台，为农户提供电子商务培训和专业信息以缓解农户物质贫困。

③销售联结与物质贫困。农户具有"散、弱、小"的特征。由于受到农村道路交通不便、销售渠道单一等因素影响，农业产业链存在比较严重的信息不对称问题，农产品产销双方缺乏有效的信息互换通道与信任机制。一方面，随着购买力的提高，为追求更高水平的生活品质，消费者更加关注食品的质量和安全问题，对获取物美价廉的农产品的需求不断攀升。另一方面，农户力图寻找稳定的销售渠道。中国农业处于"互联网＋农业"的发展阶段，互联网的推广在农业信息传播的快捷性与销售模式的创新性、农业资源的优化配置等方面，为中国农业发展注入了新活力、提供了新方法，将其作用于农民合作社能更有效地将小农户与市场连接起来，解决农产品产销环节的信息不对称问题（倪喆，2017）。首先，农民合作社在衔接大市场和小农户时具有较强的组织议价权，在农资购买和产品销售方面具有更强的竞争力，因而获利空间更大（何安华等，2020）。其次，农民合作社从源头把控农产品质量，有利于打造绿色农产品品牌，实现农产品的可追溯性，确保食品安全，进而与消费终端建立长期稳定的联系，推动农产品流通，降低农产品滞销的风险。最后，随着农业技术的进步，农户生产能力有所提升。对于农户而

言，从事农业生产不只是自给自足，更重要的是通过出售农产品实现增收。

④决策联结与权利贫困。表决权是合作社社员行使民主管理的一项基本权利，完善决策机制是促进合作社规范运行和持续发展的关键。社员大会、理事会、监事会三大主体构成了普遍意义上的合作社内部治理结构。合作社决策重要事项时通常实行"一人一票"制，即每位社员均拥有一票表决权。"一股一票"制是另一种普遍使用的形式，根据社员出资额或持股数进行表决权的分配（申云、贾晋，2016）。在实际决策中存在形式上民主而实际上非民主的情况，即决策权集中在以合作社理事长为代表的少数者手中，"一股独大"式决策代替民主决策。这样的方式虽然能在一定程度上提高决策效率，弥补小农意识缺陷，但存在难以调动社员参与合作社的积极性、纵容普通社员"搭便车"的问题。相较而言，赋予能人大户附加表决权以代表普通农户利益参与社员大会，或许是缓解权利贫困的方式。农户在合作社中的投票方式是衡量主体利益联结紧密度的重要标尺，农户的参与度直接影响决策的理解认同和实施效率。因此，判断农户的意愿是否通过社员（代表）大会充分表达、农户积极性调动与否是考察决策民主性不可避免的问题，也是度量农户权利贫困程度的重要着眼点。

为减缓农户在物质和权利维度的贫困，农民合作社与农户通过建立合理稳定的利益联结机制有效规范利益主体的权利与义务，并引导农户和其他利益主体共商共营、利益共享（李灿、薛熙琳，2019），进而形成利益共同体，调动各利益主体的积极性和改善目前多方面因素导致的农户贫困现状。

"治贫先治愚，扶贫先扶智。"教育作为"开发式扶贫"的重要手段，能够传授知识、培养能力和塑造价值（袁利平、张欣鑫，2018）。在农社利益联结过程中，受教育水平高的农户一方面在生产过程中能够充分利用知识和技能创造价值，满足市场经济的需求；另一方面能够改变思想观念，提高自身竞争力，更好地适应市场经济的宏微观变化（刘大伟，2020）。因此，相比于受教育水平低的农户，他们能更高效地学习新技能、提高信贷可得性，进而更快地减缓多维贫困。同时，具有融资历史的农户相较于无融资历史的农户，融资信誉度更高、融资经验更多，其在合作社的话语权得以提高，更有利于提升其在合作社的地位，削弱理事长的"独裁"控制权。

在小农户生产经营过程中，农业自然风险、市场风险、信贷风险、技术风险等在一定程度上影响包括农户收入在内的农户物质需求（孙良媛、张岳恒，2001）。而随着农民合作社的逐步发展，利益联结机制成为规避风险、减少风险损失的有效途径。利益联结机制对物质贫困的影响体现在三个层面。在融资层面，合作社利用其自身的信誉度及多元化的融资渠道帮助农户提高其还款能力、降低其信贷违约率来提高农户信贷可得性，打破融资约束，解决农户资金不足导致的收入低问题。在农技层面，合作社进行农技培训有利于提高农户的劳动效率，扩大耕地规模，减少技术人员的雇佣成本，为农户带来更多的收益（潘丹，2014）。在销售层面，合作社为农户提供稳定的市场与统一且高效的销售渠道，降低了农户的中间费用，同时，合作社对农户进行销售能力的培训，为农户增收提供了强有力的保障。另外，更加民主的决策方式削弱了理事会的决策权，为代表农户利益的能人大户提供了更多发表意见的机会，解决了农户地位低的问题，进一步减缓了农户权利贫困。

第三节 数据来源、模型设定与变量说明

一 数据来源

为了有效地测度农社利益联结对农户信贷可得性及其多维减贫效果的影响，本章分别采用2015年中国家庭金融调查数据（CHFS 2015）和实地调研数据进行分析。实地调研数据来自2015年7~8月和2015年12月~2016年1月课题组对四川、重庆、云南、江西四省市农村的实地访谈和问卷调查。首先，对各地区与合作社存在利益联结的农户进行问卷调查，问卷内容主要涉及农户家庭贫困程度、收入情况、是否获得农业供应链金融信贷、合作社是否为农户提供农技培训等方面。其次，在当地实施利益联结的农民合作社开展座谈会与访谈会，其内容主要包括合作社品牌知名度、核心竞争力、盈利情况、经营情况、决策情况等。课题组总共发放问卷7200份，剔除其中关键变量缺失的样本后得到有效样本

总计6790份，问卷有效率为94.31%。其中，与农民合作社存在利益联结的农户数为5003户，占有效样本总数的73.68%。此外，四省市人均GDP和农村贫困发生率的数据来源于各省市统计局。

二 模型设计与变量说明

1. 农社利益联结对农户多维减贫的影响模型构建

(1) 农户信贷可得性影响模型

该模型因变量为信贷满足度，分为五种程度，只能取非负整数，且样本中大量农户无法获得正规融资，因此数据中存在大量"0"值。若使用普通最小二乘法，则会由于被解释变量非负值的特征和大量零值的存在，使回归结果产生偏误。因此，本章参考王存同（2010）的做法，使用零膨胀泊松回归（ZIP）或零膨胀负二项回归（ZINB）进行分析。

(2) 农户多维贫困综合指数测度方法

在农户多维贫困综合指数的分解和测度方面，本章使用阿尔基尔和福斯特提出的"A-F多维贫困测量方法"。该方法基于若干公理化标准，具备多方面优势，因此得到广泛运用（张昭等，2017），详细的测量步骤如下。

①确定测算维度。从物质贫困和权利贫困两个维度出发构建农户多维贫困综合指数，分别选取人均纯收入、人均耕地面积、食物支出、股权集中度、合作社重要事项决定权和是否为村干部六个测量指标，并对其各赋1/6的权重。

②各维度剥夺临界值的设定与识别。假设共测量 n 个农户在 t （$t=6$）个维度上的多维贫困综合指数，以 p_{im} 表示农户 i（$i \in R$，$i=1, 2, \cdots, n$）在维度 m（$m \in R$，$m=1, 2, \cdots, 6$）上的取值，取维度 m 的剥夺临界值为 v_m。若 p_{im} 未达到临界值 v_m 的标准，则 $p_{im}=1$（即农户在该维度上被识别为贫困），否则为 0。

③贫困加总。假设 w_m 为赋给维度 m 的权重，则 $\sum_{m=1}^{t} w_m = 1$。并且如上文所述，$w_1 = w_2 = \cdots = w_6 = 1/6$。对农户 i 在 t 个维度上的剥夺取值 p_{im} 加权后进行加总即可得到其剥夺总分 s_i，即 $s_i = \sum_{m=1}^{t} p_{im} \times w_m, s_i \in [0, 1]$。

设置贫困维度临界值 c，若农户 i 在 c 个及以上维度识别为贫困（即 $p_{im}=1$ 的频数大于或等于 c），则称农户 i 为多维贫困。

④得到农户多维贫困综合指数公式。借鉴张全红和周强（2014）的计算方法，以 $R(c)$ 代表贫困发生率，$I(c)$ 代表贫困强度，mp_i 代表农户多维贫困综合指数，则 mp_i、$R(c)$、$I(c)$ 的计算公式分别为：

$$mp_i = R(c) \times I(c) \tag{5.1}$$

$$R(c) = \frac{\sum_{i=1}^{n} q_{im}(c)}{n} \tag{5.2}$$

$$I(c) = \frac{\sum_{i=1}^{n} s_i(c)}{\sum_{i=1}^{n} q_{im}(c) \times t} \tag{5.3}$$

式（5.2）中，$q_{im}(c)$ 表示该农户界定为多维贫困。式（5.3）中，$s_i(c)$ 表示农户 i 的剥夺总分。当 $s_i(c) \neq 0$ 时，$q_{im}(c)=1$，否则 $q_{im}(c)=0$。由式（5.1）可知，农户多维贫困综合指数即为贫困发生率与贫困强度的乘积。

由表5-1可知，调查对象中有83.95%的农户人均纯收入低于国家贫困线2300元，界定为绝对贫困户；60.39%的农户人均耕地面积低于2016年国家标准1.43亩；仍有54.36%的农户家庭食物支出占总支出比重超过40%；88.10%的合作社股权集中度在30%及以上，反映出社员农户持股比例普遍较低；46.27%的合作社重要事项主要由理事长决定；42.87%的农户没有担任村干部。

表5-1 农户多维贫困综合指数指标及剥夺临界值说明

维度	指标	剥夺临界值确定及说明	权重	贫困发生率（%）
物质贫困	人均纯收入	人均纯收入<2300元为1；≥2300元为0	1/6	83.95
	人均耕地面积	人均耕地面积<1.43亩为1；≥1.43亩为0	1/6	60.39
	食物支出	超过总支出比重的40%为1；反之为0	1/6	54.36

续表

维度	指标	剥夺临界值确定及说明	权重	贫困发生率（%）
权利贫困	股权集中度	股权集中度≥30%为1；反之为0	1/6	88.10
	合作社重要事项决定权	由理事长决定=1；由社员大会或理事会决定=0	1/6	46.27
	是否为村干部	否=1；是=0	1/6	42.87

为得出农社利益联结对农户多维贫困减缓的综合效应，对融资、农技、销售、决策联结赋予相同权重，计算农社利益联结指数，运用 OLS 回归（最小二乘法）构建如下模型：

$$mp_i = \alpha_0 + \alpha_1 lli_i + \alpha_2 V_i + \delta_i \tag{5.4}$$

其中，lli_i 为第 i 个农户的农社利益联结指数；V_i 代表第 i 个农户的相关控制变量；δ_i 表示随机扰动项。

为测度合作社与农户在各个维度的利益联结对社员农户多维贫困的影响情况，初步分析各个维度的利益联结对农户多维贫困减缓的有效性，使用 OLS 回归模型进行实证分析。计量模型构建如下：

$$mp_i = \beta_0 + \beta_1 fl_i + \beta_2 tl_i + \beta_3 sl_i + \beta_4 dl_i + \beta_5 Z_i + \sigma_i \tag{5.5}$$

其中，fl_i 代表第 i 个农户是否获得农业供应链金融信贷以及是否得到合作社提供的融资服务，二者从融资联结角度衡量对农户多维贫困的减缓效应；tl_i 衡量第 i 个农户是否接受合作社提供的农技培训，反映农技联结对农户多维贫困综合指数的影响；sl_i 为第 i 个农户脱离合作社将农产品自行销售的能力，反映销售联结对农户多维贫困综合指数的作用；dl_i 表示第 i 个农户参与合作社事务决策的投票方式，衡量决策联结对农户多维贫困的减缓效应；Z_i 表示第 i 个农户的相关控制变量；σ_i 为随机扰动项。

2. 变量设定及描述性说明

被解释变量：信贷满足度和农户多维贫困综合指数。调查发现，有近 63% 的农户信贷满足度为 0，反映出贫困地区农户普遍存在信贷融资约束困境。为全面揭示农户贫困状况，从物质贫困和权利贫困层面解构农户多维贫困综合指数。

解释变量：农社利益联结。当农户加入农民合作社并存在农产品销售、生产技术指导等社会服务层面的利益联结时,则对其赋值为 1,而无农社利益联结时赋值为 0。农社利益联结程度反映出农户与农民合作社之间在利益分享层面的联结状况,揭示其对农户信贷满足度的影响。

控制变量:从合作社、农户和地区三个层面选取控制变量,以防止其他相关变量对解释变量产生影响,进而减弱其他因素对被解释变量的影响。合作社层面的控制变量包括社员总规模、固定资产、盈利能力;农户层面的控制变量包括农户年龄、文化程度、融资历史、年总收入、土地面积、保险情况、是否为村中能人以及对金融的关注度;地区层面的控制变量涵盖地方人均 GDP 与农村贫困发生率。一般而言,合作社社员总规模越大、固定资产越多、盈利能力越强,越具备为农户提供融资、销售等方面便利的能力;农户融资历史越长,文化程度越高,其多维贫困综合指数往往越低;而农户年龄越大,往往越容易导致较高的多维贫困综合指数。此外,地方人均 GDP 越高、农村贫困发生率越低的地区,脱贫攻坚效果越理想,这些地区的农户多维贫困综合指数也越低。

具体地,相关变量的描述性说明见表 5-2。

表 5-2 相关变量的描述性说明

	变量名	变量定义	样本数	均值	标准差	最小值	最大值
被解释变量	信贷满足度	贷款需求:不能满足=0,小部分满足=1,一半满足=2,大部分满足=3,全部满足=4	4718	1.110	1.619	0	4
	农户多维贫困综合指数	反映贫困农户的综合贫困状况	4720	0.248	0.305	0.024	1.488
解释变量	农社利益联结	无农社利益联结=0,有农社利益联结=1	4760	0.026	0.158	0	1
	农户是否获得农业供应链金融信贷	是=1;否=0	4760	0.303	0.459	0	1
	合作社是否提供融资服务	是=1;否=0	4760	0.302	0.459	0	1
	合作社是否为农户提供农技培训	是=1;否=0	4478	0.186	0.389	0	1

续表

	变量名	变量定义	样本数	均值	标准差	最小值	最大值
解释变量	社员脱离合作社将农产品自行销售的能力	一般以下＝1；一般及以上＝0	4298	0.577	0.494	0	1
	合作社计票方式	一人一票＝1；一股一票＝0	4376	0.391	0.488	0	1
控制变量	ln（农户年总收入）	农户一年中的生产性收入与非生产性收入	4760	8.901	1.916	0.015	14.403
	土地面积	农户自有土地面积（亩）	4760	34.936	210.775	0.045	5400
	年龄	农户的年龄	4760	43.796	16.737	18	99
	保险情况	自有社会保险与商业保险：两者都没有＝0，有其中一种＝1，两者都有＝2	4478	0.995	0.324	0	2
	是否为村中能人	党员和村干部身份：两者都没有＝0，有其中一种＝1，两者都有＝2	4298	0.126	0.371	0	2
	文化程度	小学及以下＝1，初中＝2，高中及中专＝3，大专及以上＝4	4742	1.843	0.901	1	4
	对金融的关注度	对经济、金融方面的信息关注度：非常关注＝1，很关注＝2，一般＝3，很少关注＝4，从不关注＝5	4708	3.773	1.194	1	5
	农村贫困发生率	农村贫困人数/农村总人数（％）	4478	6.113	3.537	2.0	12.7
	融资历史	没有融资经历或融资担保经历＝0；有融资经历或融资担保经历＝1	4298	0.484	0.500	0	1
	盈利能力	很差＝1；较差＝2；一般＝3；较强＝4；很强＝5	4376	3.110	0.360	2	5
	地方人均GDP	单位：元	4368	4704.78	2022.46	2764.86	8820.31

将合作社与农户在融资、农技、销售、决策维度的利益联结作为解

释变量,并分别赋予相同权重得到农社利益联结指数。其中,融资联结包括农户是否获得农业供应链金融信贷与合作社是否提供融资服务两个方面。从表5-2中可以看出,有30.3%的农户获得农业供应链金融信贷,30.2%的合作社向农户提供融资服务。农技联结主要关注合作社是否为农户提供农技培训,可以看到仅18.6%的合作社向农户提供农技培训。销售联结维度选取社员脱离合作社将农产品自行销售的能力作为解释变量,表中显示,社员脱离合作社将农产品自行销售的能力一般偏弱。决策联结主要考察合作社计票方式,合作社更多采用"一股一票"的方式进行投票,而采用"一人一票"方式的合作社仅有39.1%。

第四节 农村金融利益联结的多维减贫效应分析

一 农村金融利益联结对农户信贷满足度的影响

从表5-3中可以看出,相较于普通农户,农社利益联结程度越紧密的合作社,农户获得融资的信贷满足度越高,即农民合作社可以发挥在生产、经营、销售、技术服务等层面的稳定利益联结作用,实现供应链交易数据的融资增信来缓解农户与商业银行之间的信息不对称,进而减小信贷融资约束,提高农户的信贷满足度。鉴于信贷满足度与年总收入存在一定的相关性,农户自身身体的健康状况可以在一定程度上反映农户生产经营的能力及信贷满足度,因此将其作为工具变量进行内生性检验,表5-3中模型(2)与模型(4)为修正后的回归结果,可以发现回归结果依然稳健。

表5-3 农社利益联结影响农户信贷满足度的估计结果

变量	被解释变量:信贷满足度			
	(1) ZINB	(2) IV ZINB	(3) ZIP	(4) IV ZIP
农社利益联结	0.2510 *** (0.000)	0.3013 *** (0.000)	0.2618 *** (0.000)	0.3125 *** (0.000)
常数项			0.6414 *** (0.000)	-1.9895 *** (0.016)
控制变量	控制	控制	控制	控制
N	3951	3951	3966	3951

续表

变量	被解释变量：信贷满足度			
	（1）ZINB	（2）IV ZINB	（3）ZIP	（4）IV ZIP
lnalpha	-17.3712	-17.7105		
Prob > chi^2	0.0000	0.0000	0.0000	0.0000

注：括号内为回归模型中解释变量的P值，＊＊＊表示估计结果在1%的水平下显著。

为保障结果的稳健性，对不同收入水平的农户进行分层对比和分位数回归（见表5-4），揭示农民合作社与农户利益联结程度对不同收入层次农户信贷满足度的影响。根据表5-4模型（1）到模型（5）在不同分位点的回归结果发现，首先，农社利益联结整体上对处于不同收入层次的农户信贷满足度均有显著正向影响，反映出农社利益联结确实能够发挥融资增信的作用来间接提高农户的信贷满足度；其次，不同收入农户群体的信贷满足度随着分位点的提高而递减，即精英群体能获得更高的信贷满足度，说明农贷市场确实存在"精英俘获"现象，主要原因在于农村地区农户收入差距过大和区域发展不均衡带来的信贷机会不均等。强化农社之间的利益联结程度，积极推动农业产业链和供应链在农民合作社中数字化技术联结，发挥数字增信和利益联结增信的作用来有效推动农民合作社规模化经营，防止空壳合作社盲目发展，为减少农贷市场"精英俘获"现象提供助力。

表5-4　农社利益联结对不同收入水平社员信贷满足度的影响

变量	被解释变量：信贷满足度				
	收入前10%（1）	收入前25%（2）	收入前50%（3）	收入前75%（4）	收入前90%（5）
农社利益联结	0.4860＊＊＊（0.005）	0.3732＊＊（0.026）	0.2721＊＊＊（0.000）	0.2486＊＊＊（0.000）	0.2419＊＊＊（0.000）
其他控制变量	控制	控制	控制	控制	控制
N	376	576	2000	2984	3595
lnalpha	-17.1336	-16.8271	-17.6529	-16.7533	-16.8501
Prob > chi^2	0.0000	0.0000	0.0000	0.0000	0.0000

注：括号内为回归模型中解释变量的P值，＊＊、＊＊＊分别表示估计结果在5%、1%的水平下显著。

二 农村金融利益联结对农户多维贫困的影响

1. 基础回归结果分析

首先,分析农社利益联结指数对农户多维贫困综合指数的总体效应。表5-5中第(1)列报告了未加入特征控制变量的回归结果,第(2)列报告了加入特征控制变量的回归结果。结果表明,在不加入特征控制变量时,农社利益联结指数每增加1单位,农户多维贫困综合指数会下降2.7%个单位且在1%的水平下显著;第(2)列加入特征控制变量后的结果与第(1)列差异不大,表明农社利益联结确实能够产生显著的多维贫困减缓效应。

表 5-5 农社利益联结的多维减贫效应:OLS 回归

变量	农户多维贫困综合指数				农户物质贫困指数		农户权利贫困指数	
	(1)	(2)	(3)	(4)	(5)	(6)	(7)	(8)
农社利益联结指数	-0.027*** (0.013)	-0.026*** (0.014)						
融资联结			-0.017** (0.008)	-0.016** (0.011)	-0.024*** (0.011)	-0.024*** (0.011)		
农技联结			-0.033*** (0.010)	-0.032*** (0.010)	-0.037*** (0.008)	-0.037*** (0.008)		
销售联结			-0.009* (0.005)	-0.009* (0.005)	-0.012*** (0.016)	-0.012*** (0.016)		
决策联结			-0.011** (0.008)	-0.011** (0.008)			-0.046*** (0.010)	-0.042*** (0.011)
特征控制变量	否	是	否	是	否	是	否	是
常数项	0.263*** (0.013)	0.237*** (0.027)	0.179*** (0.011)	0.186*** (0.022)	0.934*** (0.089)	0.934*** (0.089)	0.427*** (0.030)	0.427*** (0.030)
Pseudo R^2	0.002	0.002	0.032	0.041	0.009	0.008	0.003	0.007
N	6790	6718	6790	6718	6790	6718	6790	6718

注:括号内为稳健标准误,***、**、*分别表示在1%、5%、10%的水平下显著。

其次,分别论证农社利益联结中融资、农技、销售和决策联结对农户多维贫困的减缓效应,其结果在表5-5中第(3)列、第(4)列报告。结果显示,在其他因素不变的情况下,相较于没有与合作社形成融资联结的农户，与合作社形成融资联结的农户的多维贫困综合指数表现为降低1.7%个单位且在5%的水平下显著。合作社为社员农户提供融资服务可能有助于降低信贷风险、提升农社信誉度，从而提高农户的信贷可得性，进而在一定程度上解决农户因资金不足而导致其有劳动力却处于低收入水平的问题。与合作社形成农技联结的农户的多维贫困综合指数相较于不存在农技联结的农户降低3.3%个单位且在1%的水平下稳健显著。合作社为农户提供农技培训，一方面有利于弥补农户在培育、经营方面经验的欠缺，降低试错成本，可使农户更好地抵御自然风险、减少损失；另一方面有利于农户培育优质品种、增大产量、扩大规模，从而促进其多维减贫效应。此外，农户自行销售农产品有助于逐步提高其自身经营能力，减少由农产品腐烂造成的经济损失，这样的销售联结在一定程度上也能够缓解农户自身的多维贫困。在决策联结方面，与合作社存在决策联结的农户在多维贫困综合指数方面表现为1.1%个单位的减缓效应且在5%的水平下稳健显著，说明"一人一票"的计票方式有助于农户提高自身在合作社的地位，解决农户竞争优势小的问题，由此对其多维贫困起到缓解作用。

最后，探究各维度联结对农户物质贫困和权利贫困的减缓效应。农户物质贫困指数和农户权利贫困指数由表5-5中相应指标加权得到。在四个维度的联结中，融资、农技和销售联结分别表现为对农户物质贫困产生2.4%个单位、3.7%个单位、1.2%个单位的减缓效应且均在1%的水平下显著，而决策联结则在对农户权利贫困的缓解上产生4.6%个单位的效果。一方面，合作社在融资、农技、销售三方面与社员农户形成利益联结，使得农户在生产经营活动前端拥有资金保障、中端拥有技术保障、终端拥有输出保障，为农户生产经营提供了多方便利。农户能够更加顺利地进行生产经营活动，自然有利于实现增产增收、扩大耕地面积、减少食物支出。另一方面，社员农户能够以"一人一票"的方式参与合作社内部事务决策意味着农户权利得到进一步肯定，将有利于其进一步增加持股比例、决定合作社重要事项以及提高其成为村干部的可能性。

2. 内生性讨论

为了探究各维度联结对农户多维贫困综合指数减缓效应，本章选择合作社品牌知名程度作为工具变量，以从 1 到 4 的数值分别代表"非常低""较低""一般""较高"的合作社品牌知名程度等级进行模型估计。品牌知名程度相对较高的合作社发展相对更加成熟稳定，有更加充足的资源支持社员农户自行销售农产品，提高社员农户与合作社之间的销售联结程度，满足相关性要求。此外，合作社品牌知名程度与农户多维贫困综合指数并无直接联系，满足外生性要求。表 5-6 报告了以合作社品牌知名程度为工具变量进行内生性检验的结果。其中，第（1）列报告了前文进行 OLS 回归的结果；第（2）列报告了引入工具变量进行内生性检验后使用两阶段最小二乘法（2SLS）得出的回归结果。引入工具变量后使用 Hausman 检验，得出 P 值为 0.076，在 10% 的显著性水平下拒绝原假设，认为代表销售联结的"社员脱离合作社将农产品自行销售的能力"是内生变量。因此，以第（2）列报告结果为排除内生性影响后的稳健回归结果。第（3）列报告了使用对弱工具变量更不敏感的有限信息最大似然法得到的结果，与第（2）列结果基本一致，从侧面印证了不存在弱工具变量的假设。

表 5-6　农社利益联结的多维减贫效应：内生性检验

变量	农户多维贫困综合指数		
	（1）	（2）	（3）
融资联结	-0.017 ** (0.008)	-0.015 ** (0.008)	-0.015 ** (0.008)
农技联结	-0.033 *** (0.010)	-0.032 *** (0.008)	-0.032 *** (0.008)
销售联结	-0.009 * (0.005)	-0.008 * (0.007)	-0.008 * (0.007)
决策联结	-0.011 ** (0.008)	-0.010 ** (0.006)	-0.010 ** (0.006)
控制变量	控制	控制	控制
地区控制	控制	控制	控制
常数项	0.179 *** (0.011)	0.261 *** (0.024)	0.261 *** (0.024)
N	6790	6790	6790
Pseudo R^2	0.032		

续表

变量	农户多维贫困综合指数		
	（1）	（2）	（3）
F 值	2.09		
Wald chi² （9）		24.00	24.00
P 值	0.022	0.076	0.008

注：括号内为稳健标准误，***、**、*分别表示在1%、5%、10%的水平下显著。

3. 异质性分析

①受教育程度异质性。如表5-7所示，相对于受教育程度低的农户，一方面，受教育程度越高的农户在与合作社形成相同水平的融资联结时，其多维贫困综合指数下降幅度越大且渐趋显著。受教育程度较高的农户对宏观经济环境更加了解，对自我资产管理更加科学，这样的农户金融素养往往较高，因此更能有效地利用农业供应链金融信贷来改善自己的贫困状况，从而实现更大程度的多维贫困减缓。另一方面，受教育程度越高的农户在获得同等程度的合作社农技培训时，其多维贫困减缓效应越明显。原因可能是受教育程度越高的农户越能准确迅速地理解掌握农技培训知识并将其运用到实际的耕作过程中，从而实现合作社技能培训服务效率的最大化。此外，受教育程度高的农户能够更加有效地利用自身知识储备协助合作社做出有利于其生产经营的决策，从而实现主体共赢，通过合作社经营收入的提高达到在更大程度上缓解自身多维贫困的目的。

表5-7 农社利益联结的多维减贫效应：农户受教育程度异质性

变量	农户多维贫困综合指数			
	小学及以下	初中	高中及中专	大专及以上
融资联结	0.008 (0.019)	-0.005* (0.015)	-0.019* (0.032)	-0.267** (0.199)
农技联结	-0.024 (0.016)	-0.031** (0.013)	-0.060** (0.027)	-0.302* (0.159)
销售联结	0.010 (0.013)	0.005 (0.010)	-0.011** (0.021)	-0.032** (0.013)
决策联结	-0.010 (0.013)	-0.050 (0.011)	-0.103* (0.022)	-0.352* (0.169)

续表

变量	农户多维贫困综合指数			
	小学及以下	初中	高中及中专	大专及以上
控制变量	控制	控制	控制	控制
N	2328	3661	783	18
R²	0.002	0.003	0.010	0.317
P值	0.368	0.094	0.043	0.010

注：括号内为稳健标准误，**、*分别表示在5%、10%的水平下显著。

②融资异质性。稳定且有效的融资方式有助于农户开展更加完善的生产经营活动和提高农户的生活水平（罗荷花等，2015）。从表5-2中可以看出，仅48.4%的农户有融资经历或融资担保经历，推测其可能在农户权利贫困的减缓过程中起阻碍作用。因此根据农户融资历史将农户分为"没有融资经历或融资担保经历"与"有融资经历或融资担保经历"两类，分别探究两类农户的权利贫困减缓效应。表5-8报告了异质性检验的结果。从表中可以看出，相对于没有融资经历或融资担保经历的农户，有融资经历或融资担保经历的农户在多个维度利益联结的多维减贫效应均更加明显，表现为多维减贫效应的增强和显著性水平的提高。农户在有融资经历或融资担保经历的条件下受到融资约束的可能性较低，这样的农户大多具有稳定的融资渠道，其进行农产品种植、培育所需的资金来源更为稳定，生产经营活动的开展也更加顺利。因此，其在农社利益联结对农户多维贫困减缓过程中的制约效应较弱，农户多维贫困得到更大程度的缓解。

表5-8　农社利益联结的多维减贫效应：农户融资异质性

变量	农户多维贫困综合指数	
	没有融资经历或融资担保经历	有融资经历或融资担保经历
融资联结	-0.001 (0.011)	-0.197** (0.365)
农技联结	-0.039*** (0.013)	-0.132*** (0.015)
销售联结	0.002 (0.010)	-0.014* (0.011)

续表

变量	农户多维贫困综合指数	
	没有融资经历或融资担保经历	有融资经历或融资担保经历
决策联结	-0.004* (0.011)	-0.056** (0.012)
控制变量	控制	控制
N	3506	3284
R²	0.001	0.000
P值	0.014	0.009

注：括号内为稳健标准误，***、**、*分别表示在1%、5%、10%的水平下显著。

第五节 农村金融利益联结的多维减贫机制检验

一 农村金融利益联结对农户信贷满足度的机制检验

为了检验农村金融利益联结对提升农户信贷满足度的影响机理，探讨农社利益联结如何通过影响农户的信贷融资增信和监督其还款能力来发挥作用，从而提升农户信用水平。采用农户年总收入来反映农户家庭的还款能力，选取信用风险①来揭示农户的信用风险水平。从表5-9中可以发现，模型（1）反映了农社利益联结对农户的增收效应，相较于普通农户，参与农社利益联结的农户的收入水平显著上升，农户与农民合作社之间的利益联结所带来的增收效应十分明显。农民合作社的发展及其信用状况存在外溢效应，从而普惠于社员农户，使加入农民合作社的农户可以获得集体产业发展及交易成本降低带来的福利，从而保障其还款能力。利用模型（2）对其进行工具变量置换，发现结果依然稳健。

从表5-10模型（1）可以看出，农社利益联结可以有效降低农户信用风险，促进农户及时足额还款，从而达到信用融资的目的。相较于向普通农户提供信贷，银行等正规金融机构向参与农社利益联结的农户提供信贷面临的信用风险更小，农民合作社的供应链交易大数据和内部信

---

① 将当前农户欠款额度与农户的总贷款额度的比值作为衡量农户信用风险的代理变量，其公式如下：信用风险=目前欠款额度/总贷款额度。

表 5-9 农社利益联结对农户信贷满足度作用机制的估计结果：还款能力

变量	被解释变量：ln（农户年总收入）	
	（1）OLS	（2）2SLS
农社利益联结	0.8471*** (0.000)	0.6176** (0.027)
常数项	7.9305*** (0.000)	5.1226*** (0.000)
控制变量	控制	控制
N	3967	3967
Prob > F	0.0000	
Wald 检验		0.0000

注：括号内为回归模型中解释变量的 P 值，**、*** 分别表示估计结果在 5%、1% 的水平下显著。

贷软约束可以在交易环节和道德约束层面促使社员农户及时足额归还贷款。农民合作社作为第三方在商业银行融资增信过程中，为保障农户及时还款提供监督、管理甚至转贷方面的支持，优化了农村信用体系，并改善了农村金融体系的有效运作机制，保障了农业资金流动的安全性与可持续性。模型（2）的工具变量回归结果依然稳健。

表 5-10 农社利益联结对农户信贷满足度作用机制的估计结果：信用风险水平

变量	被解释变量：信用风险	
	（1）Tobit	（2）IV Tobit
农社利益联结	-0.5378*** (0.000)	-0.8818*** (0.000)
常数项	1.2459*** (0.000)	-0.2785 (0.534)
控制变量	控制	控制
N	1326	1326
Prob > F	0.0000	
Wald 检验		0.0000

注：括号内为回归模型中解释变量的 P 值；*** 表示估计结果在 1% 的水平下显著。

二 农村金融利益联结对农户多维减贫的作用机理检验

①融资联结提升农户信贷可得性。从表 5-11 来看，第（1）列报告

了 OLS 回归结果,第(2)列报告了排除内生性影响后 2SLS 回归的结果。融资联结每增加 1 个单位,农户信贷可得性在 1% 的水平下显著增加 16.1% 个单位。与合作社形成融资联结的农户可以依靠合作社的高信誉度和规模资金优势形成稳定且安全的融资渠道,为生产经营活动筹集充足资金,在一定程度上降低自身信贷风险,提升信贷可得性,解决农户因启动资金不足而处于低收入水平的物质贫困问题。

②农技联结降低合作社人力资本支出。农技联结每增加 1 个单位,合作社雇佣技术人员的概率在 5% 的水平下显著减少 3.4% 个单位。合作社为社员农户提供农技培训实现了对人力资源的高效配置,通过合作社内部的农技互助在一定程度上降低了合作社以外的人力资本支出,合作社得以将更多资金投入日常生产运营,从而实现成本最小化与收入最大化,最终实现合作社与农户的增产增收。

③销售联结稳固农产品输出渠道。销售联结每增加 1 个单位,农产品固定销售渠道占比在 1% 的水平下显著增加 27.2% 个单位。农户与合作社形成销售联结使合作社能够充分发挥其信息优势和资源优势,助力农户与市场形成更加紧密的联系,打通农产品的销售渠道,降低农产品滞销风险,实现农产品的效用最大化,从而带来显著的增收效果。第(6)列显示回归系数依然显著,验证了第(5)列的回归结果,表明农社利益联结确实可通过多种途径促进农户增收,从而减缓其物质贫困。

表 5-11 融资、农技、销售联结对农户物质贫困减缓的作用机制估计结果

变量	农户信贷可得性		合作社是否雇佣技术人员		农产品固定销售渠道占比	
	(1)	(2)	(3)	(4)	(5)	(6)
融资联结	0.161*** (0.913)	0.168*** (0.920)				
农技联结			-0.034** (0.015)	-0.034** (0.015)		
销售联结					0.272*** (0.093)	0.276*** (1.657)
控制变量	控制	控制	控制	控制	控制	控制
地区控制	控制	控制	控制	控制	控制	控制

续表

变量	农户信贷可得性		合作社是否雇佣技术人员		农产品固定销售渠道占比	
	(1)	(2)	(3)	(4)	(5)	(6)
常数项	0.796*** (1.906)	0.867*** (1.002)	0.362*** (0.037)	0.279*** (0.116)	1.725 (0.552)	1.789 (0.560)
Pseudo R^2	0.001	0.001	0.008	0.003	0.003	0.004
N	6790	6790	6790	6790	6790	6790

注：括号内为稳健标准误，***、** 分别表示在1%、5%的水平下显著。

此外，加入二元变量"能人大户附加表决权"进一步论证以合作社计票方式为代表的决策联结对农户权利贫困减缓的作用机制。通过表5-12的实证结果可以看出，相较于按股投票，当合作社采用一人一票的计票方式时，能人大户获得附加表决权的概率增加3.1%个单位且在1%的水平下显著。由于决策联结的存在，合作社事务决策更加民主，代表普通农户的能人大户获得的附加表决权能够显著改善合作社的权力集中问题，使每个农户都能拥有平等的决策权，解决农户竞争力弱的问题，从而缓解农户权利贫困。第（2）列给出了工具变量回归的结果，发现回归系数依然显著，说明通过提高能人大户的附加表决权从而改善农户权利贫困的农社利益联结作用机制的确存在。

表5-12　决策联结对农户权利贫困减缓的作用机制估计结果

变量	被解释变量：能人大户附加表决权	
	(1)	(2)
决策联结	0.031*** (0.010)	0.029*** (0.010)
控制变量	控制	控制
地区控制	控制	控制
常数项	0.115*** (0.032)	0.166** (0.069)
Pseudo R^2	0.008	0.008
N	6790	6790

注：括号内为稳健标准误，***、** 分别表示在1%、5%的水平下显著。

第六节　本章小结

探究如何提高小农户的组织化程度,推进小农户与大市场的有效衔接,以及农村金融利益联结在缓解农户多维贫困方面如何发挥作用及其作用效果如何,对后扶贫时代构建农户多维贫困治理长效机制以及有效培育新型农业经营主体、带动小农户增收致富具有重要价值。农村金融利益联结对提升农户融资增信和还款能力,促进产业链和供应链信用增级,从而实现产业链联结赋能具有重要的作用。研究结果表明:贫困农户加入农民合作社,依托其产业发展可以有效地联结交易信用,提高农业产业链融资的信贷可得性,进而缓解农户的需求型信贷约束与供给型信贷约束,不断缩小农户群体的内部收入差距,提高农村中等收入群体数量。其作用机制主要是通过农户与农民合作社在产业链和供应链环节的利益联结,形成多边利益共同体,通过生产、融资、农技、销售、决策等多个方面的利益联结来有效衔接贫困农户的生产生活状况,提高农户的可行能力,进而缓解农户的多维贫困,特别是农技和融资联结的作用效果较为明显。此外,农业产业链融资信用增级也促使农户信用水平的提升,并发挥其风险共担和内部信贷监督软约束的作用,降低了农户的违约风险,让农户信用水平得到提升,提高了农户信贷可得性。贫困农户依托产业链融资可以提升农户金融素养,并将利益联结机制贯穿各环节,形成封闭管理,通过强化内部融资的民主管理、提高农户自销能力、效率化技术培训等方式实现农户的减贫增收和合作社资源的优化配置,有利于巩固脱贫攻坚成果和进一步完善正确处理合作社内部与农户关系的利益联结机制。强化农社利益联结机制,可以助推小农户与现代农业有机衔接,推进农社投票权和经营权的适度分离,分类有序地构建农社利益联结机制,促进农业供应链金融和产业协同发展。

第六章　农村金融利益联结主体异质性减贫效应比较

农民合作社在贫困农户与金融机构之间进行利益联结带来农户多维减贫，但由于农民合作社本身由不同领办主体来主导，农民合作社领办主体的异质性导致其利益联结带来的融资创新的减贫机制和减贫效应也存在较大的差异，因而需要对其进行测度和检验，围绕企业、农业大户、村干部等不同主体领办下的农村金融模式创新带来的减贫机制和减贫效应进行实证探讨，以揭示不同农村金融反贫困模式的效果，为乡村产业振兴发展过程中嵌入农户利益联结机制提供决策参考。

第一节　农村金融链式融资利益联结减贫机理

农村金融链式融资模式创新的核心在于将小农户与农民合作社等新型农业经营主体联结起来，即将农民合作社作为农业产业链和供应链金融信贷的中介桥梁，然后为农业供应链上下游生产、经营、销售等环节的农户提供农业生产或服务的金融信贷扶持，打破农户的信贷融资束缚，同时围绕大数据和区块链信贷技术，将农民合作社与农户之间在生产、技术服务、购销等环节的资金流通过商业银行来进行信用管控，解决信贷供需之间的信息不对称问题，进而将资金流、信息流、物流等内部信用监督的内循环优势最大化（Antonella et al., 2019），实现农户与农民合作社在信息、生产资料、技术、产品销售等多方面的协同，提高金融支持农业产业化发展的效率，打破"金融贫困恶性循环"的怪圈。这种以农民合作社为农业供应链核心主体的信贷融资创新模式，不仅发挥了农民合作社内部信贷同伴监督的作用，还将金融科技应用与农社利益联结有效地结合起来，发挥技术监督和利益联结制度的约束作用。然而，由于农民合作社本身存在不同领办主体，农民合作社在联结小农户过程中的作用也存在较大的差异，不同领办主体带来的信贷融资差异也必然影响到农户的减贫效应。为进一步比较不同主体在农业供应链金融信贷过程中的减贫作用，本章重点分析种养大户、营销大户、企业和村干部等主体领办型农民合作社，为揭示农民合作社供应链金融信贷的减贫效应及其模式创新优化路径提供科学依据。

在农民合作社生产经营过程中，传统的种养大户由于具有较强的生产经营能力，具备较多的技术和生产经营管理资源，使得其在种养大户领办型农民合作社供应链金融信贷中，往往能够较好地发挥在农业先进生产技术推广应用等方面的示范引领作用，进而提高农户的信贷瞄准度（刘兵等，2013）。但是，种养大户往往缺乏相应的供应链资金规范管理经验，其能够利用的信贷资金规模也比较有限（孟飞，2016），农业供应链金融信贷也倾向于以农业生产为主的纯农型[①]农户（特别是与种养大户之间存在农业生产订单关系的纯农型农户），而对非农收入占比较高的农兼型和兼农型农户，商业银行无法通过农民合作社内部的农业生产订单和交易记录来考察其信用状况，直接或间接地影响到该类农户的信用融资水平，导致其信贷可得性相对偏低，进而制约其在该类农户中的减贫效应。

相比种养大户而言，在营销大户领办型农民合作社供应链金融信贷中，营销大户依托其丰富的营销网络渠道和市场信息优势拓宽农产品销售渠道。该类主体领办型农民合作社重点围绕农业生产资料与农产品的供销形成交易记录，销售环节的农社利益联结使得农户信用增级也以购销环节的供应链为主，导致其他环节的信贷供给增信相对偏弱（毛飞等，2014）。由于纯农型和农兼型农户在销售环节对资金需求相对较少，这两类农户在购销环节的信用增级也较弱，导致其经营性收入变动也较小。对于以农产品购销为主的农户，其非农收入占家庭总收入比重较高，获得农民合作社供应链金融信贷对其非农收入有较大的提升作用，减贫效应也相对明显。

随着农民合作社经营规模的不断扩大和资产实力的不断增强，企业

---

① 针对收入贫困维度的测算，根据非农收入占家庭总收入的比重将农户进一步细分为纯农型、农兼型和兼农型三类。其中，非农收入占家庭总收入比重小于10%的为纯农型农户；非农收入占家庭总收入比重介于10%和50%之间的为农兼型农户；非农收入占家庭总收入比重介于50%和90%之间的为兼农型农户。

领办型农民合作社逐渐增多，在该类主体领办型农民合作社供应链金融信贷中，企业往往在人、财、物等资源利用及市场把控能力等方面具有绝对优势。具有较高声誉和较大规模的农业企业往往也具有较大能力和较强的意愿对贫困农户进行供应链金融扶贫，从而有效对接小农户与现代金融市场（郭晓鸣、廖祖君，2010）。此外，在助推产业融合发展方面，企业领办型农民合作社供应链金融信贷具有较好的促进作用，其可以增加乡村剩余劳动力兼业甚至全职非农就业的机会。农业产业的融合发展不仅提高了纯农型农户生产经营的规模化与组织化水平，还促进了农业产业集聚、提高了品牌价值，从而促进农户经营性收入增加。产业化发展也间接增加了农户在本地的非农就业和创业机会，极大地提升了对农兼型和兼农型农户的信贷减贫效应。

此外，在精准脱贫过程中，以驻村第一书记为核心的村干部有效发挥党组织在村民中的政治经济示范引领作用，带动农民合作社更好地帮扶贫困农户，实现减贫增收的目的。在农业供应链金融信贷中，村干部本身具有较强的社会动员能力，其能够通过行政手段来调动农户参与的积极性。村干部的政治背书能够有效地获得商业银行为其提供的信贷支持（Li，2018），而且驻村第一书记具有一定的扶贫政治任务，能够组织号召农民合作社供应链金融信贷更好地瞄准贫困农户并支持其农业生产经营（贺立龙等，2018）。在脱贫攻坚过程中，由于纯农型农户相比非农收入占比较高的农兼型和兼农型农户的贫困程度相对较高（李明桥，2016），村干部领办型农民合作社供应链金融信贷往往会优先偏向于贫困程度较高的纯农型农户，从而较好地化解此类农户（纯农型）信贷融资约束。农兼型和兼农型农户由于本身非农收入占比较高，农业生产订单或销售订单难以全面覆盖该类农户的信用状况，资金闭环管理难以在供应链环节全部展示，使得村干部领办型农民合作社为了更好地促进脱贫攻坚，也会更加偏向于纯农型农户。此外，村干部具有较重的扶贫政治任务，使得其领办型农民合作社供应链金融信贷也更加偏向于以务农为主的贫困农户，进一步提高纯农型农户的信贷可得性，进而使得对纯农型农户的减贫更为有效。

第二节 数据来源、模型设计与变量说明

一 数据来源

为了揭示不同主体领办型农民合作社供应链金融信贷的减贫效应，本章基于课题组[①]于2015年和2016年关于农村金融扶贫方面的统计调查数据，追踪调查贫困农户在供应链金融业务中如何提升其减贫效果，选取农民合作社供应链金融信贷较好的贫困县作为研究对象，以建档立卡贫困户加入农民合作社后参与农业供应链生产经营所带来的减贫效应为评估重点。通过筛选，发现参与农业供应链金融信贷业务的农民合作社有142家，参与的建档立卡贫困户有6791户，获得供应链融资信贷的农户有5003户，重点对2015年未获得信贷而2016年获得信贷的农户进行对比分析，并进一步揭示不同主体领办型农民合作社的减贫效应的异质性。此外，为保证调查结果的可靠性，课题组还对农民合作社供应链金融信贷业务的相关负责人进行了电话回访，了解相关信贷发放流程及风险防控政策。

二 模型设计

为区分农户参与农民合作社时获得农业供应链金融信贷前后的减贫效果，并减少系统性偏误，采用Heckman等（1997）提出的倾向得分匹配-双重差分法来消除样本选择性误差，以获得农民合作社供应链金融信贷的农户为基础，匹配出一组类似的参照对象作为对比，从而更好地比较评估获得信贷的农户与未获得信贷的农户在减贫效应层面的净效应变动状况。

倾向得分匹配法的本质在于解决样本选择性偏误及混合偏差带来的估计偏误问题。基于一组已知的协变量 X_i 来预测农户 i 获得农民合作社供应链金融信贷的条件概率，从而估计每个农户的倾向得分 $P(X_i)$，将那些主要特征相近的、获得农民合作社供应链金融信贷的农户与未获得农民合

[①] 课题组所调查的区县为云南省兰坪县、泸水县（现泸水市）、勐腊县、泸西县、富宁县、施甸县、澜沧县、凤庆县等国定贫困县。

作社供应链金融信贷的农户进行配对。其倾向得分为：

$$P(X_i) = \Pr\{\exp_i = 1/X_i\} \quad (6.1)$$

然后，根据倾向得分 $P(X_i)$ 进行匹配，从而计算出参与农民合作社供应链金融信贷的农户 i 的平均处理效应 ATT：

$$ATT = \tau = E(Y_1 | p=1) - E(Y_0 | p=1) \quad (6.2)$$

在式（6.2）中，Y_1 代表实验组（获得农民合作社供应链金融信贷的农户多维贫困综合指数值），Y_0 代表控制组（未获得农民合作社供应链金融信贷的农户多维贫困综合指数值）。鉴于后者无法直接观测到，需要构建反事实框架来估计其 ATT 中的 $E(Y_0 | p=1)$ 的具体效应，即反事实效应（Counter-Factual Effect）。

双重差分法是在倾向得分匹配完成的基础上，通过测算农户获得农民合作社供应链金融信贷前后的概率值进行对比分析，借鉴 Smith 和 Todd（2005）的做法，对倾向得分匹配后所得结果再进行双重差分处理，在回归方程中加入政策与时间两个虚拟变量以及二者交互项，有效控制不可直接观测的个体异质性，并对政策效果进行有效估计，避免因时间变化而带来不可预测因素的影响。在倾向得分匹配结果的基础上，将实验组和控制组再次纳入双重差分模型中，从而有效评估二者之间的政策净效应。

假设 Y_0^T、Y_1^T 分别代表实验组农户在获得农民合作社供应链金融信贷前后的多维贫困综合指数变动状况；Y_0^C、Y_1^C 分别代表控制组农户获得农民合作社供应链金融信贷前后的多维贫困综合指数变动状况；$(Y_1^T - Y_0^T) - (Y_1^C - Y_0^C)$ 表示实验组与控制组在获得农民合作社供应链金融信贷前后的多维贫困状况变动情况。其 DID 的计量模型公式为：

$$DID = E[(Y_1^T - Y_0^T) | T=1] - E[(Y_1^C - Y_0^C) | T=0] \quad (6.3)$$

在式（6.3）中，$T=0$ 和 $T=1$ 分别表示未获得与获得信贷的农户，构建二者的双重差分模型，表达式为：

$$y_{ijt} = \beta_0 + \alpha_0 B_t + \alpha_1 B\mu_{ij} + \alpha_2 B\mu_{ij} \times B_t + \delta X_{ijt} + \varepsilon_{it} \quad (6.4)$$

在式（6.4）中，β_0 为常数项；i 代表建档立卡贫困户；j 代表不同主体领办型农民合作社，用 1、2、3、4 对其赋值，分别对应种养大户领办、营销大户领办、企业领办、村干部领办；t 代表不同时期。y_{ijt} 表示第 i 个农户在 t 时期获 j 类主体领办型农民合作社供应链金融信贷后的多维贫困综合指数变化量。$B\mu_{ij}$ 表示一个二值虚拟变量，用于衡量农户 i 是否获得 j 类主体领办型农民合作社供应链金融信贷，如果获得，则 $B\mu_{ij}=1$；如果未获得，则 $B\mu_{ij}=0$。变量 B_t 代表是否获得信贷支持的虚拟变量，即农户在该时期是否获得了农民合作社供应链金融信贷，如果是，则赋值 $B_t=1$，反之，则赋值 $B_t=0$。$Bu_{ij} \times B_t$ 代表分组虚拟变量和政策实施虚拟变量的交互项，系数 α_2 代表政策实施前后的净效应。X_{ijt} 代表一组可能影响农户多维贫困状况的控制变量；ε_{ijt} 代表随机扰动项。

三　农户多维贫困综合指数测算

为进一步测度农户多维贫困综合指数，首先需要判定农户在剥夺临界值上是否存在被剥夺的情况（张昭等，2017）。假定有 n 个农户参与农民合作社供应链金融信贷，农户 i 的多维贫困状况由 d 个指标来衡量。农户 i 在每个维度 l 上的取值用 g_{il} 来表示。其中 $g_{il} \in R$，$i=1, 2, \cdots, n$；$l=1, 2, \cdots, d$。在贫困识别过程中，依托两个临界值 z 和 k，如果 g_{il} 小于临界值 z_l，即农户 i 在特定指标上遭受剥夺，赋值 $g_{il}=1$；反之，则未遭受剥夺，赋值 $g_{il}=0$。设定指标 l 的权重为 w_l，则 $\sum_{l=1}^{d} w_l = 1$，农户 i 在所有的 d 维度上的加权分数就是农户 i 的加权剥夺总分，用 $c_i = \sum_{l=1}^{d} w_l g_{il}$ 表示，$c_i \in [0, 1]$。第二个临界值 k 用于比较 c_i 剥夺程度以确定农户的多维贫困状况，如果 $c_i \geq k$，则表示农户被剥夺程度超过了可以容忍的范围，将其视为多维贫困。借鉴 A-F 双界线分析法（Alkire and Foster, 2011），从收入、教育、健康、卫生、生活状况、食物支出等六个方面来全面反映农户的多维贫困状况，通过赋予六个维度相同的权重，可以得出农户多维贫困综合指数（MPI），具体公式表示如下：

$$MPI = \frac{1}{n} \sum_{l=1}^{d} c_l(k) \tag{6.5}$$

其中，n 代表农户总数，d 代表农户多维贫困阶数的总数；$c_l(k)$ 代表贫困农户在维度 l 进行加权后的值。农户多维贫困综合指数主要取决于在给定维度标准下农户个体能力被剥夺的程度。

多维贫困指标权重及贫困发生率见表6-1。

表6-1 多维贫困指标权重及贫困发生率

维度	指标	贫困剥夺临界标准	权重	贫困发生率（%）
收入	人均纯收入	采用国定贫困线2300元的标准为界，人均纯收入＜2300元=1；人均纯收入≥2300元=0	1/6	16.31
教育	受教育年限	将年龄超过18岁但未完成9年义务教育的农户赋值为1；反之则为0	1/6	37.22
健康	健康状况	患有疾病或者身体状况非常差的赋值为1；反之则为0	1/6	20.21
卫生	卫生设施	家庭室内缺少水冲厕所赋值为1；反之赋值为0	1/6	62.18
生活状况	厨房燃料	厨房燃料为柴草等赋值为1；采用天然气或者液化气则赋值为0	1/6	53.19
食物支出	恩格尔系数	若食物支出比重超过40%，则界定其存在食物支出被剥夺，赋值为1；反之则赋值为0	1/6	45.39

从表6-1和表6-2可以看出，在六个维度的多维贫困状况与贫困发生率的关系中，收入贫困随着脱贫攻坚的深入推进已经大幅减少，贫困发生率仅为16.31%；而卫生、生活状况、食物支出等贫困程度所对应的贫困发生率却分别高达62.18%、53.19%、45.39%，三者的贫困发生率远远高于收入贫困状况。此外，大多数建档立卡贫困户都处于三维贫困及以下，累计占比高达82.16%；而较高维度的贫困农户总体偏少，特别是四维贫困及以上的农户占比总体较小，且完全不贫困的农户占比也达到8.72%，这部分建档立卡贫困户主要是由贫困对象识别不精准导致的。

表6-2 农户多维贫困阶数状况

单位：%

贫困维度	贫困发生率	贫困维度	贫困发生率
完全不贫困	8.72	二维贫困	32.47
一维贫困	27.33	三维贫困	22.36

续表

贫困维度	贫困发生率	贫困维度	贫困发生率
四维贫困	8.17	六维贫困	0.10
五维贫困	0.85	累计占比	100

注：贫困程度从收入、教育、健康、卫生、生活状况、食物支出等六个维度来衡量。如果贫困农户只存在收入低于临界值的情况，则界定为一维贫困；如果贫困农户的收入与教育等低于临界值，则界定为二维贫困；依次类推，六个维度均低于临界值的贫困农户则界定为六维贫困。

四 变量说明

在评估不同主体领办型农民合作社供应链金融信贷减贫效果时，根据非农收入占比来进行农户划分，考察不同主体领办下的农民合作社对不同非农收入占比农户的影响效果（见表6-3）。把农户多维贫困综合指数和多维贫困阶数作为核心被解释变量，用于揭示农户贫困变动状况，并将影响农户获得信贷的个体特征、家庭特征、社会资本、村庄特征以及金融机构特征等相关变量纳入控制变量的范畴，降低这些非核心因素的干扰导致的计量结果偏误。

表6-3 变量的描述性统计说明

变量	变量解释与说明	均值	标准差	极小值	极大值
农户多维贫困综合指数	反映贫困农户的综合贫困状况	0.0693	0.0011	0.0039	0.5124
农户多维贫困阶数	一维贫困=1；二维贫困=2；三维贫困=3；四维贫困=4；五维贫困=5；六维贫困=6	1.9688	0.9364	1	6
农户信贷可得性	农户实际获得农民合作社供应链金融信贷资金/信贷农户计划需求资金	0.712	0.149	0	1
农户是否获得农民合作社供应链金融信贷	是=1；否=0	0.372	0.212	0	1
年龄	农户年龄（岁）	52.15	10.33	37	66
受教育程度	小学及以下=1；初中=2；高中=3；大专及以上=4	2.477	0.315	1	4
是否为村干部	是=1；否=0	0.103	0.002	0	1
家庭总资产	包括固定资产、流动资产以及各类能够折现的资产价值（元）	52940	1390	4200	214500

续表

变量	变量解释与说明	均值	标准差	极小值	极大值
是否有亲戚朋友在银行工作	是 = 1；否 = 0	0.349	0.029	0	1
农民合作社年经营收入	(0, 30] = 1；(30, 200] = 2；(200, 500] = 3；(500, +∞) = 4（万元）	2.146	0.214	1	4
是否了解银行信贷政策	是 = 1；否 = 0	0.738	0.188	0	1

第三节　农村金融链式融资利益联结的信贷减贫效果评估

为降低控制变量之间的多重共线性，对其进行 VIF 检验和相关性分析，发现 VIF 值均小于 1 且各控制变量相关系数均小于 0.4，不存在多重共线性，可以进行倾向得分匹配分析。进一步采用 Probit 模型估计农户获得农民合作社供应链金融信贷的概率值，并将其作为倾向得分的依据，然后基于 PSM 方法揭示实验组和匹配组农户多维贫困综合指数是否存在共同变动趋势。对比图 6-1 和图 6-2 可得，匹配前的实验组农户多维贫困综合指数概率值分布重心明显低于控制组的概率值分布重心，且二者之间的匹配概率值存在明显的差异，而匹配后的核密度概率值逐步收窄，并呈现非常接近的两条曲线，反映出倾向得分匹配有利于降低农户是否参与供应链金融信贷的选择性趋势偏误，并满足共同支撑假设（Rosenbaum and Rubin, 1985）和双重差分计量分析的基本条件。

一　平衡性检验

对实验组和控制组的控制变量进行平衡性检验（见表 6-4），发现匹配前后农户的多维贫困综合指数存在较大的差异，且匹配之后能够较好地降低二者之间的偏误，从而有效保证倾向得分结论的稳健性和满足平衡性假说要求，支持进一步利用双重差分法来对比不同主体领办型农民合作社供应链金融信贷的多维减贫效应。

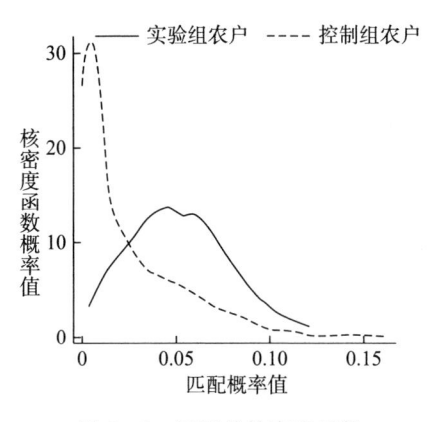

图 6-1　匹配前核密度函数　　图 6-2　匹配后核密度函数

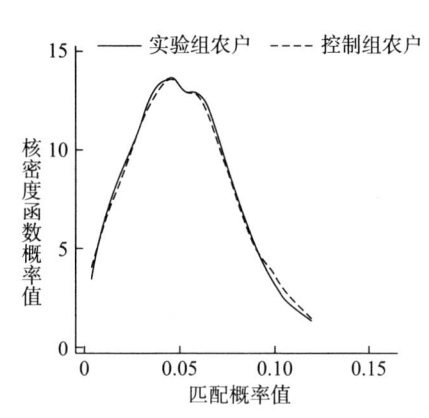

表 6-4　实验组和控制组农户多维贫困综合指数平衡性检验结果

变量	匹配类型	实验组	控制组	偏误比例（%）	偏误变化率（%）	两组差异 t 值
年龄	匹配前	1.9823	1.9618	1.04	-100.0	1.32
	匹配后	1.9823	1.9823	0.00		0.00
受教育程度	匹配前	0.3782	0.3791	-0.24	100.0	-0.25
	匹配后	0.3782	0.3782	0.00		0.00
是否为村干部	匹配前	0.2617	0.2844	-7.98	99.0	-0.17
	匹配后	0.2617	0.2619	-0.08		-0.02
家庭总资产	匹配前	3.1792	3.2141	-1.09	100.0	-1.84**
	匹配后	3.1792	3.1792	0.00		0.00
是否有亲戚朋友在银行工作	匹配前	0.1617	0.1643	-1.58	92.4	-1.73**
	匹配后	0.1617	0.1619	-0.12		-0.81
农民合作社年经营收入	匹配前	3.6298	3.9781	-8.76	100.0	-3.29***
	匹配后	3.6298	3.6298	0.00		0.00
是否了解银行信贷政策	匹配前	0.1027	0.1107	-7.23	98.6	-0.39
	匹配后	0.1027	0.1028	-0.10		-0.04

注：**、*** 分别表示在 5%、1% 的水平下显著。

二　农户获得农民合作社供应链金融信贷的减贫效应

通过 Bootstrap 方法对 PSM 模型所得估计结果进行标准误差分析（见表 6-5），获得信贷农户相比未获得信贷农户的多维贫困阶数和多维贫困综合指数均有所降低,且在 1% 的水平下显著负相关。通过最近邻匹配法、半径匹配法和核匹配法进行 DID 分析,发现平均处理效应均在 1% 的水平下显著为负,但其降低多维贫困阶数的效应比多维贫困综合指数的效应相对要高,即农户获得农民合作社供应链金融信贷的概率每提高 1 个百分点,农户多维贫困阶数下降的概率和多维贫困综合指数下降的概率分别提高约 10% 和 8%,且二者的匹配效果及趋势非常类似,反映出匹配效果具有较强的稳健性。

表 6-5 农户获得农民合作社供应链金融信贷的减贫效应

被解释变量	匹配方法	实验组/控制组	ATT
多维贫困阶数	最近邻匹配	2488/2511	-0.0993*** (0.0280)
	半径匹配	2483/2509	-0.0984*** (0.0218)
	核匹配	2488/2511	-0.0987*** (0.0220)
多维贫困综合指数	最近邻匹配	2488/2511	-0.0827*** (0.0183)
	半径匹配	2483/2509	-0.0816*** (0.0193)
	核匹配	2488/2511	-0.0803*** (0.0193)

注:括号内的数值表示采用 Bootstrap 200 次后所得标准误差,最近邻匹配距离设定为 0.01,半径匹配设定半径为 0.005,核匹配设定带宽为 0.01;*** 表示在 1% 的水平下显著。

三 稳健性检验

为检验以上结论的稳健性,再次采用核匹配法下的 Rosenbaum 边界估计方法进行估计检验(见表 6-6)。将农户是否获得农民合作社供应链金融信贷的可能性边界差异(Γ)从 1.0 倍比例逐渐放大到 2.0 倍的比例,得到的结论依然稳健,即农户获得农民合作社供应链金融信贷均能在 1% 的显著性水平下降低其多维贫困综合指数,反映出 PSM 模型的估计结果依旧是稳健的。

表 6-6 农业供应链金融信贷对农户多维贫困综合指数影响的 Rosenbaum 边界估计结果

Γ	Sig⁺	Sig⁻	t-hat⁻	t-hat⁺	CI⁻	CI⁺
1.0	0.000	0.000	-0.0213	-0.0212	-0.3001	-0.7301
1.1	0.000	0.000	-0.0802	-0.4181	-0.2201	-0.7491
1.2	0.000	0.000	-0.0401	-0.4171	-0.1743	-0.7040

续表

Γ	Sig⁺	Sig⁻	t-hat⁻	t-hat⁺	CI⁻	CI⁺
1.3	0.000	0.000	-0.7001	-0.3043	-0.1201	-0.8031
1.4	0.000	0.000	-0.7302	-0.2991	-0.0001	-0.8322
1.5	0.000	0.000	-0.7490	-0.2442	-0.9901	-0.8010
1.6	0.000	0.000	-0.7491	-0.2082	-0.9702	-0.8840
1.7	0.000	0.000	-0.7701	-0.1090	-0.9182	-0.9201
1.8	0.000	0.000	-0.7912	-0.1411	-0.8801	-0.9370
1.9	0.000	0.000	-0.8243	-0.0872	-0.8410	-0.9042
2.0	0.000	0.000	-0.8302	-0.0031	-0.7990	-0.8921

注：Sig⁺、Sig⁻分别代表显著性水平的上下限；t-hat⁺、t-hat⁻分别代表HL点估计的上下限；CI⁺、CI⁻分别代表5%显著性水平的置信区间的上下限。

另外，将农户多维贫困综合指数进行拆分，仅采用其人均可支配收入指标再次进行稳健性检验，同时结合收入水平的分位数回归来深入检验（见表6-7），发现无论是纯农型、兼农型还是农兼型农户，在获得农民合作社供应链金融信贷后，均在5%的显著性水平下正向影响农户人均可支配收入，说明农户参与农民合作社后，在农社利益联结的作用下，农业供应链金融信贷可得性提升确实有利于提高农户收入水平，从而达到减贫和降低农户贫困脆弱性的效果，反映出DID的估计结果依然稳健。

表6-7 稳健性检验结果

变量		收入前25%农户人均可支配收入	收入前50%农户人均可支配收入	收入前75%农户人均可支配收入
纯农型农户获得供应链金融信贷	ATT	0.0519** (0.0213)	0.0475** (0.0245)	0.0437** (0.0238)
	ATE	0.0524** (0.0263)	0.0483** (0.0249)	0.0461** (0.0255)
	ATU	0.0492** (0.0244)	0.0471** (0.0243)	0.0414** (0.0214)
兼农型农户获得供应链金融信贷	ATT	0.0422** (0.0198)	0.0441** (0.0241)	0.0455** (0.0207)
	ATE	0.0397** (0.0179)	0.0416** (0.0188)	0.0403** (0.0191)
	ATU	0.0413** (0.0194)	0.0393** (0.0185)	0.0404** (0.0191)

续表

变量		收入前25%农户人均可支配收入	收入前50%农户人均可支配收入	收入前75%农户人均可支配收入
农兼型农户获得供应链金融信贷	ATT	0.0407** (0.0186)	0.0389** (0.0225)	0.0411** (0.0185)
	ATE	0.0385** (0.0173)	0.0402** (0.0188)	0.0392** (0.0184)
	ATU	0.0389** (0.0188)	0.0387** (0.0183)	0.0382** (0.0181)

注：括号内的数值表示采用Bootstrap 200次后所得标准误差，局部线性回归带宽设定为0.01。** 表示在5%的水平下显著，受篇幅所限，未报告控制变量的稳健性检验结果。ATT代表实验组平均政策处理效应，ATU代表控制组平均政策处理效应，ATE代表全样本（包括实验组和控制组）的平均政策处理效应。

四 不同主体领办型农民合作社供应链金融信贷减贫效应评估

在控制区域和时间效应的情况下，不同主体领办所带来的资源禀赋差异，使得农户的多维减贫效应也存在一定的差异。对于以农业生产经营为主的纯农型农户而言，种养大户、企业和村干部领办型的农民合作社对农户获得信贷产生的多维减贫效果明显，而营销大户领办型农民合作社对农户的信贷减贫效应不明显（见表6-8）。可能的原因在于，种养大户、企业和村干部领办型农民合作社可以将其个人资源禀赋与合作社的组织结构有效结合，通过农业订单生产、经营及偏向于农业产业的资源扶持，给予贫困农户信贷；而营销大户领办型农民合作社在供应链环节缺乏对生产型农户的支持，信贷供应链环节的交易记录也较少，难以成为商业银行增加信用融资的依据，从而无法提升贫困农户的信贷可得性，使减贫效应不明显。从减贫效应的系数来看，纯农型农户获得不同主体领办型农民合作社供应链金融信贷的减贫效应系数绝对值大小依次为：村干部领办＞企业领办＞种养大户领办＞营销大户领办。在精准扶贫过程中，村干部领办型农民合作社具有较大的政治任务和压力，为加快脱贫攻坚进度，往往会成立合作社来更好地对接政府扶贫项目和企业订单农业资源，发挥示范带动作用，促进农户农业生产经营和本地务工就业，减贫效应相对明显。而企业领办型农民合作社由于产业化能力和数字化供应链能力更强，在农业生产订单和产业链的延伸方面往往更

第六章　农村金融利益联结主体异质性减贫效应比较

表6-8　农户获得农民合作社供应链金融信贷的减贫效应（DID分析结果）

变量	纯农型农户多维贫困综合指数		农兼型农户多维贫困综合指数		兼农型农户多维贫困综合指数	
$B\mu_{ij}$	-0.063** (-5.224)	-0.061*** (-5.192)	-0.063*** (-5.473)	-0.051*** (-3.738)	-0.052*** (-4.264)	-0.055*** (-5.427)	-0.048*** (-5.626)	-0.043*** (-4.774)	-0.041*** (-4.546)	-0.042*** (-4.873)	-0.043*** (-4.629)
B_t	-0.016*** (-3.326)	-0.015*** (-3.254)	-0.013*** (-3.462)	-0.014*** (-3.732)	-0.014*** (-4.243)	-0.014*** (-4.152)	-0.013*** (-4.782)	-0.013*** (-4.646)	-0.007*** (-5.356)	-0.007*** (-5.364)	-0.008*** (-5.459)	-0.008*** (-5.826)
$B\mu_{i1} \times B_t$	-0.064*** (-4.551)			-0.053*** (-4.362)				-0.048 (-1.026)			
$B\mu_{i2} \times B_t$		-0.026 (-0.615)			-0.047 (-0.615)				-0.025 (-0.827)		
$B\mu_{i3} \times B_t$			-0.066*** (-5.339)			-0.072*** (-4.262)				-0.079*** (-5.625)	
$B\mu_{i4} \times B_t$			-0.084*** (-4.739)				-0.042** (-2.426)				-0.041** (-2.241)
β_0	1.315** (2.213)	1.311*** (6.462)	1.315*** (4.162)	1.316*** (4.513)	1.224*** (3.024)	1.221*** (3.331)	1.217*** (3.514)	1.208*** (3.626)	1.0232** (2.146)	1.011*** (4.327)	1.008*** (4.142)	1.007*** (4.254)
Pseudo R^2	0.234	0.229	0.235	0.233	0.242	0.242	0.243	0.241	0.232	0.229	0.231	0.229
观测值	234	182	221	213	243	168	204	187	231	164	224	217

注：括号内的数值为t统计量，*、**、***分别表示在10%、5%、1%的水平下显著。

具优势，可以提升农户的产品价值链收益，相比种养大户更具优势，从而更好地提升以务农生产为主的农户的供应链融资能力，提升减贫效果。

对比不同主体领办型农民合作社的供应链金融信贷减贫效应系数，发现种养大户与村干部领办型农民合作社，对纯农型和农兼型农户减贫效应相对较大，但随着农户非农收入占比的提升，其减贫效应逐渐减弱，反映出这两类合作社更加偏向于以农业生产为主的贫困农户，因此非农收入占比较低的纯农型农户减贫效应更为明显。企业领办型农民合作社对所有类型的农户都具有显著的减贫效应，且非农收入占比越高的贫困农户减贫效应越明显，反映出企业的劳务帮工或者社会化服务对农户非农收入的提升幅度高于经营性收入。总体而言，不同主体领办型农民合作社供应链金融信贷由于各自的禀赋差异而导致减贫效应存在异质性，农业供应链金融信贷业务开展仍需因地制宜、精准施策。

第四节　本章小结

以农民合作社为载体的农村金融反贫困创新，由于不同主体领办的农民合作社本身具有资源禀赋的异质性，所以在农社利益联结层面农业供应链金融信贷的减贫效果也表现出一定的差异。采用 A－F 双界线分析法和 PSM-DID 模型实证评估和比较了不同类型主体带来的金融减贫效应。结果发现，获得农民合作社供应链金融信贷的农户往往具有较高的减贫效应，且获得信贷的概率每提高 1 个百分点，将导致多维贫困阶数和多维贫困综合指数下降的概率分别提升约 10％和 8％，直接减贫效应明显。农民合作社通过有效联结小农户进行供应链和产业链模式创新后，以农业企业、村干部、种养大户为领办主体的农民合作社开展农业供应链金融信贷对纯农型贫困农户的减贫效应最为明显，且贫困农户非农收入占比越高，种养大户和村干部领办型农民合作社供应链金融信贷的减贫效应越低；企业领办型农民合作社供应链金融信贷对所有类型的贫困农户均具有较强的减贫效应，但相较而言，非农收入占比较高的贫困户获得的信贷融资减贫效应相对较高。因此，政府要积极挖掘不同类型农民合作社在农业供应链和产业链融合过程中的积极作用，加快农村产业深度融合，创新产业链和供应链的融资增信模式，进而推动乡村振兴发展。

第七章 农村金融链式融资模式创新的减贫效应

由于不同主体领办型合作社的产业链与供应链融资的反贫困效果存在一定的差异,而在产业链和供应链环节中,不同主体之间也是相互独立的个体,在相互衔接过程中,不同联结模式的创新也间接带来金融减贫成效的差异,特别是在大力发展新型农业经营主体、助推乡村产业振兴的过程中。不同区域不同经营主体在衔接小农户过程中的作用效果也存在差异,产业扶贫往往成为农户参与农村建设和脱贫致富的有效载体,而金融机构如何通过金融手段更好地服务于产业从而带动贫困地区贫困农户脱贫,成为金融扶贫的重大难点。但是,要评价链式融资在产业扶贫中的作用,以及不同的链式融资模式在精准扶贫中的益贫效果,需要揭示农民合作社、家庭农场、农业企业以及大户等不同主体在供应链和产业链环节联结中的模式创新所带来的减贫效果,从而为科学量化农村金融反贫困成效提供科学依据。

第一节 链式融资反贫困框架设计

一 数据来源

本章数据来自课题组对四川、重庆和江西等国家重点扶贫省市的问卷调查。该调查分别于2013年和2015年由户籍所在地学生对调查区域的农户进行实地调查,且调查地区均隶属于原国家贫困县的范畴,因此所调查地区都具有一定的扶贫代表性。四川省的重点扶贫区域以藏区和民族地区的金融精准扶贫为主,重庆市以三峡库区的移民扶贫为主,江西省以革命老区金融扶贫为主。2013年的基期农户调查问卷包含农户家庭特征、家庭资产、转移收入、日常消费支出、农业种植、务工活动等方面,而村庄问卷涵盖村庄基础设施、公共服务、合作社、财政扶持项目、产业结构以及村庄人口、劳动力和贫困户的情况。2015年课题组除对基期农户和村庄进行再次追踪调查外，问卷内容还针对贫困户是否接受本地资金互助扶贫、供应链金融扶贫以及产业带动扶贫进行调查。根据多阶段抽样原则，首先选取四川省的仪陇县、马边县、金阳县，重庆市的开县、万州区、巫溪县，江西省的井冈山市[①]、于都县、会昌县、万安县等国定贫困县和产业链金融试点地区。然后，由当地民政局推荐，选取每个县的5个贫困村，重点考虑当地金融机构推行链式融资较好的贫困区域。利用分层等距的抽样方法确定样本农户，由村干部先大致确定每个村民小组常住农户的数量，再从当地贫困农户[②]中随机抽样20户贫困农户，最后从村民小组中选取20户非贫困农户。最后，我们对选取的所有样本农户的人均收入从低到高进行排序，但是在实际操作中村民收入难以精确计量，因此我们将农户按照一定的标准分为贫困户、中等户和富裕户。2013年基期调查一共发放2000份问卷，实际有效问卷为1827份。在2015年的调查中，部分农户外出务工或是在调查时间段内家中无人，因此部分基期样本农户流失，删除部分无效样本后，得到有效问卷为1628份。由此形成两期面板数据。另外，为进一步分析链式融资的作用，我们举办座谈会向采用链式信贷投放的相关金融机构了解信贷的相关政策和流程。

二 链式融资反贫困框架

相较于金融机构直接对农户提供信贷的传统模式，农业供应链融资模式的优势在于，它是以供应链中的农业龙头企业和专业合作社为核心主体，以农业订单生产或服务为依托，以产业为载体，实现资金跟着产业、订单或服务走的模式，将金融机构的借贷资金运用到农户生产生活中（见图7-1）。目前最常见的供应链融资模式有"金融机构→家庭农场或专业合作社、协会→农户""金融机构（主要是银行）→龙头企业→

[①] 习近平总书记在2016年2月4日走访的井冈山市茅坪镇神山村也是本课题组所调查的贫困村之一。

[②] 在贫困农户样本选取过程中，根据当地村干部的识别标准进行选取。一看房，二看粮，三看劳动力强不强，四看家中有没有读书郎，同时也参照当地五保户标准综合考虑。其中农户年龄以60岁及以下为主，而非无劳动能力的老年人或重病患者。

农户"等新型供应链融资模式，不同经济主体各自充分利用其在信息、监督和资金来源上的优势，从而相互弥补缺陷。金融机构（主要是银行）以农业龙头企业或专业合作社为核心主体，对供应链环节上下游的农户实行生产资料统一供应、产品统一回购、技术统一指导，推动产业发展，促使贫困地区的农户脱贫致富。当农户资金不足和缺乏抵押资产时，由于专业合作社或专业协会是农户自己组建的，农户可以对其进行有效的内部监督；虽然龙头企业在监督效率上不如前者，但在资金供给方面有一定的优势，而正规金融机构（银行）拥有充裕的资金，资金通过龙头企业、专业合作社和资金互助合作社流向农户，实现代理监督让位于更高效率的相互监督，实现内部同伴监督，从而达到降低风险的目的。这种内生于农村经济发展的融资模式能够实现资本、合同关联以及监督技术等的有效结合，可以发挥不同经济主体之间监督的比较优势，提高融资效率，同时可以充分利用农户自有资金、新型农村经济组织的民营资本以及银行外部资金，拓宽农村融资渠道。

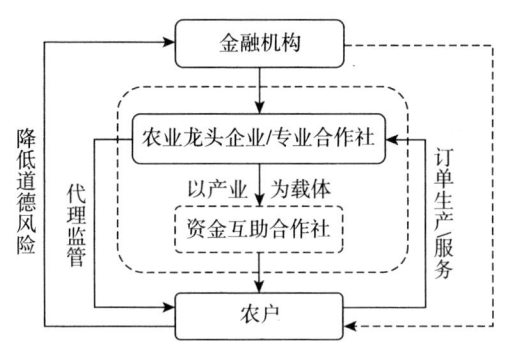

图 7-1 农户链式融资示意

以产业扶贫为基础，将金融的力量服务于产业发展，从而间接带动当地农户收入增加，实现脱贫致富。对农业供应链金融如何带动贫困户脱贫以及如何提高减贫效果问题的解释，供应链金融可以通过农业企业或农民专业合作社的供应链环节内部的"软约束"，达到对信贷资金相互监督和信用互助的效果，从而推动农业发展和提高农户收入。

为进一步探究供应链融资在产业扶贫和就业帮扶层面的益贫效果。第一，我们需要界定一个基准贫困线，我们以2011年国家划定的2300

元贫困线①为基准。第二，为更好地界定相对贫困水平，以每天2.5美元的国际贫困线为标准，重新划分一个相对贫困线，但该标准与调查到的某些县的低保线类似，因此将其作为低保贫困线。第三，将农户按照国定贫困线的2300元/年和低保贫困线的6000元/年标准，划分为贫困户与非贫困户。第四，进一步采用五分位数法对农户的收入进行排序，并分析链式融资对贫困户的减贫效果。表7-1表明，在2300元的国定贫困线分组中，贫困户使用链式融资的比例（56.38%）高于非贫困农户（52.49%）。贫困户参与龙头企业订单生产或农业合作社服务比例（71.39%）也高于非贫困农户（66.77%）。在6000元的低保贫困线分组中，也发现相类似的结论。因此从参与比例和受益情况来看，贫困农户使用链式融资比例和产业扶贫后获得的益贫效果整体优于非贫困户，在对比分位数五等分组后，也同样印证了上述的规律。在五类收入分组中，在使用链式融资的比例中，中低收入组＞低收入组＞中等收入组＞高收入组＞中高收入组；在参与龙头企业订单生产或农业合作社服务比例中，低收入组＞中低收入组＞中高收入组＞中等收入组＞高收入组，这表明在产业扶贫的对象中，贫困户更愿意参与，且由链式融资得到的益贫效果随收入的增加而提高，相应的益贫效果呈现边际效用递减的规律。

表7-1 不同贫困线分组和收入五等分组下农户从链式融资中受益的状况

单位：%

基期时是否为贫困户		是否使用链式融资		是否参与龙头企业订单生产或农业合作社服务		使用链式融资农户占参与农业企业或合作社生产服务农户的比例
		使用	未使用	参与	未参与	
2300元国定贫困线分组	贫困户	56.38	43.62	71.39	28.61	53.88
	非贫困户	52.49	47.51	66.77	33.23	49.63
	总样本农户	54.21	45.79	69.37	30.63	51.79
6000元低保贫困线分组	贫困户	57.24	42.76	76.31	23.69	56.78
	非贫困户	55.19	44.81	70.18	29.82	52.69
	总样本农户	56.27	43.73	72.16	27.84	54.22

---

① 2011年，国家提高扶贫标准后（年人均纯收入为2300元），对应的扶贫对象增至1.28亿人。

续表

基期时是否为贫困户		是否使用链式融资		是否参与龙头企业订单生产或农业合作社服务		使用链式融资农户占参与农业企业或合作社生产服务农户的比例
		使用	未使用	参与	未参与	
低收入组	[0，P20]	58.32	41.68	73.52	26.48	54.27
中低收入组	(P20，P40]	59.14	40.86	70.29	29.71	53.19
中等收入组	(P40，P60]	56.18	43.82	68.27	31.73	50.58
中高收入组	(P60，P80]	52.39	47.61	68.35	31.65	46.29
高收入组	(P80，P100]	53.46	46.54	65.19	34.81	44.98

注：农户收入分组数据是笔者根据实地调查数据分类整理后得出。

第二节 研究方法与变量说明

一 研究方法

将调查农户进一步分类为贫困户和非贫困户，研究链式融资是否对贫困户的精准扶贫产生显著影响，对更好地评价链式融资模式对农户的减贫效果非常重要。我们在准实验的基础上采用双重差分模型和倾向得分倍差匹配法来控制评估结果的偏误，可以更好地避免不可观测因素和自选择偏误对评估结果的影响。

①双重差分模型。该模型主要用于政策评价分析，特别是针对某项政策通过准自然实验的方式评价该项政策所带来的实际作用效果。双重差分方法有一套严谨的计算体系，可以避免由时间变化和内生性问题导致的偏误（杨龙、张伟宾，2015）。在基准年份之后，采取链式融资方式获得贷款的农户为实验组，而未采用该方式获得贷款的农户为控制组。Y_0^T 表示实验组农户链式融资前相关扶贫指标变化量；Y_1^T 表示实验组农户链式融资后相关扶贫指标变化量；Y_0^C 表示控制组农户在链式融资干预前的相关扶贫指标变化量；Y_1^C 表示控制组农户在链式融资干预后的相关扶贫指标变化量。通过 $(Y_1^T - Y_0^T) - (Y_1^C - Y_0^C)$ 可以计算出实验组相对控制

组在供应链融资干预后所产生的减贫效果变化量。干预效果的计量则为DID模型，其表达式为：

$$\text{DID} = E(Y_1^T - Y_0^T | T=1) - E(Y_1^C - Y_0^C | T=0) \tag{7.1}$$

其中，T等于0表示干预前，T等于1代表干预后，其干预效果的双重差分模型为：

$$y_{it} = \beta_0 + \beta_1 use_i \times time_t + \beta_2 use_i + \beta_3 time_t + \beta_4 \sum X_{it} + \varepsilon_{it} \tag{7.2}$$

式（7.2）中，y_{it}为第i个农户t时期的精准扶贫指标变化值。use_i和$time_i$分别表示第i个农户通过链式融资获得贷款和干预基准年的二值虚拟变量。$use_i = 1$表示农户通过链式融资获得贷款，反之则$use_i = 0$；$time_i = 1$表示链式融资实施基准年后，反之，$time_i = 0$则为基准年前。$\sum X_{it}$为一组相关的控制变量，ε_{it}为随机误差项。β_1表示农户链式融资的实施效果，若β_1在统计水平上显著且呈负相关，则表示链式融资有利于促进精准扶贫，降低贫困发生率；反之，若为统计意义上的正值，则表示链式融资不利于精准扶贫的深化。

②倾向得分倍差匹配法。该方法把实验组与控制组可观测特征或相似的样本进行匹配，同时观察相应因素对主体所产生的影响。其操作步骤如下。第一，把是否采取链式融资方式获得贷款的农户当作因变量。第二，通过Probit模型得到因变量的拟合概率值，再依据拟合概率值进行匹配。第三，根据参考文献，为了较好地提高样本的使用效率，我们在核匹配法、半径匹配法（本书使用$r = 0.001$的半径匹配法）、最近邻匹配法等方法中，采用核匹配法进行匹配，利用所有控制组的农户加权平均值来找到每个实验组农户的匹配农户，从而提高匹配精度。第四，使用双重差分模型构建反映扶贫效果的指标并作为因变量，从而计算基于倾向得分匹配法的双重差分结果。借鉴Smith和Todd（2005）的做法，我们得到PSM-DID模型表达式为：

$$\alpha_{DDM} = \frac{1}{N} \sum_{i \in I_1 \cap S_p} \left[(Y_{1i}^t - Y_{0i}^{t^*}) - \sum_{j \in I_0 \cap S_p} W(i,j)(Y_{0j}^t - Y_{0j}^{t^*}) \right] \tag{7.3}$$

在式（7.3）中，DDM表示基于匹配的双重差分（Difference in Difference Matching）。$t^* = 0$和$t = 1$分别代表基准年份前与基准年份后，即农户链式融资前后。Y_{0i}^t 表示通过链式融资获得贷款的农户在 t 时期的扶贫效果指标。N 为实验组农户的数量，I_1 为实验组农户的集合，I_0 为控制组农户的集合，S_P 为共同符合匹配标准的实验组和控制组农户的集合。$i \in I_1 \cap S_P$ 是共同集合下实验组农户的集合；$j \in I_0 \cap S_P$ 为共同集合下控制组农户的集合。$(Y_{1i}^t - Y_{0i}^{t*})$ 和 $(Y_{1j}^t - Y_{0j}^{t*})$ 分别指两次差分的结果。$W(i,j)$ 是倾向得分匹配法中使用的匹配加权函数，具体表达式为 $G[(P_j - P_i)/a_n]/\sum_{k \in I_0} G[(P_k - P_i)/a_n]$，其中，$G(\cdot)$ 为核密度函数，a_n 为带宽参数，P_i 为实验组农户 i 的倾向值，P_j 为控制组农户 j 的倾向值，P_k 为所有农户的倾向得分平均值。$\sum_{j \in I_0 \cap S_P} W(i,j)(Y_{0j}^t - Y_{0j}^{t*})$ 为控制组农户核密度函数之和。

二 变量设置及说明

1. 指标界定

目前无论是国内文献还是国外文献对扶贫效果的指标选取都还存在一些分歧，因此，本章选取几个最常用的指标对扶贫效果进行界定，具体指标计算及说明如下。

①贫困发生率。该指标表示某一地区贫困人口数占总人口数的比重，其公式为 $HCR = \dfrac{HC}{N}$，其中，HC 代表各村贫困人口数，N 代表各村总人口数。

②贫困差距比。这一指标表示贫困农户距离贫困线的百分比，可以呈现所有贫困户脱离贫困线需要付出的最小成本，其公式如下：

$$P = \frac{1}{N}\sum_{i=1}^{N}\frac{G_i}{Z}, G_i = Z - y_i, I(y_i < Z) \tag{7.4}$$

其中，P 表示某一地区贫困差距比，N 表示某一地区总人口数，Z 代表贫困线，y 代表家庭人均纯收入。G_i 为贫困缺口，反映了贫困人口与贫困线的距离。在精准扶贫中，所有贫困农户摆脱贫困付出的总成本等于贫困缺口的加总。

③收入差距比。该指标主要反映了所有相对贫困农户达到贫困线进而消除贫困所需要的总收入。其具体表达式为 $IGR = \dfrac{\sum_{i=1}^{N} G_i}{Z \times HC}$，其中，$HC$ 代

表某一地区贫困人口总数，G_i为贫困缺口，Z为贫困线。该指标的具体含义为贫困农户距离贫困线的总和与贫困人口摆脱贫困线的总收入的比重。

④贫困强度。以贫困缺口的平方指标来体现，主要反映扶贫强度。这一指标主要是对贫困缺口指数进行加权，从而在指数上进一步体现贫困人口内部之间的不平等程度，具体公式为 $M = \dfrac{1}{N} \sum_{i=1}^{N} \left(\dfrac{G_i}{Z} \right)^2$，缺口本身表示权重，缺口越大，权重也越大。对最穷的农户赋予较高的权重，对相对不太贫困的农户赋予较低的权重，以避免扶贫过程中过于注重贫困线附近的贫困农户而忽视了最穷的农户。

2. 变量描述性说明

由于2013年未进行链式融资、2015年获得供应链融资，为此，我们将2015年发生融资年份与对应的融资模式匹配后进行计量分析。我们选取的农户家庭特征变量包括户主受教育程度、户主年龄、家庭规模、能否通过私人关系借到钱（能否通过私人关系借到钱反映了农户面临的金融约束，而金融约束也往往会影响到农户的消费和经营行为，进而影响到扶贫的效果）等。村庄特征变量包括外出务工比例、大病医疗比例、本村是否有合作社、农户家庭人口抚养比、村到所属乡镇距离、村通公路覆盖率、村内是否有国道省道或高速公路经过、P20/P80以及P20/P50（采用分位数法来衡量该村前20%的农户收入占剩余80%的农户收入比重以及前20%的农户收入占后50%的农户收入的比重，反映当地农户收入状况的差异程度）等变量。金融机构特征变量主要包括机构类型和机构成熟度，机构类型（正规金融机构和非正规金融机构）用于体现金融机构对农村扶贫的偏好作用；机构成熟度用于反映金融机构的防风险能力和业务成熟状况。

变量的描述性统计说明见表7-2。

表7-2 变量的描述性统计说明

变量名称	变量解释与说明	均值	标准差	极小值	极大值
贫困发生率	见上文	0.38	0.14	0.05	0.76
收入差距比		1.17	1.13	0.21	4.63
贫困差距比		3.79	5.22	0.14	19.80
贫困强度		14.39	27.29	0.02	392.19

续表

变量名称	变量解释与说明	均值	标准差	极小值	极大值
链式融资模式	模式1（金融机构→龙头企业→农户）；模式2（金融机构→合作社→农户）；模式3（资金互助合作社→农户）；模式4（金融机构→农户）	2.18	0.73	1	4
是否借款	是=1；否=0	0.37	0.32	0	1
事件年的虚拟变量	2013年=0；2015年=1	0.5	0.5	0	1
家庭特征变量					
户主年龄	单位：岁	52.15	10.33	37	66
户主受教育程度	小学及以下=1；初中=2；高中或中专=3；大专及以上=4	2.62	0.54	1	4
家庭规模	单位：人	4.57	2.11	1	16
能否通过私人关系借到钱	能=1；否=0	0.48	0.27	0	1
村庄特征变量					
本村是否有合作社	是=1；否=0	0.68	0.22	0	1
P20/P80	—	0.63	0.37	0.43	2.39
P20/P50	—	1.13	0.46	0.68	8.93
外出务工比例	—	0.47	0.15	0.11	0.96
大病医疗比例	—	0.03	0.25	0	0.68
人口抚养比	—	0.62	0.41	0	5
村到所属乡镇距离	单位：公里	5.27	3.38	0.32	25.33
村通公路覆盖率	—	0.62	0.24	0.21	1
村内是否有国道省道或高速公路经过	有=1；没有=0	0.22	0.07	0	1
金融机构特征变量					
机构类型	商业性金融机构=1；非商业性金融机构=0	0.61	0.23	0	1
机构成熟度	新建（$0 < t \leq 4$）=1；年轻（$4 < t \leq 8$）=2；成熟（$t > 8$）=3	2.11	0.48	1	3

第三节 农村金融链式融资模式创新减贫效应评价

一 双重差分模型结果分析

整体来看，在不考虑控制变量的影响下，农户选择链式融资能显著提高精准扶贫的效果，为了更好地研究商业性金融和互助性金融对扶贫的作用，我们将实际调查中的模式具体划分为四种融资模式。模式1和模式2分别为商业性金融机构通过链式融资贷款给核心农业龙头企业或者农民合作社，是以产业或者合作生产相关上下游供应链为基础的农户信贷模式。模式3为互助性金融模式下农民资金互助合作社直接贷款给农户，中间没有产业链供给为载体的模式。模式4表示商业性金融机构对农户直接进行信贷，产业链和供应链不参与这一过程。以上四种模式，囊括了现有农村信贷的主要方式，就目前而言，农户借助非正规金融渠道获得信贷的方式相对普遍。变量"融资模式×事件年虚拟变量"的系数能够反映不同融资模式的减贫效果。表7-3回归模型（1）的结果表明，有2种融资模式对基期贫困户贫困发生率存在显著影响，其中，"融资模式1×事件年虚拟变量"的系数为负，且在1%的水平下显著，表明基期贫困农户采取链式融资模式在总体上能够降低贫困发生率。相比基期非贫困户而言，从回归模型（5）中可以看出，"融资模式2×事件年虚拟变量"的系数也为负，且在1%的水平下显著，说明链式融资整体上有利于降低贫困发生率，助力精准扶贫。

从收入差距比来看，对比回归模型（2）和回归模型（6）可以发现，模式3对基期非贫困户具有显著的影响，对基期贫困户的影响则不显著。模式4对二者均不存在显著影响。而模式1和模式2对基期贫困户和非贫困户都有显著的益贫效果，其原因可能在于模式1和模式2都是金融机构以龙头企业和农民合作社为核心来实现资金的扶贫作用，依靠龙头企业订单农业生产和合作社合作生产实现产业带动贫困农户摆脱贫困。模式3中的农村资金互助合作社主要对基期非贫困户有利，对基期贫困户的扶贫作用不太明显，这可能是因为资金互助合作社普遍存在"精英俘获"的现象（汪三贵、郭子豪，2015），让信贷资金流向非贫困

第七章 农村金融链式融资模式创新的减贫效应

表7-3 双重差分模型的估计结果

变量	基期贫困户				基期非贫困户			
	(1)	(2)	(3)	(4)	(5)	(6)	(7)	(8)
因变量	贫困发生率	收入差距比	贫困差距比	贫困强度	贫困发生率	收入差距比	贫困差距比	贫困强度
是否借款	0.0453	0.107	0.517	-1.598	0.0375	0.114	0.538	-1.649
	(0.157)	(0.673)	(1.972)	(-40.317)	(0.337)	(0.597)	(2.348)	(-33.597)
事件年虚拟变量	2.712***	2.964***	2.145***	2.768***	1.381*	1.386***	1.154***	1.167***
	(0.219)	(0.281)	(0.462)	(0.479)	(0.0154)	(0.0155)	(0.169)	(0.171)
融资模式1×事件年虚拟变量	-0.0149***	-0.0153***	-0.0113***	-1.119***	-0.353***	-2.459***	1.946***	-0.984***
	(-6.394)	(-6.978)	(-10.227)	(-10.768)	(-0.453)	(-0.0454)	(-0.0317)	(-0.0319)
融资模式2×事件年虚拟变量	-0.537**	-0.3307***	-1.325**	-1.639**	-0.2213***	-0.2016***	-0.167***	-0.168***
	(-3.429)	(-4.172)	(-1.942)	(-2.019)	(-1.384)	(-1.383)	(-1.269)	(-1.272)
融资模式3×事件年虚拟变量	-0.142	-2.157	-0.251	-0.259*	-1.086***	-1.038***	-0.1839***	-0.1847***
	(-0.612)	(-0.622)	(-0.834)	(-0.853)	(-1.507)	(-1.634)	(-1.728)	(-1.734)
融资模式4×事件年虚拟变量	-1.037	-2.380	0.175	1.279	-1.137	1.307	0.125	-1.039
	(-1.497)	(-1.516)	(-1.618)	(-1.629)	(-3.429)	(-4.172)	(-1.942)	(-2.019)
常数项	-0.377***	-0.263***	-0.416***	-0.427	-0.307**	-0.349	-0.503***	-0.361**
	(-0.0218)	(-9.845)	(-10.516)	(-7.862)	(-8.348)	(-9.343)	(-4.67)	(-0.0212)
Pseudo R²	0.468	0.473	0.514	0.465	0.479	0.457	0.549	0.437
观测值	241	259	252	249	542	537	560	544

注：模式1为"金融机构（主要是银行）→农户"模式，模式2为"金融机构→家庭农场或专业合作社，协会→农户"模式，模式3为"资金互助合作社→农户"模式，模式4为"金融机构（主要是银行和小额贷款公司）→农户"模式。受篇幅限制控制变量结果未报告。*、**、***分别表示在10%、5%、1%的水平下显著。括号内为稳健标准误。

类农户，导致益贫效果不明显。而模式4是金融机构对农户进行直接信贷，一方面，因信贷资金的使用缺乏较好的用途指导，比如贫困户大多数受教育程度低、年龄大或是患病等，借贷资金多用于生活方面或者就医等，益贫效果并不明显。另一方面，分散式地给贫困户信贷资金增加了商业性金融机构的借贷成本和监督成本，金融机构为了降低风险往往有意无意地降低贫困户的借贷比例和金额，从而出现"嫌贫爱富"的融资困局。

从贫困强度来看，对比表7-3回归模型（4）和回归模型（8），融资模式1和模式2在1%的统计水平下都显著为负，表明融资模式1和模式2在一定程度上能够减小贫困强度。模式3对基期贫困农户和非贫困农户减贫效果分别在10%和5%的水平下显著，说明该模式有利于减小贫困强度。在赋予最穷农户更高的权重后，能够避免只关注贫困线附近贫困农户的情况，发现在4种融资模式的回归系数中基期非贫困农户都要低于基期贫困户，这表明基期贫困户的扶贫作用效果整体要优于非贫困户。

从贫困差距比来看，表7-3回归模型（3）和回归模型（7），融资模式1和模式2对缩小贫困差距有利，同时缩小贫困户与贫困线之间的差距。由模式3可以看出，农户从资金互助合作社获得资金对基期非贫困户的相对减贫效果显著，但对基期贫困户减贫效果不显著，其原因在于资金互助合作社存在"精英俘获"现象（胡联等，2015）。由模式4可以看出，金融机构直接对基期贫困户和基期非贫困户进行放贷，其减贫作用并不显著。其原因可能在于，金融机构为规避风险和减少成本，将信贷多投向有相应抵押物和担保物的农户，这部分农户具有一定的风险意识、具有抵押物或担保物来承担相应的风险，因此对真正贫困户的减贫作用不明显。同样的，指标P20/P80和P20/P50以及户主受教育程度可以得出同样的结论。整体来看，金融机构在没有以产业链为载体的支撑下，常常会表现出"嫌贫爱富"的本质。而资金互助合作社虽然对扶贫有一定的作用，但互助资金内部普遍存在"精英俘获"现象，让信贷资金往往流向非贫困户，以农业龙头企业或专业合作社产业和生产服务为载体，商业性金融机构和互助性金融组织在产业链扶贫中起到了非常积极和明显的效果。因此，在一定约束条件下，商业性金融机构也可能表现出扶贫济困的一面。

二 PSM方法样本匹配效果分析

在进行双重差分估计之前,需要克服选择性偏误,因此运用倾向得分平衡策略对样本进行了修剪。该方法把多元变量浓缩成一个指标(倾向得分值),通过将指标依给定的标准进行配对,然后利用PS值完成匹配,相关匹配变量的差距应该极大地缩小。最终的匹配效果需要从两个方面进行检验,其一,是否满足平衡性假设;其二,是否满足共同支撑性假设。相关检验如表7-4所示。

表7-4 匹配变量的平衡性假设检验

变量	样本	实验组	控制组	t值	P值
贫困发生率	不匹配	0.04452	0.03984	3.30	0.001
	匹配	0.04452	0.04282	0.70	0.482
收入差距比	不匹配	0.53536	0.45861	13.91	0.000
	匹配	0.53536	0.54512	-0.76	4.128
贫困差距比	不匹配	2.79341	2.43120	7.37	0.000
	匹配	7.79341	2.73340	0.81	0.406
贫困强度	不匹配	5.627	5.584	5.67	0.000
	匹配	5.627	5.631	-0.22	0.814

对于平衡性假设,从表7-4(表中结果基于最近邻匹配法)可以看出PSM估计对变量的平衡性检验结果,两者没有统计上的差别。

同时,运用倾向得分的倍差匹配方法所得结果基本上与双重差分模型的结果一致。对比贫困户与非贫困户,链式融资模式对精准扶贫中贫困发生率和收入差距比两个指标都存在显著的益贫效果。但是否采用链式融资对基期贫困户的贫困差距比的影响不够显著,但对基期非贫困户有显著影响,与双重差分模型效果一致。表7-5中的"政策效应"是基于倾向得分的倍差匹配方法计算得出的平均处理效应。整体来看,使用链式融资对精准扶贫产生的政策效应为负数且在5%的水平下显著,说明使用链式融资对农户益贫作用明显。

表7-5 基于倾向得分的倍差匹配法下链式融资对精准扶贫的影响

分组	指标	实验组变化	控制组变化	政策效应	t统计量	样本量（个）
贫困户	贫困发生率	0.924	0.813	0.111 ***	10.24	实验组241，控制组442
	收入差距比	3.242	2.493	0.749 **	5.21	实验组259，控制组437
	贫困差距比	-0.659	-0.573	-0.086	3.37	试验组252，控制组460
	贫困强度	0.682	0.557	0.125	3.24	实验组249，控制组444
非贫困户	贫困发生率	0.527	0.531	-0.004 ***	7.98	实验组419，控制组453
	收入差距比	0.593	0.582	0.011 **	5.06	实验组421，控制组447
	贫困差距比	-0.134	-0.153	0.019 **	4.34	实验组425，控制组467
	贫困强度	0.819	0.806	0.013	3.57	实验组413，控制组445
全样本农户	贫困发生率	0.849	0.828	0.021 ***	8.39	实验组660，控制组895
	收入差距比	0.577	0.569	0.008 ***	4.94	实验组680，控制组884
	贫困差距比	-0.793	-0.726	-0.067	5.21	实验组677，控制组927
	贫困强度	0.757	0.736	0.021 **	3.23	实验组662，控制组889

注：**、*** 分别表示在5%、1%的水平下显著。

第四节 本章小结

为探究农业供应链金融反贫困模式创新成效如何，本章基于2011年国定贫困线农村人均纯收入2300元标准与低保贫困线6000元标准，以收入水平五等分组的方式对农户进行分组，对比不同组别中采用产业扶贫参与链式融资的农户比例，通过双重差分法和倾向得分倍差匹配法分析了基期贫困农户与非贫困农户使用链式融资的减贫效应。

研究发现，农业供应链金融模式创新带来的减贫效应总体较好，参与农业供应链金融信贷的农户比未参与的农户具有更强的减贫成效，更多的贫困农户愿意参与供应链金融业务，且其益贫效果具有一定的边际收入递减效应。相比直接向金融机构获得贷款而言，参与农业产业链扶贫及信贷的农户减贫效果更好。其中，"金融机构（主要是银行）→龙头企业→农户"和"金融机构→家庭农场或专业合作社、协会→农户"的模式均存在显著的益贫效果；"资金互助合作社→农户"模式在脱离产业扶贫的条件下对非贫困农户益贫效果更加显著，可能与农村资金互助合作社普遍存在"精英俘获"现象有关；而在贫困户和非贫困户中，"金融机构（主要是银行和小额贷款公司）→农户"模式的减贫效果都不明显。

第八章 "政银保担"协同下农业保险的反贫困机制与效应

随着农村金融机构联结小农户与新型农业经营主体的紧密程度不断加深,由内而外的联结成为农村金融反贫困模式创新的重要环节,金融机构在农业产业链和供应链环节的深入融合,需要进一步加强与政府、保险公司、担保公司等多元主体的协同,发挥合力来助推反贫困创新,催生出"政银保担"多元主体协同的反贫困模式。因此,本章进一步对其作用机制和作用绩效进行有效评估,为后扶贫时代助力乡村振兴发展提供科学依据。

第一节 "政银保担"协同模式下农业保险反贫困的背景

传统意义上的"政银保担"协同模式是在政府政策支持下,银行面向贫困户和中低收入者发放贷款,保险公司和担保公司作为银行信贷产品的风险保障服务提供方,为保障资金安全而进行的金融产品和服务模式创新。该模式解决了扶贫对象因缺乏合格抵押品或担保而无法获得贷款的实际问题,在一定程度上化解了我国农村资金供需矛盾。"政银保担"协同模式起源于广东省佛山市三水区,后被中央政府认可并推广至全国。在基础模式中,贷款保证保险是该模式的第一层安全网,但出于农业自身弱质性和农户经济基础薄弱等原因,信用风险存在较大波动,金融机构和政府设立的风险补偿基金同时承压。在此基础上,"政银保担"模式将保险范围逐步拓展到人身意外保险和农业保险,以减少生活和生产中各种意外和异常波动导致的损失,提高贷款回收可能性。

"政银保担"协同作为农村金融模式协同创新的重要体现,亟须扩大农业保险覆盖面、增加保险产品种类、提高风险保障水平。积极开发与家庭农场、农民合作社、专业大户、农业企业等新型经营主体相适应的保险产品，因地制宜探索开展农产品目标价格保险、农业收入保险和天气指数保险试点。鼓励支持地方发展有本地特色的优势农产品保险，探索建立一套包含农业补贴、涉农信贷、农产品期货以及农业保险的联动机制。现阶段我国部分地区采取的"农业保险＋期货""农业保险＋信贷"等新型金融产品协同模式，推动了农村金融体制的改革，相关配套服务的提供既补偿了农民的损失，又满足了农业产业的融资需求，促进了农村地区的资金融通。创新型农业保险产品的开发虽然要求种植规模、种植品种等达到一定标准，但也在一定程度上满足了众多新型农业经营主体的需求，为农业生产的专业化和产业化转型升级提供了助力，促进了乡村产业振兴。

第二节 农业保险反贫困研究评述

国内外已有研究对农业保险反贫困的作用效果评价不一。一些学者认为农业保险对反贫困具有显著正向影响。齐良书（2011）使用农村固定观察点数据，利用 Probit、DID 模型及 IV 法进行研究，结果显示新农合能够显著降低农户及省区市层面上的贫困发生率，具有明显的减贫效果，而且以基本医疗保险、大病保险、医疗救助为核心的"三重医疗保障"能够有效地遏制健康贫困，具有边际递减性（仇雨临、张忠朝，2016）。农业保险及其保费补贴有利于扩大再生产，从而提高农业资源配置效率、农产品质量等（郭佩霞，2011；张伟等，2017）。农业保险对农民收入的影响分为灾前和灾后效应，其中灾后效应对收入具有显著的正向影响，而拥有农业保险可能会促使农户降低管理投入，总效应对农民收入虽具有显著的正向促进作用但相对微弱，另外保费补贴对农户收入有显著正向效应（李雪晴，2018）。保险机制在反贫困中的功能被归结为保障、增信和融资三个方面（郑伟等，2018）。针对保险的反贫困效应，实证结果并不一致（黄薇，2017；Chantarat et al.，2017；郑伟等，2018）。可能的原因是对保险工具缺乏了解（粟芳、方蕾，2016）、有限支付能力和较高风险保障需求之间的矛盾（黄薇，2019），以及不同类型和资产量差异（景鹏等，2019）。

国外对特色农产品保险的研究起步较早，Mensah 等（2017）对腰果的特色农险研究发现，存在数据可用性低、农民认知度不够等制约因素。Sihem（2019）研究认为特色农险的参保意愿主要受宗教、教育水平等因素影响。我国对特色农产品保险的研究主要集中在补贴、立法和需求三个方面。张跃华等（2016）认为，特色农险与其他支农工具相比具有明显的滞后效应，属于锦上添花（袁怀宇，2017）。王诗豪等（2018）研究发现，培训会次数、社会网络、对保险的满意程度以及是否有贷款显著影响农户对特色农产品的投保行为。农户通过气象指数保险在一定程度上弥补了灾害损失，但在实施过程中也存在如指标设置不合理、政策宣传不到位等问题，需要进一步完善（戴益斌等，2020）。

综上所述，农业保险作为财政补贴的一种，满足不同地区不同产品的差异性需求，能够更好地稳定农民收入。具体体现在农民收入稳定，可以避免因灾致贫、因灾返贫，保证了农户再生产能力和农业生产投入的积极性，稳定了特色农产品的产量和质量。农业保险对优化农业的供给侧结构具有重要作用。大多数学者重点聚焦农业保险政策的研究，认为特色农险的发展滞后是因为缺乏有效需求，而特色农产品缺乏保障是由于供给不足或缺乏稳定性。由于农业保险仍处于起步阶段，试点较少，所囊括的农产品种类也较为有限，仍有很多高质量特色农产品没有被涵盖其中，因地制宜地为地方特色农产品提供更有效的保障，是实现其减贫效应的重要条件。

第三节 "政银保担"协同下的农业保险减贫机理分析

"政银保担"模式本质上是一种贷款模式创新，其出现旨在解决农村正规金融市场上长期存在的信贷配给现象严重、供需缺口明显和运行效率低下等问题。在传统的农村正规金融市场上难以获得信贷资源的正是低收入群体和贫困户，而"政银保担"模式与减贫工作具有天然的契合性，其减贫作用体现在以下几个方面。

一是发挥杠杆效应，增加政府财政资金。在精准扶贫工作中，财政资金的作用无疑是巨大的，但其投向和管理往往受到较多限制，大多用于对农业基础设施和环境的改善,直接向贫困农户提供资金的渠道较少。利用财政资金发放的中央扶贫贴息贷款累计金额相对于我国"三农"融资的缺口仍然存在较大差距。因此,向农户提供的借贷资金中必须引入社会资金,充分利用市场化机制,财政资金主要发挥带动和引领作用。"政银保担"模式通过保险的增信背书机制,使贫困农户在银行商业化运作的情况下获得贷款,财政资金仅补贴其中部分保费,按现有试点的保险费率和补贴比例计算,财政资金的放大倍数可达50~166倍,有效破解了农业发展中的资金瓶颈问题。

二是有效替代非正规金融,间接提高了农业效益。"政银保担"模式中发放的大多是基准利率贷款,甚至是贴息的扶贫贷款,且由于保险的介入,银行的交易成本和贷款风险都大幅度降低,即使在商业化运作的情况下,相较于商业信用和民间借贷,农业投入成本也相应降低,农业净产出提高。

三是活化农村金融市场,增强农户利用金融资源的意识。"政银保担"协同模式在扶持"最难贷到款"人群的同时也帮助"最不想贷款"的人群了解了基本金融投资知识,增强了金融能力。通过政府引导、正规金融机构介入以及与之配套的扶贫产业,低收入农户能够根据自身情况妥善地利用贷款,享受融资,扩大经营或创业带来的超额收益,从"贫困陷阱"迈入"贷款挣钱,挣到钱存钱,存钱后得到银行更大支持"的良性循环中。这种模式也比直接获得扶贫资金更容易树立农户的信用意识。

四是保障范围扩展,筑牢返贫底线。农业保险在反贫困中的作用是其建立起的一种保障机制,可以缓冲风险所造成的损失,从而避免因灾或因病致贫。在农村地区,"因病返贫"和"因灾致贫"极为常见,人们往往会因畏惧风险而不敢介入新的生产模式,对于传统农业生产模式也持保守态度,不愿购置机械化设备,即使在有能力的情况下也不主动采用新技术。这往往会使脱贫农户错失持续增收和致富的机会,而一直处于边缘性贫困状态,一旦有诸如重大自然灾害、疫情等,容易在短期内返贫。郑秉文(2019)指出,建立防止返贫的屏障尤为重要,能不能稳定脱贫是脱贫攻坚是否完全的决定性指标。"政银保担"模式在多元保障机制的介入下,贷款农户几乎都获得了"无风险套利"的机会,有助于巩固脱贫成果。以农业保险为核心的"政银保担"减贫机理可具体细化为以下几个方面（见图8-1）。

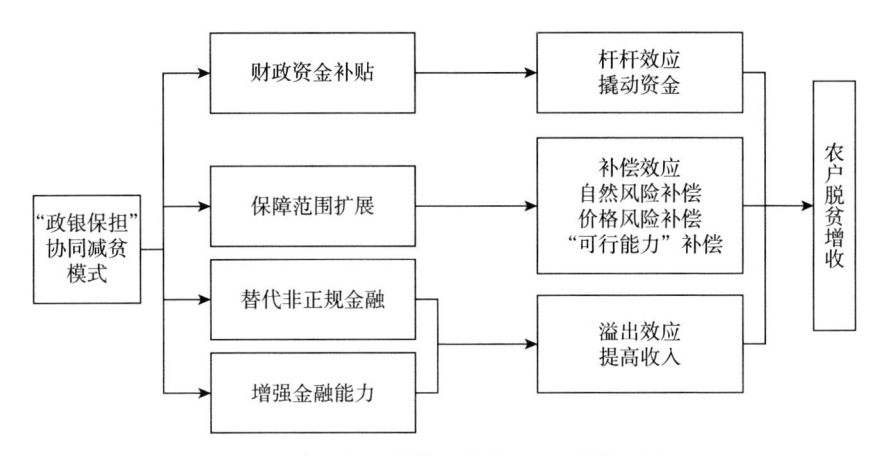

图8-1 以农业保险为核心的"政银保担"减贫机理

一是强化自然风险补偿机制。原有贫困地区一般位于自然环境较为恶劣的地区，从一般农业生产的区位优势角度看，处于相对劣势地位。可以说在农业生产追求"量"的时期，是不适合发展农业的。然而，随着国民收入水平的提高和农业供给侧结构性改革概念的引入，上述地区在提供差异化特色农产品上的价值逐渐得到社会的认可，相应农产品也获得了较高的附加值，这在一定程度上弥补了"量"上的不足，但未改变自然条件恶劣的因素。特色农业在带来潜在高回报的同时也面临比传统农业产区更高的自然风险，而相应保险机制能及时补偿此类风险，帮助农户实现增收目标。

二是扩展性更强的价格风险保障机制。特色农业产业由于既可以利用地理区位附加值又未完全改变农村贫困居民的生产生活方式，更容易被农村群体接受，具有较强的带动性和示范性，因而被众多边远贫困县、乡作为精准扶贫的支柱产业。然而，由于受发展时间限制，绝大多数特色产业并未形成相应的地理品牌，缺少地理品牌附加值。在众多贫困地区均发展特色产业的情况下，地理条件差异并不明显，特色农业的同质性也在一定程度上上升，短期内大量同类特色农产品将在市场上展开竞争，相应价格可能会单边下降。再加上特色产业的培育往往要花费多年时间，而农户在收获时期却面临价格单边下降的风险，无疑将增大其返贫风险。农业保险作为一种地方财政补贴，相比政策性农业保险而言具有更广的保障范围和更灵活的调整方式，可以将价格风险纳入保障范围，在一定程度上隔离农户所面临的市场风险。

三是弥补贫困农户"可行能力"的缺失。贫困农户普遍存在可行能力（Capability）缺失的问题，即使脱贫后相对于一般农户和能人依然如此。此可行能力可理解为在资源稀缺且缺乏损失保障的情况下，农户会把全部的精力放在保全现有财产或维持当前生活状态上，缺少面向未来的投资和承担风险时的平和心态，这些均不利于农户持续增收和做出合理的经济决策。农业保险一方面为农户现有的经济提供兜底保障，减少农户在承担风险后对外部的依赖；另一方面其标的经济价值高，可提高农户获得信贷的可能性，进而增强农户的内生发展能力。

第四节 农业保险反贫困的影响因素与效果评价

一 农业保险保障需求的影响因素分析

本节数据来源于课题组 2019 年对四川省贫困地区的实地调查。调查区域包括属于秦巴山区省级贫困县的广安区、武胜县、南部县、阆中市，还包括四川省凉山彝族自治州会理县的五个乡镇。从 2014～2018 年的数据来看，这些地区的贫困村占比下降，贫困发生率大幅降低，贫困人口大幅减少，其中武胜县贫困人口减少 53.93%。选取的样本为上述地区随机抽样的乡村，调查问卷内容涉及农民家庭情况、土地流转情况、收入情况、借贷情况、保险情况、农业保险[①]认知、家庭风险认知等方面，共发放问卷 453 份，有效问卷 399 份，实际回收率 88.08%。由于会理县石榴依地形种植，种植面积较难统计，不宜作为区分农户类型的依据。根据当地科技小院的科研人员提供的数据，本节以种植 3000 棵石榴树为划分新型农业经营主体和传统农户的标准，得到 50 户的新型农业经营主体和 154 户的传统农户，并据此展开比较研究。考虑到样本数据中存在部分缺失值或不正常值，首先，剔除严重违背客观事实的样本；其次，

---

① 本部分农业保险指地方政府引导发展并提供相应财政补贴的农业保险产品。

剔除固定资产净值、家庭收入等关键信息缺失的样本。经上述处理，最后保留394户家庭的样本数据。

为了更好地检验农业保险与政府银行等主体协同在实践中是否带来农户多维减贫，假设D为处理变量，如果购买了农业保险，则$D=1$，反之$D=0$。协变量X为年龄、性别、受教育程度、健康状况、是不是贫困村、是否建档立卡。结果变量y_i为收入。各变量说明见表8-1。

表8-1 变量及赋值说明

变量名称	变量符号	变量描述
是否购买农业保险	D	1=购买了农业保险，0=没有购买农业保险
年龄	age	被调查对象年龄
性别	gen	被调查对象的性别：1=男性，2=女性
受教育程度	$education$	1=文盲，2=小学，3=初中，4=普通高中，5=职高和中专，6=大专及以上
健康状况	$health$	1=很好，2=好，3=一般，4=较差，5=很差
是不是贫困村	X_1	1=是贫困村，2=非贫困村，3=脱帽贫困村
是否建档立卡	X_2	1=建档立卡，0=没有建档立卡

被调查人购买农业保险的均值为0.8401（见表8-2），即84.01%的被调查对象购买了农业保险，还有一小部分没有购买农业保险，大多数农户已经购买了农业保险，且相关保险业务在当地农村已经得到了广泛的宣传与推广，但是离农业保险的全面普及仍有一定距离。

表8-2 变量描述性统计

变量名称	均值	标准差	最小值	最大值
是否购买农业保险	0.8401	0.3670	0	1
年龄	59.9315	10.5622	18	87
性别	0.5837	0.4936	0	1
受教育程度	2.1954	0.8852	1	6
健康状况	2.6751	1.2132	1	5
是不是贫困村	2.7259	0.5300	1	3
是否建档立卡	0.3782	0.4855	0	1

二 不同经营主体对农业保险需求的实证分析

为了分析不同经营主体对农业保险需求意愿的影响,通过构建两种经营主体对农业保险需求的 Logit 模型,并采用有序 Logit 模型分析,因变量为农户对农业保险的投保意愿,投保意愿有三种:愿意 Desire = 3、没有明确意愿 Desire = 2、不愿意 Desire = 1。为了解决样本中的异方差问题,我们用稳健的标准误进行回归。模型构建如下:

$$Desire = \beta_0 + \beta_i X_i + \varepsilon_i \tag{8.1}$$

此外,采用倾向得分匹配模型(PSM)对其作用效果进行稳健性分析。该模型是由 Paul Rosenbaum 和 Donald Rubin 在 1983 年提出的,用于减小偏差和混杂变量的影响,以反事实框架来处理参与者平均处理效应。它假设存在两期面板数据,实验前的时期记为 t',实验后的数据记为 t。控制组和处理组在 t' 时期潜在结果均为 y'_{0t},但是在 t 时期存在两种潜在结果,即控制组为 y_{0t},处理组为 y_{1t}。

其成立的假设如下:

$$E(y_{0t} - y'_{0t} | x, D = 0) = E(y_{0t} - y'_{0t} | x, D = 1) \tag{8.2}$$

其中,D 为处理变量,x 为协变量。

建立 PSM 反事实框架模型的作用在于评估地区推行农业保险与未推行农业保险对返贫问题的结果变量的净差异,即测度推行农业保险对反贫困的平均处理效应(ATE)。可得出,ATE 计算公式如下:

$$ATE = P \times [E(y_{1t}|D=1) - E(y'_{0t}|D=1)] + (1-P) \times [E(y_{1t}|D=0) - E(y'_{0t}|D=0)] \tag{8.3}$$

其中,P 为样本中观察到的农户进行农业保险购买的概率,y_{1t} 为农户在 t 时期进行保险购买后农业保险的真实效应,y_{0t} 是农户未进行农业保险购买的潜在效应,而式(8.3)表示的是整个样本的技术效应,是农业保险对反贫困屏障作用的平均处理效应的平均加权。但事实上,因无法观察到 $E(y'_{0t}|D=1)$ 和 $E(y_{1t}|D=0)$,故在不考虑未受农业保险作用的农户的情况下,考察受农业保险作用的农户平均处理效应(ATT),可构造一个反事实结果 $E(y_{0t}|D=1)$,从而将受到农业保险作

用的平均处理效应表示为：

$$ATT = E(ATE|D=1) = [E(y_{1t}|D=1) - E(y_{0t}|D=1)] - [E(y_{1t}|D=0) - E(y_{0t}|D=0)] \quad (8.4)$$

通过比较两组反贫困的平均差异，得到受农业保险作用的农户的平均处理效应（ATT）的倾向评分匹配评估。具体公式如下：

$$K = E_{P(x|D=1)}\{E[y_{1t}|D=1,P(x)] - E[y_{0t}|D=0,P(x)]\} \quad (8.5)$$

相关变量的描述性说明见表8-3。

表8-3 变量的描述性说明

变量类型	变量名称	变量符号	赋值说明
被解释变量	投保意愿	Desire	1=不愿意；2=没有明确意愿；3=愿意
解释变量	种植数量	Scale	石榴树数量
控制变量	受教育程度	Edu	小学及以下=1；初中=2；高中=3；职业学校=4；大学及以上=5
	务农人数占比	Farm	务农人数/家庭总人数
	种植时长	Year	种植年数
	是否了解农业灾害相关知识	Know	不了解=1；了解=2
	最高投保金额	Amount	元
	平均产量	Output	千克
	风险偏好程度	Risk	李克特量表加权平均
	石榴收入占比	Income	石榴收入/总收入
	石榴支出占比	Pay	石榴支出/总支出
	期望获赔金额	Expect	元
	是否听说过农业保险	Hear	没听过=0；听过=1
	采取几种方式降低农业风险	Way	一种=1；两种=2；三种=3；四种=4；五种=5

根据表8-4计量结果来看，各变量的方差膨胀因子（VIF）均小于10，不存在严重的共线性问题。从两种类型农户的分组回归结果分析，新型农业经营主体的种植时长、种植数量、农业灾害知识了解程度、最高投保金额、风险偏好程度、石榴收入占比、采取降低风险的方式种类与农户投保意愿呈正相关，风险厌恶程度越大，投保意愿就越强。其中，

"是否听说过农业保险"这一项的系数为负与预期相背，可能的原因是前期保险理赔的不良体验或行业的负面声誉事件使农户对农业保险产生负面印象，因而不愿意购买农业保险。家中务农人数占比呈负向影响，可能原因是新型农业经营主体在管理农地时更倾向于雇人耕作，因此承担的风险更大，更倾向于购买保险。平均产量的系数也与预期相违背，平均产量较高的土地属于高标准土地，也是新型农业经营主体流转的主要目标，在旱涝等自然灾害状态下产量具有一定保障，故新型农业经营主体认为不需要农业保险。对于传统农户，其农业灾害知识了解程度、平均产量、石榴收入占比、采取降低风险的方式种类对农户投保意愿有显著影响。其中，石榴收入占比的系数为负，可能是因为传统农户收入水平较低，投保会增加其额外支出，降低效用。

表 8-4　模型回归结果

变量	(1) 新型农业经营主体	(2) 传统农户	(3) VIF
Edu	-1.046 (-1.31)	0.378 (1.47)	1.10
$Farm$	-16.948*** (-2.70)	-0.028 (-0.03)	1.02
$Year$	0.432*** (3.80)	0.004 (0.17)	1.09
$Scale$	0.010*** (2.82)	-0.002 (-1.30)	1.20
$Know$	6.624*** (2.71)	0.765* (1.92)	1.12
$Amount$	0.020* (1.67)	0.001 (0.12)	1.04
$Output$	-1.130*** (-3.29)	0.161** (2.28)	1.04
$Risk$	2.676* (1.84)	0.247 (0.93)	1.05
$Income$	14.298** (2.43)	-1.806** (-2.35)	1.04
Pay	-3.796* (-1.84)	0.851 (1.11)	1.28

续表

变量	（1）新型农业经营主体	（2）传统农户	（3）VIF
Expect	0.001 (1.59)	-0.001 (-0.31)	1.04
Hear	-3.170* (-1.89)	0.147 (0.37)	1.05
Way	9.012*** (3.05)	0.801*** (2.98)	1.05
cut1	40.017*** (3.04)	-2.976 (-1.63)	
cut2	49.025*** (3.08)	0.227 (0.16)	
cut3		2.346 (1.59)	
VIF			2.26

注：括号内为 t 统计量，*、**、*** 分别代表在 10%、5%、1% 的水平下显著。

从两种类型农户比较来看，影响新型农业经营主体对保险需求的因素多于传统农户，且在影响两种类型农户投保意愿的共同因素中，新型农业经营主体受影响的程度更大，其中差别较大、敏感性较强的几个因素分别是农业灾害知识的了解程度、石榴收入占比、采取降低风险的方式种类。因此，增强新型农业经营主体的风险意识、提供减少风险的方式是提高其农业需求的突破口。

为了检验"政银保担"带来的反贫困效果，需要对购买农业保险的概率变量进行匹配，检验各匹配变量购买与不购买农业保险以及"政银保担"协同过程中的平衡性，并基于标准偏差的匹配平衡检验，进一步对是否购买农业保险的样本均值差异进行 t 检验，以判断其是否存在显著差异。匹配平衡性检验结果见表 8-5。

表 8-5 匹配平衡性检验结果

匹配变量	匹配前（U）匹配后（M）	实验组均值	控制组均值	标准偏差	偏差改进	显著性水平	
年龄	U	59.7700	60.7780	-8.8		-0.69	0.488
	M	59.7790	58.6020	10.2	-16.9	1.38	0.168

续表

匹配变量	匹配前（U）匹配后（M）	实验组均值	控制组均值	标准偏差	偏差改进	显著性水平	
性别	U	0.5861	0.5714	3.0		0.22	0.829
	M	0.5919	0.5898	0.4	85.8	0.05	0.957
受教育程度	U	2.2145	2.0952	12.9		0.98	0.328
	M	2.1994	2.3167	-12.7	1.6	-1.73	0.085
健康状况	U	2.6405	2.8571	-17.8		-1.30	0.194
	M	2.6667	2.3406	26.9	-50.5	3.70	0.000
是不是贫困村	U	2.7613	2.5397	40.1		3.07	0.002
	M	2.7726	2.7425	5.5	86.4	0.77	0.441
是否建档立卡	U	0.4230	0.1429	65.2		4.29	0.000
	M	0.4143	0.4226	-1.9	97.0	-0.21	0.831

选择被广泛采用的最近邻匹配法，以估计出的 PS 值为基础，前向或后向地寻找与处理组样本 PS 值最为接近的控制组样本作为前者的匹配对象。根据以上所选指标，将 X（是否购买农业保险）作为因变量，在剔除 y（家庭收入）后，对年龄、性别、受教育程度、健康状况、是不是贫困村、是否建档立卡等分别进行回归，再分别剔除两次回归中不显著的变量再次回归。在表 8-6 中，"是不是贫困村"对应的 P<0.10，"是否建档立卡"的 P 值为 0.000，说明整个方程所含系数的显著性水平较高，反映样本数据质量较好。所有数据标准误差都小于 0.5，数据集中程度高，说明调研地居民情况大致相同，所选样本具有普遍性，有利于研究四川农村居民的整体情况。尤其是年龄变量的标准误差极小，反映出当地老龄化问题严重。

表 8-6　四川农村居民农业保险购买行为影响因素 Logit 模型回归结果

变量	是否购买农业保险		
	系数	标准误差	P 值
年龄	0.031	0.015	0.832
性别	-0.127	0.308	0.679
受教育程度	0.136	0.181	0.452
健康状况	-0.158	0.124	0.202

续表

变量	是否购买农业保险		
	系数	标准误差	P值
是不是贫困村	0.460*	0.241	0.056
是否建档立卡	1.428***	0.386	0.000

注：*、***分别表示在10%、1%的水平下显著

ATT是参与者平均处理效应，表示农业保险购买者的收入的平均效应。从表8-7所示结果来看，实验组与控制组收入平均效应的差值较大，说明农业保险的购买决策对其收入影响较大。运用更稳健的标准误，让结果更加可信，近邻匹配的ATT估计结果为1.84，这表明结果在10%的水平下是显著的，即农业保险的购买对收入增加有积极作用。

表8-7 购买农业保险的收入效应及其影响因素的PSM估计结果

变量	名称	实验组	控制组	差值	稳健标准误	t值
家庭收入	不匹配	40165.2326	26700.7937	13464.4389		0.77
	ATT	40737.6698	23869.2627	16868.4071	9624.755	1.84

注：稳健标准误的值没有考虑到倾向分数是估计的。

第五节 本章小结

在巩固脱贫攻坚成果与乡村振兴有机衔接的过程中，强化政府、银行、保险公司、担保机构等多元主体的协同减贫作用成为更高质量地推进贫困治理的重点。在农业生产经营过程中，强化农业保险在地方特色农产品中的减贫增收作用，增强农业保险在风险防控过程中的兜底作用，扩大银行信贷在贫困地区的覆盖面，增强农业保险与担保机构之间的协同，积极助推"政银保担"协同来防范多维减贫过程中的系统性风险，从而更好地巩固脱贫攻坚成果。同时强化农户与金融机构之间的利益联结，使其在低风险状态下享受农村产业升级带来的红利，实现乡村振兴。本章总结了农业保险反贫困的现状，重点分析了农业保险反贫困的三大重要机制以及农业保险在反贫困功能上的差异。

第九章　数字普惠金融对农户多维减贫的影响机制与效应

农村金融在农业产业链和供应链层面的不断应用及模式创新，直接或间接带来贫困农户多维减贫效应的差异。随着农业产业链和供应链金融的模式创新与数字金融科技的有效结合，数字技术赋能金融模式创新的减贫成效也将发生质的变化，特别是互联网金融在乡村产业振兴、技能培训、金融素养提升、融资增信能力提高等方面能产生积极作用，但数字金融普惠的技术鸿沟也可能直接或间接地带来农户多维减贫成效的差异。

第一节　数字普惠金融的反贫困背景

随着互联网和移动终端的普及，农村信息化基础设施的逐步完善，大数据、云计算、人工智能等新一代信息技术的快速推广应用，农民收入水平不断提高，融资理财意识不断增强，互联网金融扶贫成效开始逐渐显现。据统计，采用互联网理财与网络支付的农村用户接近2亿人，呈现爆发式的增长趋势。由此可见，越来越多的农村家庭通过移动支付、互联网理财等互联网金融手段实现生产、生活服务的便利化。特别是面对2020年突如其来的新冠肺炎疫情，外部环境倒逼互联网金融加快在农村地区的推广应用，数字普惠金融为解决农村地区金融资源稀缺、传统金融信贷排斥和金融机构覆盖不足等问题提供了可能。然而，长期以来中国农村金融一直存在信用体系不健全、金融人才匮乏、下沉难度大、监管不到位等现实难题（温涛等，2018），农村贫困地区农户往往收入较低、信贷抵押担保弱、信用融资能力差，这导致贫困农户陷入"金融贫困恶性循环"的怪圈中。农村贫困地区的互联网发展水平相对滞后、宽带覆盖率低，多数深度贫困地区仍缺少宽带入村，数字普惠金融依然任重道远。

长期以来，传统金融信贷排斥成为农户可持续发展的重要障碍，而以互联网金融为代表的数字普惠金融发挥金融科技的作用，成为传统金融的有效补充（黄益平、黄卓，2018），从而更好地服务于"长尾"低收入群体（黄倩等，2019）。互联网金融通过降低交易成本、缓解信息不对称、拓展交易可能集、交易去中心化等（谢平等，2015），拓展了金融服务的边界（粟芳等，2020），让更多的低收入人群更容易获得金融产品服务（郑秀峰、朱一鸣，2019）；另外，金融科技促推数字普惠金融发展，发挥移动支付、贷款、投资等"涓滴效应"帮助农户发展农业生产、提高生活便利度、拓宽销售渠道、减少因信息不对称导致的市场风险、增加就业机会等达到减缓贫困的目的（宋晓玲，2017）。互联网金融发展本身存在"工具排斥"和"自我排斥"，使得中国农村金融的普惠效果被弱化（吴本健等，2017），且西部地区的互联网金融排斥最为严重（粟芳、方蕾，2016）。由于区域数字金融发展的差异性，农户参与互联网金融的动力和意愿存在差异，互联网金融使用的深度和数字技术使用人群也存在较大差异（粟芳、方蕾，2016），而弥补数字技术鸿沟的前提在于培养农户适应互联网技术和养成数字金融使用习惯。互联网金融在缓解农户信贷约束层面，大多聚焦互联网金融机构财务绩效提升、城乡收入差距缩小、服务交易成本降低等（冷晨昕、陈前恒，2017；张正平、江千舟，2018；王瑶佩、郭峰，2019）。在精准扶贫阶段，由于金融扶贫更多聚焦绝对贫困户的脱贫攻坚（赵丙奇、李露丹，2020），数字普惠金融对农户减贫的影响侧重于物质贫困减缓及其脱贫动力的激发，但鲜有文献从物质、能力及权利贫困等多维贫困的视角来考察互联网金融带来的减贫效果，特别是在全面建成小康社会后如何探索农户多维贫困减缓的长效机制，以及互联网金融使用的技术门槛带来的数字鸿沟如何影响农户的多维贫困状况，依然需要深入的理论检验和经验证据支撑。

第二节 数字普惠金融对农户多维减贫的理论机理

根据阿玛蒂亚·森（Amartya Sen）的多维贫困理论内涵，本章以打破传统金融普惠面临的"金融贫困恶性循环"为出发点，构建多维贫困视角下破解"金融贫困恶性循环"的理论框架。其核心内涵包括以下几点。一是多维贫困的结构不仅考量了农村居民的收入水平,还对居民的机会公平、能力拓展以及社会权益保障等进行了审视。二是多维贫困的内核是以收入贫困为基础、以能力贫困为延伸、以权利贫困和制度保障为脱贫根本,这意味着后扶贫时代和乡村振兴需要在全面建成小康社会后重点聚焦贫困农户的内生脱贫能力与可持续脱贫制度建设和农户权利保障,进一步针对多维贫困内在深层次原因精准施策。三是农户不同贫困维度之间存在恶性循环的层级关系,物质贫困发生剥夺可能会导致农户能力贫困和权利贫困的恶化,而能力贫困和权利贫困发生剥夺也将会限制其参与经济社会生活的自由,进而加剧物质贫困。从图9-1外环圈层(实线)来看,传统金融普惠受制于信贷抵押物,导致贫困户难以接受公平的信贷融资,从而使其经济发展权能不足,陷入能力贫困,而缺少内生脱贫能力也加剧了其因社会保障和社会满意度较低等带来的权利贫困,从而长期陷入"金融贫困恶性循环"怪圈。从图9-1内环圈层(虚线)来看,当政府和金融机构加快数字化转型后,以互联网金融为代表的数字普惠金融依托金融科技和信用评价,不断弱化传统抵质押担保等物质层面的信贷约束。政府通过对贫困户的产业帮扶与技能培训,促进贫困户参与乡村内部治理,扩大社会保障覆盖面,增强金融普惠的公平性,强化农户的能力和权利建设,为有效增信提供正面促进作用,从而形成摆脱"金融贫困恶性循环"的内生动能。为此,本章围绕互联网金融对农户多维贫困进行测量、对贫困维度进行分解,从理论上深化互联网金融对多维贫困指标影响的横向分析,并进一步将各维度和指标之间的内在耦合关联程度进行细化测度,为有效破解传统金融机构普惠金融过程中面临的"金融贫困恶性循环"提供新的理论视角和量化依据。

在农村贫困地区,农村居民的金融需求往往面临借贷额度小、居住分散偏远、缺乏有效抵质押物等现实困境(冷晨昕、陈前恒,2017),而互联网金融具备覆盖面广、成本低、业务办理效率高、贷款渠道多元的优势,整个金融活动的开展、实施和完成均以互联网为基础,突破了传统金融在时间和地域上的限制,使信息更加匹配、资源配置更加合理、业务办理更加方便与快捷、扶贫更加有效。

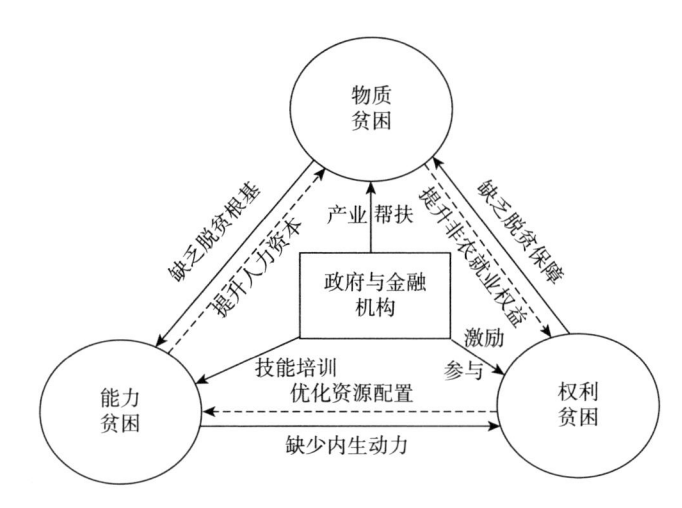

图 9-1 多维贫困视角下破解"金融贫困恶性循环"的理论框架

一方面，互联网金融的使用有利于拓宽贫困农户融资渠道，从而提升农户的信贷可得性，为其非农就业、创业创造机会，间接实现农户多维减贫的目的。增加贫困群体的信贷供给、提高金融服务可得性确实可以减缓贫困（郑秀峰、朱一鸣，2019），但即便在信贷供给充足、贫困甄别严格的前提下，有劳动能力但处于最低收入水平的贫困农户仍难以有效获得贷款服务，而农户非农就业机会和偿债能力是决定其能否有效获得贷款服务和改善贫困状况的重要因素（林万龙、杨丛丛，2012）。非农就业机会是普惠金融影响贫困群体收入水平的重要渠道（郑秀峰、朱一鸣，2019），传统金融普惠的减贫效应主要聚焦轻度贫困、经济机会多和高收入群体，而对重度贫困、经济机会少和低收入群体的减贫效应则相对有限，这种典型的"嫌贫爱富"倾向一直存在（林万龙、杨丛丛，2012）。数字普惠金融跨越了传统金融的边界，将信用体系和大数据信息技术有机融合，打破了信息不对称，促进了产业结构转型升级，为贫困农户提供了更多就业、创业机会，拓宽了增收渠道，间接增强了其脱贫致富的"造血"能力（刘锦怡、刘纯阳，2020）。互联网金融使用的多维减贫机制见图 9-2。

另一方面，互联网金融使用可以加快农村产业数字化转型，提高农户的融资增信水平，降低信息交易成本，从而提高金融扶贫的精准性，促进金融扶持产业发展，实现农户多维减贫增收。对于小额信贷，互联

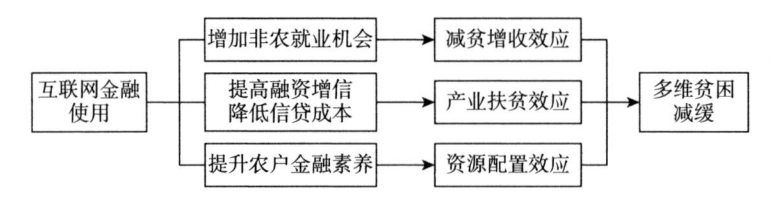

```
┌─────────┐    ┌──────────────┐    ┌──────────┐
│         │───▶│增加非农就业机会│───▶│减贫增收效应│───┐
│互联网金融│    ├──────────────┤    ├──────────┤    │   ┌────────┐
│  使用   │───▶│提高融资增信  │───▶│产业扶贫效应│───┼──▶│多维贫困│
│         │    │降低信贷成本  │    │          │    │   │  减缓  │
│         │───▶│提升农户金融素养│──▶│资源配置效应│───┘   └────────┘
└─────────┘    └──────────────┘    └──────────┘
```

图 9－2　互联网金融使用的多维减贫机制

网金融依托大数据和区块链技术（杨艳琳、付晨玉，2019），借助农业产业链或供应链手段能够有效提升农户的融资增信能力。传统金融机构在实现农户贷款的过程中，需要在数据采集、分析等过程中花费大量的时间以及人力成本，包括中介服务费、金融服务费等（王一婕，2020），而基于大数据和云计算的互联网金融模式具有支付便捷、交易成本低、资金配置高效等信息和渠道优势（刘海二、石午光，2015），在一定程度上降低了农户获取金融产品和服务的成本。同时，互联网金融能够借助信用体系平台规避以往传统金融信贷中的征信不足问题，摆脱以往抵押担保带来的融资约束，提高金融服务产业扶贫的精准性。

此外，互联网金融使用可通过提高农户金融素养，优化农户家庭资源配置和收入结构来缓解其多维贫困。农户家庭金融素养越高，在繁杂的信息中分析、整理和吸收相关信息的能力就越强，从而使得信息渠道增加所带来的使用意愿、使用程度显著提高。在受教育程度和金融知识普及程度都较低的农村地区大力推进基础教育和金融知识宣传，可以提高农户的金融素养、改变农户传统金融习惯、提高互联网金融普惠效应（吴本健等，2017）；反之，由农民受教育程度低或金融知识宣传不到位导致的"自我排斥"会抑制互联网金融普惠效应。

综上所述，互联网金融在农村地区的推广应用在一定程度上能够化解传统金融机构信贷"最后一公里"难题，降低交易成本、拓宽农户融资增信渠道、增加农户非农就业机会和提高信贷供需匹配度，进而促进信贷服务的有效利用。同时，农户金融素养的提升，有利于互联网金融普惠效应的充分发挥、资源配置的优化。为此，本章提出如下假说。

假说 1：互联网金融使用广度和深度越大，越有利于提高农户多维减贫效果；相较而言，互联网金融使用深度越高的农户减贫效应越明显，且绝对贫困户的多维减贫效应可能低于临界贫困户。

假说2：互联网金融使用对农户多维减贫效应存在区域异质性，互联网金融使用对具有家庭负债的农户在物质贫困和能力贫困维度的减贫效应可能更显著。

假说3：互联网金融使用广度和深度越大，越能发挥要素配置的中介作用，帮助物质贫困、能力贫困和权利贫困农户分别通过拓展电商扶贫、增加非农就业机会和提高金融素养提升其多维减贫效应。

第三节 数据来源、模型设计与变量说明

一 数据来源

本节数据主要来源于西南财经大学2015年和2017年中国家庭金融调查数据（CHFS），该数据库采用多阶段分层PPS抽样，样本覆盖了全国29个省区市，包含了家庭成员参与互联网金融理财、投资、借债以及各类社保参与情况等调查数据，使我们能够较为精准地识别家庭互联网金融使用状况，从而测度数字普惠金融的再分配效应。其中，2015年和2017年中国家庭金融调查农户数分别为11634户和12715户，为了保持数据的平衡性，得到两期平衡面板数据，该数据覆盖了共计5368户农户样本，10736个观测值。2015年底，国务院发布《推进普惠金融发展规划（2016—2020年）》，该规划指出要积极推动普惠金融发展，其中重点说明了数字普惠金融在精准扶贫中的作用。而且2015年之前CHFS调查样本中互联网金融的农户数量极少，无法针对不同类别农户做大样本计量比较分析，为此，只选取2015年和2017年CHFS农户追踪调查样本作为分析对象。另外，结合北京大学数字金融研究中心发布的《北京大学数字普惠金融指数（2011—2018年）》中各省区市的数字普惠金融发展指数，将互联网金融对农户多维贫困状况的影响效应进行对比分析。在数据处理上，按照省份和家庭编号合并了家庭经济库和家庭关系库，按照农户个体、家庭子女及家庭编号合并家庭成员信息。在宏微观数据匹配上，以省份为识别码进行宏微观数据对接。同时，在数据清洗过程中，删除了异常值、缺失值和不可靠信息，剔除了户主年龄小于22岁和大于77岁的样本。为保证数据的可比性，将居民收入统一调整为税前口径，

在计算个税、从业人员企业所得税和财产税之后倒推其税前所得收入，并对农户个体收入进行归并加总，即首先进行逐层归并，然后将农户个体收入加总到市场税前收入，如经营性收入亏损则暂不调整，若加总后的收入仍为负值，则将其市场收入调整为0。

二 模型设计

1. 多维贫困综合指数测度

本章采用A-F双界线分析法测度农户多维贫困综合状况，对多维贫困农户进行测度、识别、加总和分解，并对贫困维度和地区差异进行异质性分解。本章沿用前人的研究方法，首先采用A-F双界线分析法对多维贫困综合指数进行测量。

对每一个样本个体i各个维度的被剥夺状况进行加总得到多维贫困综合指数M：

$$M = H \times A \tag{9.1}$$

其中，A表示平均剥夺份额，H表示贫困发生率。将k设定为被剥夺维度，贫困发生率、平均剥夺份额和多维贫困综合指数的计算公式如下：

$$H(k) = \frac{\sum_{i=1}^{n} q_{ik}(k)}{n} \tag{9.2}$$

$$A(k) = \frac{\sum_{i=1}^{n} c_{ik}(k)}{\sum_{i=1}^{n} q_{ik}(k) \times d} \tag{9.3}$$

$$M(k) = H(k) \times A(k) \tag{9.4}$$

其中，$q_{ik}(k)$代表第i个家庭在k维度下的多维贫困程度；$c_{ik}(k)$代表贫困人口遭受物质贫困、权利贫困、能力贫困等的剥夺程度；d代表贫困的维度。

2. 模型构建

为了比较绝对贫困户和临界贫困户多维贫困综合指数变动情况，通过面板双向固定效应模型进行实证分析，初步判断绝对贫困户与临界贫困户二者在互联网金融使用层面上的多维减贫效应，计量模型构建如下：

$$M_{it} = \alpha + \beta_1 IF_{it} + \gamma_1 X_{it} + \varepsilon_{it} \tag{9.5}$$

其中，M_{it}表示第i个绝对贫困户或临界贫困户在第t年多维贫困综合指数；IF_{it}表示第i个农户在第t年的互联网金融使用情况，X_{it}表示第i个农户在第t年的相关控制变量；ε_{it}为随机干扰项。

3. 内生性讨论

互联网金融使用对农户多维贫困综合指数的影响可能存在反向因果关系，即农户多维贫困综合指数越高，互联网金融使用广度和深度也可能越小，从而阻碍农户使用互联网金融来扩大农业生产经营规模或拓展农产品电商销售业务（李聪等，2020）。为防止可能存在的内生性偏差，以确保研究结论的可靠性，本章采取如下实证策略。第一，参照 Rozelle 等（1999）的做法，采用同一村社其他收入阶层家庭的互联网金融使用比例作为样本家庭互联网金融使用的工具变量。已有文献表明，社区中具有大致相同特征（如年龄、受教育程度和家庭地位等）的群体成员之间存在相互影响，同一村社同一收入阶层其他家庭的互联网金融使用比例与本家庭的互联网金融使用行为存在相关性，而其他家庭的互联网金融使用比例相对于本家庭使用状况而言是外生的。因此，采用同一村社其他收入阶层的互联网金融使用比例作为样本家庭互联网金融使用的工具变量具有可行性。第二，结合北京大学数字金融研究中心发布的《北京大学数字普惠金融指数（2011—2018 年）》中各省区市的数字普惠金融指数进行内生性处理，缓解由反向因果与遗漏变量可能导致的内生性问题。

此外，为进一步揭示绝对贫困户与临界贫困户之间是否因互联网金融使用以及是否建档立卡贫困户身份的差异而带来其多维贫困状况的异质性影响，本章采用倾向得分匹配法进行分析。运用倾向得分匹配方法，将会缓解自选择问题导致的内生性问题，该方法通过将每个未使用互联网金融的农户倾向得分匹配一个使用互联网金融的农户，让这两个农户只在是否使用互联网金融层面不一致，其他变量特征则基本相同。

在此基础上，比较其他特征相似的同一个未使用互联网金融和使用互联网金融的农户变化前后的多维贫困状况，其结果变量差值即为农户使用互联网金融带来的减贫净效应。对整个农户组而言，这个净效应称为平均处理效应（ATT），其表达式是：

$$ATT = E(Y_1|D=1) - E(Y_0|D=1) = E(Y_1 - Y_0|D=1) \qquad (9.6)$$

其中，Y_1 为农户使用互联网金融产品和服务后的多维贫困综合指数，Y_0 为农户未使用互联网金融产品和服务的多维贫困综合指数。式 (9.6) 中只能观测到 $E(Y_1|D=1)$ 的结果，而 $E(Y_0|D=1)$ 是不可观测的，不可观测的结果为反事实结果，可以通过倾向得分匹配方法构造它的替代指标。因此，要先将样本数据进行倾向得分计算，再对样本进行匹配，最后验证匹配结果是否有效。

三 指标构建与变量设置

1. 绝对贫困与临界贫困测算

在指标测度方面，选取 2015 年和 2017 年国家贫困线作为绝对贫困标准，位于贫困线以下的农户为绝对贫困户，即 $Poverty\_1 = 1$。而临界贫困是由收入分配差距或基本公共服务不均等因素导致的部分家庭或个体福利水平处于社会平均水平之下。多维贫困则是从多个维度的综合指标来判断人们的贫困状况，如果个人或家庭缺少足够的营养、基本的医疗条件、基本的住房保障、一定的受教育机会等，就意味着他们处于贫困状态。在"临界贫困线"指标测度方面，参照陈宗胜等（2013）的做法，选取国家统计局公布的上一年全国农村人均可支配收入的 40% 衡量已经脱贫但有返贫风险的那部分农户的贫困状况，将绝对贫困线到上一年农村人均可支配收入的 40% 界线的农户视为临界贫困农户，即 $Poverty\_2 = 1$。

2. 多维贫困测度

在多维贫困指标设置方面，本章结合联合国开发计划署（UNDP）构建的发展中国家多维贫困教育、健康和生活标准三大维度指标体系与中国实际农户家庭状况以及数据可得性，在邓婷鹤等（2019）和李峰等（2018）的收入、教育、健康、卫生、生活状况、食物支出等多维度指标设定的基础上，将多维贫困测度指标拓展为物质、能力和权利三个维度测度农户多维贫困状况，同时拓展了阿玛蒂亚·森的多维贫困界定，将收入和资产作为农户物质贫困的重要体现，用农户的增收能力、健康能力、交往能力等来反映农户的能力贫困状况，揭示农户自身摆脱贫困的能力状况；将文化教育权、社会保障权、政治参与权等纳入农户的权利贫困范畴。根据马斯洛的需求层次理论，在后扶贫时代，农户在满足物质生存需求和具有较高生产能力后，谋求更高质量的生活、自我价值实现以及权利的追求成为其核心动因。为此，物质、能力和权利贫困三个维度的10个指标（见表9-1）可以较客观地综合度量农户的多维贫困状况，分别从农户现有的贫困状况和未来的贫困脆弱性状况等来审视农户的多维贫困状况。此外，农户的贫困维度主要是集中于文化教育权贫困、交往能力贫困、收入贫困、增收能力贫困等方面，仅采用单一收入贫困来衡量农户是否脱贫无法综合体现农户的多维贫困状况。从各地区来看（见表9-2），中部和西部地区的贫困程度总体上高于东部地区，农户贫困呈现一定的地区差异性，并且西部与东部地区之间贫困差距排前三位的维度是增收能力贫困、文化教育权贫困与社会保障权贫困，但在政治参与权方面全国差距较小。可能的解释是不同地区经济社会发展状况和资源禀赋的不平衡，西部地区为经济社会发展相对落后地区，西部地区农户在非农增收、基础教育和社会保险参与方面可能会落后于东部地区农户。

表9-1 多维贫困测度指标及其权重

层次	维度	指标	变量赋值说明	权重
物质贫困 (1/3)	收入贫困	人均纯收入	以2015年、2017年国家贫困线标准为界，若人均纯收入低于此标准，赋值为1；反之赋值为0	1/6
	资产贫困	家庭资产	家电和农业机械等固定资产少于3种的视为贫困，赋值为1；反之则赋值为0	1/6
能力贫困 (1/3)	增收能力贫困	家庭成员是否务农	是=1；否=0	1/18
		个人工作职务	普通职工=0；企事业单位负责人=1	1/18
	健康能力贫困	健康状况	身体状况比较差或者非常差，则赋值为1；反之则为0	1/9
	交往能力贫困	人情往来开支	户均人情往来开支占家庭总开支的比重高于1/6的赋值为1，反之则赋值为0	1/9
权利贫困 (1/3)	文化教育权贫困	受教育年限	家庭年龄为18岁以上没完成9年义务教育的农户，赋值为1；反之则赋值为0	1/9
	社会保障权贫困	保险贫困	最多拥有一种社会保险、商业保险视为贫困，赋值为1；反之则为0	1/9

续表

层次	维度	指标	变量赋值说明	权重
权利贫困 (1/3)	政治参与 权贫困	村委会选举 满意度	非常不满意和不太满意赋值为1；其他选项赋值为0	1/18
		社区居民矛盾 纠纷调解	选择上级政府、社区干部进行调解=1；其他=0	1/18

注：将问卷中调查人员职务属于（副）处长、单位部门负责人（如经理）、（副）局长及以上、村干部、（副）组/股长、乡镇干部、（副）科长等均界定为企事业单位负责人。根据华中师范大学中国农村研究院对中国人情消费支出的调查报告，户均人情往来开支占家庭总开支约1/6，以此来界定人情往来开支贫困。

表9-2 不同维度农户贫困指标的地区差异

单位：%

层次	维度	东部	中部	西部	全国	差异（西部-东部）
物质贫困 (30.67)	收入贫困	33.37	32.65	40.02	34.78	6.65
	资产贫困	23.32	25.98	28.99	26.61	5.67
能力贫困 (34.12)	增收能力 贫困	21.37	28.29	41.46	32.29	20.09
	健康能力 贫困	18.37	26.73	27.38	23.77	9.01
	交往能力 贫困	41.28	47.38	50.13	46.29	8.85
权利贫困 (35.21)	文化教育 权贫困	42.57	47.98	60.46	49.11	17.89
	社会保障 权贫困	25.17	30.18	38.14	31.79	12.97
	政治参与 权贫困	23.48	24.11	23.61	23.79	0.13

注：东部地区包括海南、广东、广西、浙江、福建、上海、江苏、山东、河北、天津、北京、辽宁12个省区市；中部地区包括湖南、湖北、江西、河南、安徽、吉林、黑龙江、内蒙古、山西9个省区；西部地区包括陕西、甘肃、青海、宁夏、四川、重庆、云南、贵州8个省区市。

3. 变量说明

被解释变量为农户多维贫困综合指数。根据前面的理论分析，为揭示农户互联网金融使用对不同贫困维度的减贫效应，在贫困测量中，一是根据"是否为建档立卡贫困户"将贫困户区别为绝对贫困户和临界贫困户；二是将贫困划分为物质贫困、能力贫困和权利贫困三类（彼此可能存在交叉)。在解释变量层面,通过互联网金融使用广度和深度来揭示数字普惠金融的使用状况。具体而言,根据农户实际使用互联网金融情况以及 CHFS 数据信息,将互联网金融使用的类型划分为网络支付、网络销售、网络贷款以及互联网金融理财四类,如果农户使用其中任何一种类型则赋值为1,使用其中两种类型则赋值为2,以此类推,据此反映农户互联网金融使用广度。此外,通过互联网理财产品总市值/家庭金融资产财富值来测度互联网金融使用的深度,反映农户互联网金融使用的强弱程度。此外,本章还引入了户主特征、家庭特征、地区特征以及金融特征等一系列控制变量(见表9-3)。

表9-3 变量介绍及描述性说明

变量类型	变量	变量定义	均值	标准差	最小值	最大值
被解释变量	多维贫困综合指数	反映贫困农户的综合贫困状况	0.072	0.088	0.004	0.529
核心解释变量	互联网金融使用广度	网络支付、网络销售、网络贷款以及互联网金融理财四类,使用其中一种类型,赋值为1;使用两种类型,赋值为2,以此类推	0.253	0.61	0	4
	互联网金融使用深度	互联网理财产品总市值/家庭金融资产财富值	0.158	0.365	0	0.838
控制变量	性别	户主若为男性取值为1;反之为0	0.935	0.246	0	1
	年龄	户主年龄	59.905	11.170	26	95
	婚姻	已婚=1;未婚(丧偶、离异)=0	0.908	0.289	0	1
	家庭规模	家庭的总人数	3.776	1.778	1	19
	党员身份	户主是党员赋值为1;反之为0	0.133	0.340	0	1
	金融知识	比较了解或十分了解赋值为1;反之为0	0.096	0.295	0	1
	风险偏好	户主若为风险偏好者取值为1;反之为0	0.07	0.256	0	1
	风险厌恶	户主若为风险厌恶者取值为1;反之为0	0.78	0.415	0	1
	家庭负债	户主有向金融机构或非金融机构获取贷款赋值为1;反之为0	0.368	0.482	0	1

第四节 数字普惠金融的农户多维减贫效应分析

一 基础回归分析

1. 互联网金融使用的多维减贫效应

本章运用双向固定效应模型分析互联网金融使用对不同类型农户多维贫困综合指数的影响（见表9-4），发现互联网金融使用广度和深度的多维减贫效应均在1%的水平下显著。其中，互联网金融使用广度每提升1个单位，可以分别使绝对贫困户和临界贫困户多维贫困综合指数降低10.8%个单位和11.1%个单位。而互联网金融使用深度每提高1个单位，绝对贫困户和临界贫困户多维贫困综合指数分别下降17.4%个单位和18.8%个单位，反映出互联网金融使用广度和深度均对绝对贫困户和临界贫困户具有较强的多维减贫效应，但互联网金融使用深度的多维减贫效果相对较好。可能原因在于：绝对贫困户相比临界贫困户的贫困程度稍微偏高，风险承受能力和互联网金融使用能力均较弱，在金融素养、社会关系以及互联网的使用能力方面均相对偏低，互联网金融使用带来的多维减贫效应可能偏弱；另外，传统金融信贷排斥与贫困户的信贷风险心理排斥也会影响到不同农户之间的多维减贫成效。需要说明的是，由于目前农村互联网金融发展水平仍然相对较低，无法满足多维贫困农户对互联网金融产品和服务的需求，互联网金融依托金融科技降低风险以及提供较宽松的资金获取渠道确实提升了农户"自主式"脱贫成效，但对不同贫困层次的农户影响程度和多维减贫效果也存在一定差异。

表9-4 互联网金融使用对农户多维贫困综合指数的影响

变量	绝对贫困户多维贫困综合指数		临界贫困户多维贫困综合指数	
互联网金融使用广度	-0.108*** (0.038)		-0.111*** (0.036)	
互联网金融使用深度		-0.174*** (0.022)		-0.188*** (0.021)
控制变量	控制	控制	控制	控制

续表

变量	绝对贫困户多维贫困综合指数		临界贫困户多维贫困综合指数	
省份控制	控制	控制	控制	控制
常数项	1.648*** (0.291)	1.643*** (0.292)	1.656*** (0.289)	1.658*** (0.290)
N	4624	4624	6112	6112
伪 R^2	0.024	0.023	0.027	0.026
Wald 统计量	309.94	289.55	369.20	352.95
F 值	14.37	12.48	11.52	10.73

注：*** 表示在1%的水平下显著，括号中的数值为标准误差。

2. 互联网金融使用对不同维度农户的减贫效应

表9-5进一步报告了互联网金融使用对不同维度农户的减贫效应。互联网金融使用广度对物质贫困、能力贫困、权利贫困的农户影响均通过5%或1%的显著性检验，其影响程度均会随着互联网金融使用范围的扩大而减缓。从互联网金融使用深度对不同维度贫困农户的减贫效应来看，对物质贫困和能力贫困的农户多维减贫效应高于权利贫困户的多维减贫效应，且总体上高于互联网金融使用广度带来的多维减贫效应。在其他因素不变的情况下，互联网金融使用广度对物质贫困户、能力贫困户、权利贫困户的多维减贫边际效应分别为5.8%、7.6%、4.7%，对能力贫困户的边际减贫效果相对较高；互联网金融使用深度对物质贫困户、能力贫困户、权利贫困户的减贫边际效应分别为6.9%、9.5%、5.1%，且均在1%的水平下显著。从具体影响程度来看，互联网金融使用深度相较于互联网金融使用广度而言具有更高的边际减贫效应，且互联网金融使用广度和深度越大，对能力贫困户和物质贫困户的减贫效果越好，证实了假说1的观点。

二 稳健性分析

1. 应对反向因果和遗漏变量导致的内生性问题：工具变量法

为克服内生性问题，本章分别选取同一村社同一收入阶层其他家庭的互联网金融使用比例、数字普惠金融指数作为样本家庭互联网金融使用广度和深度的工具变量进行固定效应模型分析。本章使用在同一村庄

表9-5 互联网金融使用对不同维度贫困农户的减贫效应

变量	物质贫困户多维贫困综合指数 回归系数	物质贫困户多维贫困综合指数 边际效应	能力贫困户多维贫困综合指数 回归系数	能力贫困户多维贫困综合指数 边际效应	权利贫困户多维贫困综合指数 回归系数	权利贫困户多维贫困综合指数 边际效应
互联网金融使用广度	-0.153*** (0.036)	0.058*** (0.013)	-0.219*** (0.041)	0.076*** (0.012)	-0.125** (0.056)	0.047** (0.012)
互联网金融使用深度	-0.207*** (0.194)	0.069*** (0.007)	-0.256*** (0.024)	0.095*** (0.007)	-0.172*** (0.038)	0.051*** (0.008)
控制变量	控制	控制	控制	控制	控制	控制
省份控制	控制	控制	控制	控制	控制	控制
常数项	-1.86*** (0.307)		-0.808*** (0.312)		-0.346 (0.363)	
样本量	5816	2842	6822	1428	5014	2482
伪R^2	0.013		0.014		0.061	
Wald统计量	164.08		161.37		501.87	
F值	1.69		5.05		6.38	

注：**、***分别表示在5%、1%的水平下显著，括号中的数值为标准误差。

或社区的同等收入阶层的其他家庭互联网金融使用比例作为个人行为的工具变量以避免模型的内生性，原因在于社区层面的行为在一定程度上反映了该社区的互联网金融使用状况，将影响到样本农户家庭的互联网金融使用行为。同时，同一村社同一收入阶层其他家庭的互联网金融使用比例与农户个体多维贫困综合指数无关，该变量满足相关性和外生性要求。此外，各省区市的数字普惠金融指数也可以反映当地的互联网金融使用行为倾向，但不直接影响家庭多维贫困综合指数，因此是一个合适的工具变量。表9-6报告了将同一村社同一收入阶层其他农户互联网使用率和数字普惠金融指数作为工具变量的估计结果，以及DWH（Durbin-Wu-Hausman）内生性检验的结果。其中，DWH检验在1%的水平下拒绝原假设，且对绝对贫困户和临界贫困户多维贫困综合指数的影响均在1%的水平下稳健显著，反映出互联网金融使用广度与深度的增大对降低多维贫困综合指数均存在显著影响，表明互联网金融使用广度和深度的增大都对农户贫困产生了减缓效应。

表 9-6　稳健性检验分析（FE-IV 方法）

变量	绝对贫困户多维贫困综合指数		临界贫困户多维贫困综合指数	
同一村社同一收入阶层其他农户互联网使用率	-0.259*** (0.073)		-0.296*** (0.076)	
数字普惠金融指数		-0.161*** (0.036)		-0.193*** (0.037)
控制变量	控制	控制	控制	控制
省份控制	控制	控制	控制	控制
第一阶段 F 值	106.95	81.93	173.21	139.49
Hausman 检验	15.93	15.52	19.71	16.25
Wald 统计量	258.14	260.44	327.20	329.65
P 值	0.000	0.000	0.000	0.000

注：括号中的数值表示标准误差，而 *** 表示在 1% 的水平下显著。

2. 应对自选择导致的内生性问题：倾向得分匹配法

为进一步揭示互联网金融使用广度、深度与农户多维贫困之间的因果关系，本章采用倾向得分匹配法（PSM）进行内生性检验。为确保匹配质量和估计结果的可靠性，本章分别使用核匹配方法和邻近匹配方法验证其平衡性。如表 9-7 所示，匹配后大多数匹配变量的标准化偏差大幅减少。在绝对贫困户中，匹配前，使用互联网金融的农户与未使用互联网金融的农户多维贫困综合指数在 1% 的水平下存在显著差异，且二者系数差距为 0.145；经过邻近匹配后，使用互联网金融的农户与未使用互联网金融的农户的多维贫困综合指数在 1% 的水平下显著，二者的差距缩小为 0.123，核匹配得出的结果与邻近匹配大致相同（见表 9-8）。在考虑了是否使用互联网金融的选择性偏差后，互联网金融使用对绝对贫困户的作用变小，说明忽视互联网金融使用的选择性偏差和内生性问题将会高估互联网金融使用对绝对贫困户的减贫效果。在临界贫困户中，使用互联网金融和未使用互联网金融的农户多维贫困综合指数在 1% 的水平下有显著差异且二者系数差距为 0.146；经过邻近匹配后，使用互联网金融和未使用互联网金融的临界贫困在 1% 的水平下仍存在显著差异，二者差距为 -0.095。在考虑了互联网金融使用的选择性偏差和内生性问题后，发现互联网金融使用对临界贫困的减贫效果也存在高估。

在考虑了互联网金融使用的选择性偏差和内生性问题后,互联网金融使用对农户多维贫困的缓释效应相对减弱,忽视这一选择性偏差会导致评估效果被高估。

表9-7　互联网金融使用的 PSM 平衡性假定检验结果

	伪 R^2	LR 统计量	偏差均值	β 值（%）	R 值
匹配前	0.112	1045.25	29.0	91.2*	0.53
匹配后	0.007	34.60	4.6	20.2	1.27

注：由于篇幅有限,表中没有将各匹配变量均值、标准化偏差、t检验的结果呈现出来。β值大于25%或R值在[0.5,2.0]范围外时标注*,表中未标注*代表匹配比较成功,匹配后的平衡性假定能得到满足。

表9-8　互联网金融使用的倾向得分匹配后结果

贫困类型	匹配前后	实验组	控制组	ATT 值	t 值
绝对贫困户多维贫困综合指数	匹配前	0.226	0.371	-0.145	-11.55
	邻近匹配	0.226	0.349	-0.123	-8.22
	核匹配	0.226	0.351	-0.125	-10.33
临界贫困户多维贫困综合指数	匹配前	0.177	0.323	-0.146	-23.09
	邻近匹配	0.177	0.272	-0.095	-13.50
	核匹配	0.177	0.280	-0.103	-17.98

第五节　数字普惠金融的农户多维减贫机制检验

一　异质性分析

1. 区域异质性

表9-9报告了互联网金融使用广度与深度对不同类型农户多维贫困综合指数的区域异质性影响。互联网金融使用广度和深度对东部、中部、西部地区的绝对贫困户和临界贫困户多维贫困均具有显著减缓作用。从作用系数来看,二者对东部和西部地区的减贫效应均高于中部地区,可能的原因在于西部地区融资增信体系相对薄弱,导致数字普惠金融在缓解贫困地区"最后一公里"信贷约束方面具有更好的效果。而在东部地区,数字普惠金融覆盖面更广,互联网金融使用深度和农户金融素养总

体偏高也有利于促进贫困农户非农就业和增加财产性收入,使得其在物质贫困和能力贫困减缓方面表现得更加突出。东部和西部地区作用效果较好使得中部地区互联网金融使用的多维减贫效应表现出"中部凹陷"的特征。因此,加快中西部地区传统金融机构的数字化普惠金融应用确实可以有效提升精准扶贫成效,从而减小城乡之间、区域之间金融资本要素配给不均衡带来的农户多维减贫效应上的差异。

表9-9 互联网金融使用的多维减贫效应:区域异质性

变量	绝对贫困户多维贫困综合指数			临界贫困户多维贫困综合指数		
	东部	中部	西部	东部	中部	西部
使用广度	-0.161*** (0.058)	-0.112*** (0.066)	-0.130*** (0.080)	-0.157*** (0.056)	-0.140*** (0.062)	-0.168*** (0.076)
使用深度	-0.179*** (0.032)	-0.139*** (0.038)	-0.177*** (0.054)	-0.180*** (0.030)	-0.154*** (0.035)	-0.163*** (0.050)
控制变量	控制	控制	控制	控制	控制	控制
N	624	1236	2764	682	1288	4142
伪 R^2	0.020	0.028	0.021	0.023	0.029	0.023
Wald统计量	95.05	133.72	64.43	114.66	151.81	75.95
P值	0.000	0.000	0.000	0.000	0.000	0.000

注:*** 表示在1%的水平下显著,括号中的数值为标准误差。

2. 家庭负债异质性

互联网金融平台的建立是依靠健全的征信体系来规避信贷交易风险,给需要资金的小微企业、农村低收入人群提供一个有效、健全的贷款平台。根据农户是否向正规金融机构与非正规金融机构获取贷款,将农户分为有负债与没有负债两类。从表9-10中可以看出,相对于没有负债的农户,互联网金融使用广度和深度在有负债的绝对贫困户与临界贫困户中的多维减贫效应大多更加明显。原因可能是,农业金融基于互联网的信息共享平台,能够突破时空限制、信息不对称等约束条件(张建勋、夏咏,2020),有效整合农业供应链上包括农业生产经营者、农产品市场、金融服务提供者的各个节点,创新各类抵质押业务模式,最大限度地盘活农村生产要素资源。有负债的农户由于资金短缺,使用互联网金融

表 9-10　互联网金融使用的多维减贫效应：家庭负债异质性

变量	绝对贫困户多维贫困综合指数 没有负债	绝对贫困户多维贫困综合指数 有负债	临界贫困户多维贫困综合指数 没有负债	临界贫困户多维贫困综合指数 有负债	物质贫困户多维贫困综合指数 没有负债	物质贫困户多维贫困综合指数 有负债	能力贫困户多维贫困综合指数 没有负债	能力贫困户多维贫困综合指数 有负债	权利贫困户多维贫困综合指数 没有负债	权利贫困户多维贫困综合指数 有负债
互联网金融使用广度	-0.150*** (0.053)	-0.208*** (0.055)	-0.127*** (0.050)	-0.195*** (0.053)	-0.196*** (0.051)	-0.245*** (0.054)	-0.166*** (0.354)	-0.172*** (0.253)	-0.111* (0.241)	-0.115* (0.452)
互联网金融使用深度	-0.199*** (0.031)	-0.189*** (0.032)	-0.186*** (0.029)	-0.197*** (0.030)	-0.206*** (0.028)	-0.268*** (0.028)	-0.153*** (0.029)	-0.177*** (0.630)	-0.156* (0.628)	-0.168* (0.628)
控制变量	控制	控制	控制	控制	控制	控制	控制	控制	控制	控制
省份控制	控制	控制	控制	控制	控制	控制	控制	控制	控制	控制
N	3156	1468	4016	2096	5816	2842	6822	1428	5014	2482
伪 R^2	0.023	0.043	0.25	0.031	0.110	0.093	0.26	0.231	0.210	0.293
Wald 统计量	191.52	125.48	219.88	161.46	657.38	369.95	462.17	469.26	657.38	669.95
P 值	0.000	0.000	0.000	0.000	0.000	0.000	0.000	0.000	0.000	0.000

注：括号中的数值为标准误差，而 *、***分别表示在10%、1%的水平下显著。

也可以及时缩小农户资金缺口。此外,对不同维度贫困农户的多维减贫效应进行稳健性检验发现,有负债的贫困户多维减贫效应依然高于没有负债的贫困户。并且,物质贫困户和能力贫困户的多维减贫效应总体高于权利贫困户,反映出有负债的农户家庭在减贫增收和脱贫能力上具有更好的表现,家庭有部分负债也在一定程度上激发了农户更强的脱贫动力和意愿,这证实了假说2的观点。

二 作用机制检验

1. 互联网金融使用增加农户非农就业机会

参考郑秀峰和朱一鸣(2019)的做法,选取从事非农就业的农户作为获得经济机会的农户,赋值为1;从事第一产业的农户为尚未获得经济机会的农户,赋值为0。将经济机会作为中介变量,分析经济机会对互联网金融减贫的间接影响(见表9-11)。互联网金融使用广度每提高1个单位,可分别使绝对贫困户和临界贫困户的多维减贫效应提升8.9%个单位和9.1%个单位;而贫困农户非农就业机会每提升1个单位,能够间接地使互联网金融使用广度对绝对贫困户和临界贫困户的多维减贫效应分别提升8.7%个单位和7.6%个单位。同时,互联网金融使用深度对绝对贫困户和临界贫困户的贫困减缓也存在直接效应和间接效应,即互联网金融使用深度每提高1个单位,可分别使绝对贫困户和临界贫困户的多维减贫效应提升8.0%个单位和8.4%个单位;而贫困农户非农就业机会每提升1个单位,能够间接使互联网金融使用深度对绝对贫困户和临界贫困户的多维减贫效应分别提高8.8%个单位和7.7%个单位。这反映出互联网金融使用广度和深度能够通过非农就业机会增加来间接发挥中介作用(畅倩等,2020),增强绝对贫困户和临界贫困户的多维减贫效应。此外,针对不同贫困维度农户的减贫效应进行稳健性检验发现,互联网金融使用广度和深度均能够通过增加非农就业机会来缓解农户物质贫困、能力贫困和权利贫困,且对能力贫困户和物质贫困户的多维减贫成效更为明显。

2. 互联网金融使用的产业扶贫机制

本章以是否开展电商业务为中介探究互联网金融使用的产业扶贫机制,即对通过电商平台实现农产品采购、销售的农户赋值为1;反之,赋

表 9-11 互联网金融使用增加农户非农就业机会

变量	绝对贫困户多维贫困综合指数	临界贫困户多维贫困综合指数	物质贫困户多维贫困综合指数	能力贫困户多维贫困综合指数	权利贫困户多维贫困综合指数
互联网金融使用广度	-0.089*** (0.010)	-0.091*** (0.010)	-0.134*** (0.009)		-0.199*** (0.013)	-0.109** (0.009)
经济机会×互联网金融使用广度	-0.087*** (0.010)	-0.076*** (0.010)	-0.146*** (0.009)		-0.124*** (0.010)	-0.080*** (0.004)
互联网金融使用深度	-0.080*** (0.010)	-0.084*** (0.010)		-0.125*** (0.009)	-0.093*** (0.010)	-0.141*** (0.009)
经济机会×互联网金融使用深度	-0.088*** (0.010)	-0.077*** (0.010)		-0.147*** (0.009)	-0.113*** (0.010)	-0.082*** (0.009)
控制变量	控制	控制	控制	控制	控制
省份控制	控制	控制	控制	控制	控制
Adj. R²	0.036	0.039	0.193	0.192	0.205	0.201	0.214	0.211
P 值	0.000	0.000	0.000	0.000	0.000	0.000	0.000	0.000
Sobel 检测	-0.009*** (0.001)	-0.008*** (-0.001)	-0.015*** (0.001)	-0.015*** (0.002)	-0.013*** (0.001)	-0.013*** (0.002)	-0.014*** (0.001)	-0.013*** (0.002)

注：在中介效应模型拟合中，年份、省份变量均已控制；** 表示在 5% 的统计水平下显著，*** 表示在 1% 的统计水平下显著；括号中的数值为标准误差。

第九章 数字普惠金融对农户多维减贫的影响机制与效应

表9-12 互联网金融使用的电商产业扶贫效应

变量	绝对贫困户多维贫困综合指数	临界贫困户多维贫困综合指数	物质贫困农户多维贫困综合指数	能力贫困农户多维贫困综合指数	权利贫困农户多维贫困综合指数
互联网金融使用广度	-0.098*** (0.010)	-0.099*** (0.010)	-0.149*** (0.009)	-0.162*** (0.016)	-0.074*** (0.018)
电商业务×互联网金融使用广度	-0.119*** (0.010)	-0.124*** (0.010)	-0.0213*** (0.009)	-0.0257*** (0.012)	-0.0176*** (0.014)
互联网金融使用深度	-0.090*** (0.010)	-0.093*** (0.010)		-0.108*** (0.021)	-0.091*** (0.018)
电商业务×互联网金融使用深度	-0.1211*** (0.013)	-0.1213*** (0.016)		-0.0208*** (0.045)	-0.0187*** (0.031)
控制变量	控制	控制	控制	控制	控制
省份控制	控制	控制	控制	控制	控制
Adj. R²	0.043	0.050	0.180	0.231	0.281
P值	0.000	0.000	0.000	0.000	0.000

注：在中介效应模型拟合中，年份、省份变量均已控制；*** 表示在1%的统计水平下显著，而括号中的数值表示标准误差。

值为0。从表9-12可以看出，互联网金融使用广度对绝对贫困户和临界贫困户的电商产业扶贫效应均在1%的水平下显著，互联网金融使用广度每提升1个单位，其对绝对贫困户和临界贫困户的多维减贫效应分别提升9.8%个单位和9.9%个单位，开展电商业务在其中发挥的中介效应分别提升11.9%个单位和12.4%个单位，反映出互联网金融使用广度可以通过拓展电商销售渠道和业务来提升其多维减贫成效。相对而言，互联网金融使用深度每提升1个单位，绝对贫困户和临界贫困户多维减贫效应分别提升9.0%个单位和9.3%个单位，且电商业务的开展进一步促进了互联网金融使用深度提升所带来的多维减贫成效。采用不同贫困维度农户的多维贫困综合指数进行稳健性检验后，互联网金融使用广度和深度均能够通过电商业务的拓展发挥中介效应来提升其多维减贫成效，且对能力贫困户和物质贫困户的减贫成效仍然优于权利贫困户。

3. 互联网金融使用的资源优化配置机制

以农户金融素养①为中介来探究互联网金融的资源优化配置机制，借鉴董晓林和石晓磊（2018）的做法，将正确回答至少一个与互联网金融相关问题的农户赋值为1，否则赋值为0，据此间接反映农户的金融素养情况。互联网金融使用广度对绝对贫困户和临界贫困户的多维减贫效应均在1%的水平下显著，互联网金融使用广度每提升1个单位，其对绝对贫困户和临界贫困户的多维减贫效应均提升9.5%个单位，而农户金融素养提升使绝对贫困户和临界贫困户的多维贫困综合指数分别降低10.5%个单位和10.9%个单位（见表9-13），反映出互联网金融使用可以通过小幅提升农户的金融素养进而优化资源配置来增强减贫成效。互联网金融使用深度每提高1个单位，将会使绝对贫困户和临界贫困户的多维贫困综合指数分别降低11.2%个单位和11.3%个单位，而农户金融素养提升使绝对贫困户和临界贫困户的减贫效应分别提升13.1%个单位和12.9%个单位。针对不同贫困维度农户的减贫效应进行稳健性检验后，互联网金融使用广度和深度均能够通过金融素养的中介效应来提升

---

① 具体的问题包括：是否上过经济金融类课程？假设银行的年利率是4%，如果把100元存1年定期，1年后获得的本金和利息为多少？假设银行的年利率是5%，通货膨胀率每年是3%，把100元存银行一年之后能够买到的东西将更多还是更少？您认为一般而言，股票和基金哪个风险更大？

第九章 数字普惠金融对农户多维减贫的影响机制与效应

表 9-13 互联网金融使用的资源优化配置效应

变量	绝对贫困户多维贫困综合指数	临界贫困户多维贫困综合指数	物质贫困户多维贫困综合指数	能力贫困户多维贫困综合指数	权利贫困户多维贫困综合指数
互联网金融使用广度	-0.095*** (0.011)	-0.095*** (0.011)	-0.119*** (0.010)	-0.161*** (0.024)	-0.103*** (0.017)
金融素养×互联网金融使用广度	-0.105*** (0.011)	-0.109*** (0.011)	-0.123** (0.010)	-0.1301*** (0.022)	-0.1157*** (0.012)
互联网金融使用深度	-0.112*** (0.014)	-0.113*** (0.014)	-0.112*** (0.013)	-0.158*** (0.019)	-0.098*** (0.022)
金融素养×互联网金融使用深度	-0.131** (0.014)	-0.129** (0.014)	-0.1301*** (0.013)	-0.121*** (0.039)	-0.102*** (0.045)
控制变量	控制	控制	控制	控制	控制
省份控制	控制	控制	控制	控制	控制
Adj. R²	0.129	0.135	0.174	0.147	0.141	0.142
P 值	0.000	0.000	0.000	0.000	0.000

注：在中介效应模型拟合中，年份、省份变量均已控制；**和***分别表示在 5% 和 1% 的统计水平下显著；表中括号中的数值表示标准误差。

其多维减贫效应，并且这种影响对能力贫困户和物质贫困户的作用仍然大于权利贫困户。

第六节 本章小结

互联网金融使用为打通传统金融机构"最后一公里"难题和提高普惠金融精准性具有重要作用。基于2015年和2017年中国家庭金融调查数据，比较和分析了农户互联网金融使用广度和深度对绝对贫困户和临界贫困户的多维减贫效应，从区域差异和家庭负债维度探讨了其异质性影响，并检验了其作用机制。研究结果有以下几点。第一，与对照组相比，互联网金融使用广度和深度的提升均可以缓解农户多维贫困状况，互联网金融使用广度每提升1个单位，绝对贫困户和临界贫困户的多维减贫效应分别提升10.8%个单位和11.1%个单位；而互联网金融使用深度每提高1个单位，绝对贫困户和临界贫困户的减贫效应分别提升17.4%个单位和18.8%个单位，相较而言，互联网金融使用深度的多维减贫效应更加明显。第二，互联网金融使用的多维减贫效应在东部和西部地区要好于中部地区，其多维减贫效应存在"中部凹陷"特征；在有负债的农户中互联网金融使用对能力贫困户和物质贫困户的减贫效果更突出。第三，互联网金融使用这一变量能够通过增加农户非农就业机会、拓展电商业务、提升金融素养等方式，实现减贫增收、产业扶贫以及资源优化配置，强化其多维减贫效应，进而降低农户贫困脆弱性和返贫风险，摆脱传统金融机构普惠金融面临的"金融贫困恶性循环"困境。

第十章　数字普惠金融与农户相对贫困脆弱性

农村数字普惠金融与农业产业链、供应链融资模式创新的有效结合带来农户多维减贫成效的异质性影响，但在全面建成小康社会后，农村地区绝对贫困户在现有标准下基本消除，如何预防脱贫农户返贫成为关键，而有效测度农户的贫困脆弱性变动状况及相对贫困农户的空间变动差异，对更好地防范农户返贫和相对贫困农户陷入绝对贫困陷阱、揭示农村金融反贫困创新的作用效果以及后扶贫时代强化低收入人群的贫困监测具有重要意义。

第一节　数字普惠金融发展与农户相对贫困治理现状

预防规模性返贫、降低农户相对贫困脆弱性成为巩固拓展脱贫攻坚成果同乡村振兴有效衔接和实现共同富裕面临的重要难题。由于传统金融机构开展金融普惠具有一定的门槛（顾宁、张甜，2019），传统金融普惠与信贷排斥矛盾长期并存。随着互联网与移动智能终端的普及和大数据、云计算、人工智能等科技创新的发展，"数字化＋普惠金融"成为缓解金融排斥、提高金融服务效率、促进信息共享、打通金融服务"最后一公里"的重要手段（星焱，2017），具有低成本、广覆盖、可持续发展的特征（黄倩等，2019）。事实上，数字普惠金融已被证明是一种消除贫困、改善收入分配不均等的有效金融制度（谭燕芝、彭千芮，2019），也是实现我国脱贫攻坚目标的有效途径（李建军、韩珣，2019）。在数字普惠金融减贫方面，大量研究表明数字普惠金融能够缩小城乡收入差距，改善收入分配状况（宋晓玲，2017），但脱贫地区农户生计质量依然不高，面临较高的相对贫困脆弱性，特别是相对贫困农户依然存在较高的返贫风险（孙久文、夏添，2019）。不同地区之间数字普惠金融发展鸿沟和贫困线标准的差异，是否给农户相对贫困脆弱性带来一定的异质性冲击？是否存在最优的数字普惠金融指数区间以有效预防农户规模性返贫？研究这些问题对提升数字普惠金融在后扶贫时代相对贫困治理能力具有重要的理论和现实意义。

第二节 理论基础与研究假说

数字普惠金融作为普惠金融与互联网技术的有效结合，是传统金融的有益补充（黄益平、黄卓，2018），对服务"长尾"低收入群体具有明显优势。在宏观层面，一些学者认为数字普惠金融可以较好地促进宏观经济增长、缩小城乡收入差距、弥补传统金融行业发展不足和摆脱普惠成本居高不下的现实困境（沈悦、郭品，2015；战明华等，2018）；在微观层面，数字普惠金融可以有效缓解小微企业和居民信贷融资约束，通过促进居民就业创业和扩大居民家庭消费支出等来扩大内需（王馨，2015；易行健、周利，2018；何婧、李庆海，2019）。总体而言，数字普惠金融依托其强大的科技优势，有利于提升居民的金融可获得性、减少信息不对称带来的征信难题（Hau et al.，2017；谢绚丽等，2018），通过金融科技发挥"长尾效应"，降低金融机构服务成本，可以有效解决地理排斥问题以跨越资金供需距离的障碍，实现对边缘群体的有效覆盖（Pierrakis and Collins，2013；Pan et al.，2017），从而达到数字普惠金融的作用。

然而，随着数字普惠金融的快速推广，不同地区之间的数字金融鸿沟也越发凸显，特别是发达地区与欠发达地区之间、中老年群体与年轻群体之间往往面临数字技术和金融知识的区域及个体差异，存在较大的数字金融鸿沟（何婧等，2017），且随着数字普惠金融的发展，不同区域之间数字金融红利和数字金融鸿沟现象并存（何宗樾等，2020）。数字技术在区域之间的发展不均衡和发展障碍，容易导致弱势群体在互联网工具、金融素养等资源禀赋方面的差异（傅秋子、黄益平，2018），进而加剧"工具排斥""评估排斥"等金融排斥问题，从而拉大贫富差距（王修华、赵亚雄，2020），导致脱贫农户面临更为严重的贫困脆弱性。

金融科技理论认为，数字金融科技可以通过资源配置效应和创新效应提升数字金融对乡村产业的扶持作用，有效防范信贷风险，实现金融科技助推经济高质量发展（薛莹、胡坚，2020）。然而，数字普惠金融发展本身存在城乡、人群、技术、金融知识等层面的数字覆盖与应用鸿沟（冷晨昕、陈前恒，2017），使得数字普惠金融对农户相对贫困脆弱性的影响也存在较大的异质性。数字普惠金融在农村地区的普及率往往偏低，特别是数字普惠金融知识排斥和数字技术机会不均等，使得一部分农户受益于数字普惠金融发展，而另一部分农户却受制于金融知识和数字技术，从而面临数字金融鸿沟，这直接或间接导致数字普惠金融对农户相对贫困脆弱性的影响存在结构性差异。随着相对贫困线标准的不断提高，在相对贫困治理的动态发展过程中，数字技术的采用和农户金融素养在不同贫困线标准下的农户中可能存在一定的门槛。在该门槛之下，低收入人群往往因互联网覆盖面小或金融知识不足而难以直接获益于数字普惠金融。当跨过该门槛后，随着数字普惠金融和相对贫困线标准的提升，农户相对贫困脆弱性的缓释效应将表现出显著的"数字金融红利"效应，即数字普惠金融覆盖广度的提升在相对贫困线提高后，农户的相对贫困脆弱性将得到有效减缓。但当数字普惠金融水平和相对贫困线标准不断提升到一个新的门槛后，受限于数字技术和金融知识，"数字金融红利"呈现边际收益递减效应，此时数字普惠金融减缓农户相对贫困脆弱性的作用效果表现为倒"U"形关系（见图10-1），即数字普惠金融发展存在一个适度的指数区间，能够降低农户相对贫困脆弱性，使其处在一个最优水平，最大限度地发挥"数字金融红利"作用，缩小"数字金融鸿沟"。

然而，传统的发展经济学理论和能力生命周期理论认为，当物质资本和人力资本积累到一定的门槛值后，农户才具有持续增收的内生动力，从而摆脱长期贫困（李晓曼等，2019）。从短期来看，数字普惠金融以其较低的交易成本、高效便捷的技术特性，提高信贷可得性，缓解融资约束和平滑消费，从而发挥需求引导的作用，降低贫困发生率（周利等，2020）。但从长期来看，随着数字普惠金融发展趋于专业化与个性化，依托数字技术使投融资效率和风险转移能力不断提高（汪三贵、孙俊娜，2021），农户个体的资本积累和学习能力面临年龄、受教育水平、金融素养等门槛（彭澎、徐志刚，2021），使数字普惠金融对农户相对贫困脆

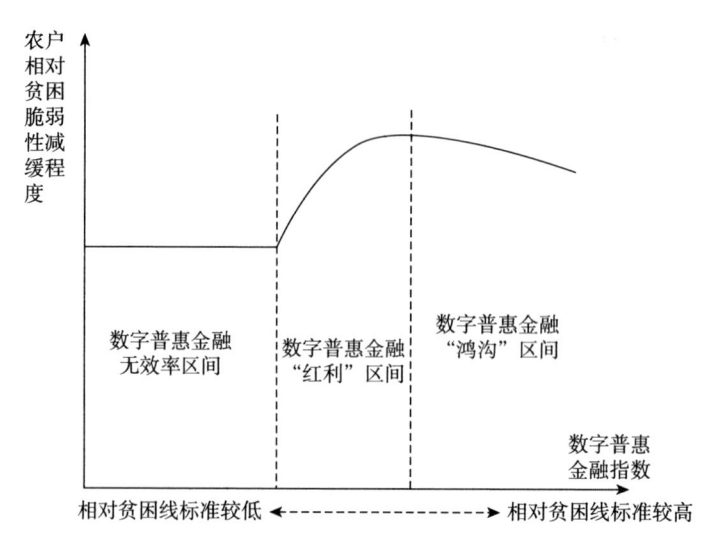

图 10-1　不同相对贫困线标准下数字普惠金融对农户
相对贫困脆弱性减缓程度的影响

弱性的作用效果有所减弱（陈池波、龚政，2021），而且不同经济发展阶段和贫困线标准的差异性也可能使数字普惠金融的作用效果表现出异质性。随着数字金融覆盖面的拓展，低收入人群可以通过增加融资渠道和提升信贷可得性来降低信贷融资约束（李京蓉等，2021），从而使"数字金融红利"效应更加凸显。同时，当相对贫困线标准提高后，数字金融使用深度和普惠金融数字化程度的提升以及数字金融发展鸿沟增大有可能导致农户之间风险管理能力的差异，从而带来居民收入差距的"鸿沟"效应，数字普惠金融对农户相对贫困脆弱性的"红利"效应逐渐减弱，农户的相对贫困脆弱性降至一定水平后将保持稳定甚至出现小幅的上升，即数字普惠金融发展鸿沟可能使不同贫困线标准下的农户相对贫困脆弱性缓释效应存在倒"U"形的关系。在作用机制层面，由于数字技术在不同人群之间存在技术鸿沟和认知鸿沟，农户非农就业机会和信贷约束存在差异，数字普惠金融发展的鸿沟在达到一定门槛后，对农户相对贫困脆弱性的影响也表现出结构性差异。为此，提出如下假说。

H1：数字普惠金融对农户相对贫困脆弱性的影响存在结构性差异，随着相对贫困线标准的提升，数字普惠金融与农户相对贫困脆弱性之间存在倒"U"形关系。

H2：数字普惠金融覆盖面越广，较低贫困线标准下的农户相对贫困脆弱性降低程度越大；数字普惠金融使用深度越大，较高贫困线标准下的农户相对贫困脆弱性减缓程度越明显。

H3：数字普惠金融可能通过提升农户数字技术能力和风险管理能力、缩小收入差距来缩小数字金融鸿沟，从而降低农户相对贫困脆弱性。

第三节 数据来源、模型设计与变量说明

一 数据来源

本章数据来源于北京大学"中国家庭追踪调查"数据（CFPS 2014年、2016年、2018年），并借鉴郭峰等（2020）的研究，基于北京大学数字金融研究中心与蚂蚁金服集团共同开发的北京大学数字普惠金融指数来度量。由于CFPS涵盖了个人、家庭、社区三个层面的问卷调查，但在数字普惠金融方面的内容相对偏少，在数据处理上，一方面，删除了社区、家庭、个体、城乡、省份等无法识别的样本数据，并通过年份和市县层面数据的匹配、筛选和整理，对异常值和缺失值进行剔除；另一方面，通过家庭主事者及财务管理者识别家庭户主身份，以户主年龄在18~70岁的家庭为有效样本，并按照家庭所在地区与数字普惠金融指数进行匹配，考察数字普惠金融在农户家庭贫困脆弱性方面的影响。最终选定的样本为CFPS 2014年、2016年、2018年所调查市县与北京大学数字普惠金融指数所调查市县匹配而成的三期混合面板数据，保留三年均在调查样本区间的数据作为研究数据集，并从时间维度考察贫困脆弱性变动状况，得到有效样本为6888户的三期平衡面板数据。

二 模型设计

为了揭示数字普惠金融对农户相对贫困脆弱性的异质性影响，以及测度不同相对贫困线标准下农户相对贫困脆弱性的最优数字普惠金融指数区间，构建如下面板数据模型：

$$PV_{ijt} = \alpha_1 + \beta_1 DIF_{jt} + \beta_2 DIF_{jt}^2 + PV_{ijt-1} + \lambda X_{ijt} + \varepsilon_{ijt} \tag{10.1}$$

其中，PV_{ijt} 和 PV_{ijt-1} 分别代表不同贫困线标准下测量的第 t 期和第 $t-$

1期第j个市县第i个农户家庭相对贫困脆弱性指数,DIF_{jt}为第t期第j个市县的数字普惠金融指数,X_{ijt}代表相关控制变量。根据世界银行2015年划定的贫困线标准,分别将每人每天1.9美元、3.2美元、5.5美元生活费作为极端贫困线、中等偏低贫困线和中等偏高贫困线,根据该标准划定相对贫困农户,处于该范围内则赋值为1,否则为0。不同的衡量标准有可能导致不同的最优数字普惠金融指数区间,如果按照不同贫困线标准衡量的农户相对贫困脆弱性存在最优数字普惠金融指数区间,意味着以农户相对贫困脆弱性为因变量、以数字普惠金融指数为自变量的拟合函数存在极值。我们将此函数拟合成一元二次方程:

$$Y = ax^2 + bx + c \tag{10.2}$$

根据该计量模型可以确定系数a和系数b的显著性,以及根据二者之间的关系分析相关函数极值是否存在。如果存在则可以通过拟合函数的一阶条件计算出数字普惠金融的极值$x_e = -\frac{b}{2a}$。为此,通过计量模型估算出系数a和b以及均衡的x_e。

三 变量选取

1. 被解释变量:农户相对贫困脆弱性

本章参照Chaudhuri等(2002)提出的贫困脆弱性指标(Poverty Vulnerability,PV)来测算农户家庭相对贫困脆弱性。假定农户人均年消费对数服从正态分布,首先采用面板数据广义最小二乘法(FGLS)对家庭下期人均消费对数进行估计,得出农户未来陷入相对贫困区间的概率,将其界定为相对贫困脆弱性。构建农户人均消费对数的函数方程式为:

$$\ln C_{ijt} = \beta_0 + \beta_1 N_{ijt} + e_{ijt} \tag{10.3}$$

其次,将式(10.3)得到的残差平方对数作为消费波动,进行OLS回归,从而得到:

$$\ln \sigma_e^2 = \theta_0 + \theta_1 N_{ijt} + \varepsilon_{ijt} \tag{10.4}$$

其中,C_{ijt}代表市县j农户i在第t期的人均家庭消费支出,N_{ijt}代表市县j农户i在第t期与农户相对贫困脆弱性相关的一系列个体和家庭可观测特征变量,具体包括自然资本、金融资本、人力资本、物质资本、社

第十章 数字普惠金融与农户相对贫困脆弱性

会资本等五大类（见表10-1）。此外，还加入了一些地区虚拟变量。e_{ijt} 和 ε_{ijt} 代表随机误差项；σ_e^2 代表对消费回归后得到的残差平方项。

根据式（10.3）和式（10.4）重新对消费波动和人均消费对数进行广义最小二乘法（GLS）回归，得到农户未来人均消费对数的期望值 $\hat{E}$ 和方差 $\hat{V}$：

$$\begin{cases} \hat{E}(\ln C_{ijt} \mid N_{ijt}) = N_{ijt}\hat{\beta}_{FGLS} \\ \hat{V}(\ln C_{ijt} \mid N_{ijt}) = N_{ijt}\hat{\theta}_{FGLS} \end{cases} \quad (10.5)$$

其中，$N_{ijt}\hat{\beta}_{FGLS}$ 和 $N_{ijt}\hat{\theta}_{FGLS}$ 分别表示正态分布假定条件下运用FGLS方法估计得到的未来人均年消费对数的期望值和方差。

最后，基于农户人均消费对数服从正态分布的假设，得到最终的农户相对贫困脆弱性为：

$$\hat{PV}_{ijt} = \hat{Pr}(\ln C_{ijt} < \ln z \mid N_{ijt}) = \phi\left[(\ln z - N_{ijt}\hat{\beta}_{FGLS})/\sqrt{N_{ijt}\hat{\theta}_{FGLS}}\right] \quad (10.6)$$

其中，$\hat{PV}_{ijt}$ 表示市县 j 农户 i 在第 t 期的相对贫困脆弱性，反映该农户家庭在未来发生相对贫困的概率；z 为相对贫困线。本章在估计农户相对贫困脆弱性时，分别采用不同水平的相对贫困线标准测度农户的相对贫困脆弱性程度，探讨数字普惠金融对不同贫困线标准下的农户相对贫困脆弱性的缓释效应及其结构性差异。

表10-1 农户家庭贫困脆弱性指标变量及说明

资产维度	资产指标	具体指标	2014年	2016年	2018年
自然资本	人均耕地面积	家庭耕地总面积/人口数	3.236	3.189	3.295
金融资本	银行贷款比重	银行贷款占总消费比重	1.074	1.322	1.579
	人均金融资产	家庭人均现金及存款金额的对数（元）	1.624	2.360	2.894
人力资本	劳动力	家庭劳动力人数	1.837	0.985	1.734
	受教育年限	户主受教育年限	5.581	5.921	5.780
	健康状况	受访者健康状况（非常健康=1；很健康=2；比较健康=3；一般=4；不健康=5）	2.841	2.989	3.180

续表

资产维度	资产指标	具体指标	2014年	2016年	2018年
物质资本	家庭住房	家庭住房现值的对数（万元）	3.686	5.952	7.992
		住房产权拥有状况（完全产权=1；共有产权=0.5；无产权=0）	0.631	0.614	0.609
	固定资产	耐用消费品总金额的对数（元）	0.370	0.549	0.628
		农业机械总价值的对数（元）	0.071	0.115	0.105
社会资本	人际关系	家庭人均礼金支出的对数（元）	0.329	0.400	0.405
	邻里信任度	对邻居的信任度（较差=1；一般=2；较好=3）	2.118	2.354	2.399

2. 解释变量：数字普惠金融指数

本章采用市县层面的中国数字普惠金融指数来衡量不同区域的数字普惠金融发展水平。该指数通过数字普惠金融覆盖广度、数字普惠金融使用深度和普惠金融数字化程度3个维度来进一步细分测度，从而更好地揭示我国数字普惠金融发展的结构性差异。

3. 控制变量

家庭的贫困状况会受到家庭自身状况以及社会经济环境等多方面因素的影响（尹志超等，2020），因此，本章在原有的生计资本基础上加入了农户个体特征和省级特征控制变量（见表10-2），并控制省份固定效应。

通过对农户相对贫困脆弱性的测度，得出不同贫困线标准下农户陷入相对贫困的风险概率值，在测算相对贫困脆弱性过程中为保障家庭人均可支配收入的可比性，按照购买力平价指数进行可比性换算。为比较农户相对贫困脆弱性在不同数字普惠金融指数区间的差异，表10-3报告了不同指数区间不同年份农户相对贫困脆弱性的分布状况。在数字普惠金融指数范围内，数字普惠金融指数区间越高，农户的贫困脆弱性相对越低，但二者之间是线性关系还是非线性关系仍需进一步计量检验。从不同年份来看，农户相对贫困脆弱性总体上呈逐年下降的趋势，但由于不同相对贫困线标准的差异性，相对贫困线标准越高，农户相对贫困脆弱性也越明显。

第十章　数字普惠金融与农户相对贫困脆弱性

表 10-2　变量设置及描述性说明

变量类型	变量名称	变量说明	2014年 均值	2014年 方差	2016年 均值	2016年 方差	2018年 均值	2018年 方差
解释变量	数字普惠金融	数字普惠金融指数（DIF）	47.15	1.152	99.98	1.143	105.32	1.197
		覆盖广度指数（DIF_B）	47.49	1.172	92.78	1.161	92.26	1.160
		使用深度指数（DIF_D）	51.94	1.269	115.31	1.223	126.11	1.326
		数字化程度指数（DIF_I）	37.31	1.218	95.93	1.206	110.69	1.261
控制变量	年龄	户主年龄（岁）	42.694	15.920	44.861	15.710	52.118	12.131
	受教育年限	户主受教育年限	5.581	4.060	5.921	4.318	5.780	4.155
	健康状况	1~5分别表示从健康到不健康的程度	2.841	1.279	2.989	1.262	3.180	1.294
	家庭人口规模	家庭总人口数	4.221	1.763	4.279	1.868	4.183	1.918
	人均可支配收入	取对数处理（元）	1.074	1.135	1.322	1.957	1.579	2.231
	人均资产	家庭人均现金及存款金额，取对数处理（元）	1.624	3.965	2.360	5.929	2.894	7.921
	家庭住房现值	家庭住房现值（万元）	3.686	6.309	5.952	19.977	7.992	60.733
	耐用品金额	人均耐用品金额（万元）	0.370	0.804	0.549	1.301	0.628	1.223
	城镇化水平	非农就业人口/地区总人口	0.537	0.06	0.558	0.04	0.582	0.05
省级特征	经济发展水平	省级GDP的对数（亿元）	3.889	0.712	3.952	0.729	4.108	0.734
	收入状况	省级人均可支配收入的对数（元）	4.729	0.260	4.895	0.248	5.062	0.240

表10-3 不同数字普惠金融指数区间的贫困发生率与相对贫困脆弱性分布状况

年份	数字普惠金融指数区间	1.9美元/(人·天) 贫困发生率	1.9美元/(人·天) 贫困脆弱性均值	3.2美元/(人·天) 贫困发生率	3.2美元/(人·天) 贫困脆弱性均值	5.5美元/(人·天) 贫困发生率	5.5美元/(人·天) 贫困脆弱性均值
2014	全样本	0.170	0.451	0.268	0.474	0.319	0.502
	180以上	0.166	0.448	0.262	0.470	0.313	0.492
	(120, 180]	0.167	0.426	0.266	0.447	0.316	0.498
	(60, 120]	0.172	0.464	0.271	0.480	0.323	0.512
	(0, 60]	0.172	0.464	0.270	0.480	0.321	0.510
2016	全样本	0.176	0.447	0.285	0.469	0.325	0.517
	180以上	0.170	0.439	0.280	0.460	0.321	0.503
	(120, 180]	0.174	0.448	0.282	0.470	0.323	0.511
	(60, 120]	0.181	0.461	0.289	0.484	0.328	0.524
	(0, 60]	0.179	0.456	0.288	0.478	0.328	0.524
2018	全样本	0.163	0.439	0.263	0.455	0.313	0.511
	180以上	0.160	0.422	0.259	0.451	0.309	0.501
	(120, 180]	0.161	0.431	0.262	0.453	0.311	0.505
	(60, 120]	0.165	0.442	0.266	0.461	0.315	0.514
	(0, 60]	0.165	0.441	0.265	0.460	0.315	0.513

第四节 数字普惠金融对农户相对贫困脆弱性的影响测度

一 数字普惠金融对农户相对贫困脆弱性的影响及最优指数区间

1. 数字普惠金融对农户相对贫困脆弱性的影响

首先，利用 Hausman 检验判断采用固定效应模型还是随机效应模型。从三个不同贫困线标准下的 Hausman 检验值可以看出，三者均通过显著性检验且拒绝原假设，故适用固定效应模型。然后，分别在两个模型中加入调查年份的时间哑变量对原模型进行修正，并对哑变量进行虚拟变量检验。从表 10-4 中可以看出，数字普惠金融对农户相对贫困脆弱性具有显著的负向影响。数字普惠金融指数每增加 1 个单位，可以使在人均消费支出为 1.9 美元/天、3.2 美元/天、5.5 美元/天贫困线标准下的农户相对贫困脆弱性分别降低 17.3%、21.1%、18.4%，且修正后的模型作用效果更加明显。由此可见，数字普惠金融对农户相对贫困脆弱性具有较强的缓释效应。但相较而言，随着相对贫困线标准的提高，数字普惠金融降低农户相对贫困脆弱性的作用效果呈现先上升后小幅下降的非线性特征。可能的原因是农户金融素养和收入水平存在结构性差异，提高数字普惠金融覆盖广度有利于提升农户整体的信贷可得性，从而缓解信贷约束。但随着相对贫困线标准的不断提升，不同人群接受数字技术和金融知识的差异带来的"数字金融鸿沟"效应逐渐分化，收入较高且具备较强风险管理能力的相对贫困群体，可以通过提升数字技能和金融素养强化其普惠金融的"数字金融红利"效应。

为了重点揭示不同相对贫困线标准下降低农户相对贫困脆弱性是否存在最优数字普惠金融指数区间，无论采用固定效应模型还是修正的固定效应模型，发现数字普惠金融指数及其平方项均显著影响农户相对贫困脆弱性，且二者方向相反。根据拟合函数的一阶条件计算出各自的最优数字普惠金融指数区间，得出在人均消费支出为 1.9 美元/天、3.2 美元/天、5.5 美元/天贫困线标准下的数字普惠金融指数最优区间为 108.12~129.28、131.87~142.50、153.33~160.00，反映出不同贫困线标准下数

表10-4 不同贫困线标准下农户相对贫困脆弱性的最优数字普惠金融指数区间

变量	1.9美元/(人·天) 农户相对贫困脆弱性(1)	1.9美元/(人·天) 修正的农户相对贫困脆弱性(2)	3.2美元/(人·天) 农户相对贫困脆弱性(3)	3.2美元/(人·天) 修正的农户相对贫困脆弱性(4)	5.5美元/(人·天) 农户相对贫困脆弱性(5)	5.5美元/(人·天) 修正的农户相对贫困脆弱性(6)
DIF	-0.173*** (0.014)	-0.181*** (0.009)	-0.211*** (0.015)	-0.228*** (0.029)	-0.184*** (0.016)	-0.192*** (0.027)
DIF的平方	0.0008** (0.0004)	0.0007*** (0.0002)	0.0008** (0.0003)	0.0008*** (0.0003)	0.0006*** (0.0002)	0.0006** (0.0003)
常数项	2.042** (1.021)	2.047** (1.021)	2.068** (1.017)	2.113* (1.331)	2.890** (1.426)	2.092** (1.029)
控制变量	是	是	是	是	是	是
省份固定效应	是	是	是	是	是	是
虚拟时间变量(2018年)	未设置	1634.17*** (0.067)	未设置	1721.04*** (0.082)	未设置	1691.27*** (0.083)
Hausman检验	163.161 Prob > F = 0.00	171.158 Prob > F = 0.00	168.177 Prob > chi2 = 0.00	179.165 Prob > F = 0.00	170.134 Prob > chi2 = 0.00	168.137 Prob > F = 0.00
样本量	2715	2715	3192	3192	4305	4305
拟合最优数字金融指数(-b/2a)	108.12	129.28	131.87	142.50	153.33	160.00

注：***、**、*分别表示在1%、5%、10%的水平下显著；括号内是聚类到市县层面的稳健标准误。控制变量系数和滞后一期农户相对贫困脆弱性的系数受篇幅所限未予以报告（下同）。

字普惠金融对农户相对贫困脆弱性的影响存在一定的适度规模区间。

此外,为了进一步揭示数字普惠金融对农户相对贫困脆弱性的影响是否存在结构性差异并测算其最优指数区间,分别将数字普惠金融覆盖广度、使用深度以及普惠金融数字化程度三个分项指数及其平方项纳入计量模型,分别测算不同分项指数对农户相对贫困脆弱性的影响及其最优指数区间。从表10-5来看,在人均消费支出为1.9美元/天的贫困线标准下,数字普惠金融覆盖广度指数对农户相对贫困脆弱性的作用效果最为明显,拟合后的最优覆盖广度指数区间为77.85~92.50。随着相对贫困线标准的提升,数字普惠金融最优覆盖广度指数的区间总体上呈现先上升后小幅下降的趋势,最优覆盖广度指数区间位于77.85~127.50。因此,加快数字金融基础设施的有效覆盖,可以有效降低低收入人群相对贫困脆弱性,对防范和化解返贫风险具有重要作用。

根据表10-6的结果可以看出,不同贫困线标准下数字普惠金融的使用对农户相对贫困脆弱性的影响也存在结构性差异,农户相对贫困脆弱性的最优数字普惠金融指数区间位于128.12~158.88,且数字普惠金融使用深度的提高与农户相对贫困脆弱性减缓程度之间存在小幅上升的关系,相对贫困线标准越高,农户相对贫困脆弱性缓释效应越明显。可能原因是具有较高数字普惠金融使用深度的农户往往具备较高的金融素养和互联网金融使用能力,其相对贫困脆弱性减缓效应也更加明显。

从普惠金融数字化程度对农户相对贫困脆弱性的影响结果来看(见表10-7),普惠金融数字化程度对农户相对贫困脆弱性的影响不显著,可能的原因在于该指数构成是以移动支付、便利化及信用消费为主,而农户相对贫困脆弱性的构成强调生计能力的提升,农户的消费便利对其生计能力的提升影响效果不明显,反映出普惠金融数字化程度需要强化居民生计能力及提高居民生计资本,要更加侧重于农户生产经营等层面的数字化。

2. 降低农户相对贫困脆弱性的最优数字普惠金融决策图谱

对于不同贫困线标准下的农户相对贫困脆弱性而言,在人均消费支出为1.9美元/天标准下,降低农户相对贫困脆弱性的总体最优数字普惠金融指数区间为108.12~129.28。从各分项指数来看,降低农户相对贫困脆弱性的最优数字金融覆盖广度指数区间门槛最低,其最优指数区间

表10-5 不同贫困线标准下数字普惠金融覆盖广度对农户相对贫困脆弱性的影响

变量	1.9美元/(人·天) 农户相对贫困脆弱性（1）	1.9美元/(人·天) 修正的农户相对贫困脆弱性（2）	3.2美元/(人·天) 农户相对贫困脆弱性（3）	3.2美元/(人·天) 修正的农户相对贫困脆弱性（4）	5.5美元/(人·天) 农户相对贫困脆弱性（5）	5.5美元/(人·天) 修正的农户相对贫困脆弱性（6）
DIF_B	−0.111*** (0.091)	−0.109** (0.074)	−0.102** (0.015)	−0.122*** (0.046)	−0.960*** (0.015)	−0.970*** (0.031)
DIF_B的平方	0.0006** (0.0003)	0.0007** (0.0003)	0.0004** (0.0002)	0.0005*** (0.0001)	0.0004*** (0.0001)	0.0004*** (0.0001)
常数项	10.031*** (0.091)	12.004** (0.074)	13.037** (0.059)	14.002*** (0.047)	13.133*** (0.051)	16.114*** (0.037)
控制变量	是	是	是	是	是	是
省份固定效应	是	是	是	是	是	是
虚拟时间变量（2018年）	未设置	1107.81*** (0.051)	未设置	1210.31*** (0.043)	未设置	1197.44*** (0.066)
Hausman检验	178.68 Prob > chi2 = 0.00	186.58 Prob > F = 0.00	175.77 Prob > chi2 = 0.00	187.65 Prob > F = 0.00	198.34 Prob > chi2 = 0.00	201.37 Prob > F = 0.00
样本量	2715	2715	3192	3192	4305	4305
拟合最优覆盖广度指数（−b/2a）	92.50	77.85	127.50	122.00	120.00	121.25

注：**、***分别表示在5%、10%的水平下显著；括号内是聚类到市县层面的稳健标准误。

第十章 数字普惠金融与农户相对贫困脆弱性

表 10-6 不同贫困线标准下数字金融使用深度对农户相对贫困脆弱性的影响

变量	1.9 美元/(人·天) 农户相对贫困脆弱性 (1)	1.9 美元/(人·天) 修正的农户相对贫困脆弱性 (2)	3.2 美元/(人·天) 农户相对贫困脆弱性 (3)	3.2 美元/(人·天) 修正的农户相对贫困脆弱性 (4)	5.5 美元/(人·天) 农户相对贫困脆弱性 (5)	5.5 美元/(人·天) 修正的农户相对贫困脆弱性 (6)
DIF_D	-0.123*** (0.014)	-0.121*** (0.031)	-0.137** (0.059)	-0.142*** (0.047)	-0.143*** (0.051)	-0.141*** (0.037)
DIF_D 的平方	0.00048** (0.0002)	0.00046** (0.0002)	0.0005*** (0.0001)	0.0005*** (0.0002)	0.00045** (0.0002)	0.00045*** (0.0002)
常数项	1.027*** (0.031)	1.045*** (0.036)	2.033*** (0.021)	2.058*** (0.013)	1.029*** (0.037)	1.054*** (0.021)
控制变量	是	是	是	是	是	是
省份固定效应	是	是	是	是	是	是
虚拟时间变量 (2018年)	未设置	863.18*** (0.076)	未设置	898.16*** (0.035)	未设置	1031.07*** (0.049)
Hausman 检验	135.34 Prob > chi2 = 0.00	142.61 Prob > F = 0.00	148.92 Prob > chi2 = 0.00	151.33 Prob > F = 0.00	148.39 Prob > chi2 = 0.00	161.57 Prob > F = 0.00
样本量	2715	2715	3192	3192	4305	4305
拟合最优使用深度指数 ($-b/2a$)	128.12	131.52	137.00	142.00	158.88	156.66

注：**、*** 分别表示在 5%、1% 的水平下显著；括号内是聚类到市县层面的稳健标准误。

表 10-7 不同贫困线标准下普惠金融数字化程度对农户相对贫困脆弱性的影响

变量	1.9美元/(人·天) 农户相对贫困脆弱性 (1)	1.9美元/(人·天) 修正的农户相对贫困脆弱性 (2)	3.2美元/(人·天) 农户相对贫困脆弱性 (3)	3.2美元/(人·天) 修正的农户相对贫困脆弱性 (4)	5.5美元/(人·天) 农户相对贫困脆弱性 (5)	5.5美元/(人·天) 修正的农户相对贫困脆弱性 (6)
DIF_I	-0.111 (0.074)	-0.119 (0.086)	-0.163 (0.101)	-0.172 (0.129)	-0.137 (0.163)	-0.146 (0.177)
DIF_I 的平方	0.0005 (0.0013)	0.0005 (0.0013)	0.0004 (0.0021)	0.0004 (0.0021)	0.0005 (0.0012)	0.0005 (0.0012)
常数项	2.027*** (0.031)	2.045*** (0.036)	2.033*** (0.021)	2.058*** (0.013)	2.029*** (0.037)	2.054*** (0.021)
控制变量	是	是	是	是	是	是
省份固定效应	是	是	是	是	是	是
虚拟时间变量（2018年）	未设置	1013.28*** (0.041)	未设置	1073.09*** (0.046)	未设置	1066.29*** (0.051)
Hausman 检验	182.01 Prob > chi2 = 0.00	163.11 Prob > F = 0.00	145.19 Prob > chi2 = 0.00	163.27 Prob > F = 0.00	166.37 Prob > chi2 = 0.00	171.48 Prob > F = 0.00
样本量	2715	2715	3192	3192	4305	4305

注：***表示在1%的水平下显著；括号内为聚类到市县层面的稳健标准误。

为 77.85~92.50；但最优数字普惠金融使用深度的门槛指数区间则偏高，位于 128.12~131.52，反映出积极扩大数字普惠金融基础设施及网点的覆盖面可以让更多的低收入人群接触和享受到数字普惠金融的红利。在人均消费支出为 3.2 美元/天标准下，总体而言，数字普惠金融降低农户相对贫困脆弱性的最优指数区间为 131.87~142.50。从各分项指数来看，数字普惠金融覆盖广度、使用深度的最优指数区间分别为 122.00~127.50 和 137.00~142.00。此外，在人均消费支出为 5.5 美元/天相对贫困线标准下，数字普惠金融降低农户相对贫困脆弱性的最优指数区间为 153.33~160.00。从各分项指数来看，数字普惠金融覆盖广度、使用深度的门槛区间分别为 120.00~121.25 和 156.66~158.88。综合而言，不同贫困线标准下降低农户相对贫困脆弱性的数字普惠金融指数区间大致处于 77~160，且数字普惠金融覆盖广度对较低贫困线标准下的农户相对贫困脆弱性缓释效应更大；而数字金融使用深度在较高贫困线标准下降低农户相对贫困脆弱性的作用效果更明显。总体上看，数字普惠金融降低农户相对贫困脆弱性的作用效果存在先上升后小幅下降的趋势。

二 稳健性检验

1. 区域维度异质性

由于我国数字普惠金融发展可能存在较严重的区域不均衡性，区域经济发展与数字普惠金融往往密切相关，再次将数字普惠金融指数与省级人均 GDP 的对数值（$lnGDP$）的交乘项引入回归方程，用于考察地区经济水平差异在数字普惠金融推进中是否会对农户相对贫困脆弱性产生异质性影响。借鉴傅秋子和黄益平（2018）的做法，采用各区县到杭州的距离作为数字普惠金融指数的工具变量，由于各区县到杭州的距离可以反映数字经济水平，与数字普惠金融发展水平密切相关，但该指标与农户相对贫困脆弱性不存在直接的关联，可以作为间接反映数字普惠金融发展指数的有效工具变量。研究结果表明，不管是固定效应模型还是面板工具变量模型，数字普惠金融发展指数均在 1% 的水平下显著为负，且其与人均 GDP 的对数值的交乘项系数也显著为负。随着贫困线标准的提升，数字普惠金融发展对农户相对贫困脆弱性的影响更大，但也呈现相对稳定的状态（见表 10-8）。数字普惠金融对农户相对贫困脆弱性的影响主要体现在一定收入水平的农户层面，提升相对贫困线标准将有利于相对贫困农户提高数字技能和对金融知识的接受程度，并缩小发达地区与欠发达地区之间的数字金融鸿沟，最终使农户相对贫困脆弱性稳定在较低的均衡水平。

表10-8 不同贫困线标准下数字普惠金融对农户相对贫困脆弱性影响的区域异质性（2SLS）

变量	1.9美元/日		3.2美元/日		5.5美元/日	
	FE	FE-IV	FE	FE-IV	FE	FE-IV
DIF	-0.0512***	-0.0531***	-0.0626***	-0.0637***	-0.0566***	-0.0555***
	(-0.0011)	(-0.0191)	(-0.0079)	(-0.0153)	(-0.0133)	(-0.0101)
$DIF \times \ln GDP$	-0.0003***	-0.0002***	-0.0002***	-0.0002***	-0.0002***	-0.0002***
	(0.0001)	(0.0001)	(0.0000)	(0.0000)	(0.0000)	(0.0000)
控制变量	是	是	是	是	是	是
家庭固定效应	是	是	是	是	是	是
年份固定效应	是	是	是	是	是	是
样本量	2715	2715	3192	3192	4305	4305

注：*** 表示在1%的水平下显著，括号内数字为稳健标准误。

2. 收入水平异质性

为了进一步验证数字普惠金融是否会对不同收入状况下的农户相对贫困脆弱性产生异质性影响，采取分位数回归模型将样本按照收入水平从低到高排序后分为10%、25%、50%、75%和90%的样本组别，再次对样本进行计量分析，发现数字普惠金融对中等收入农户的贫困脆弱性影响更为明显，且随着收入水平的提高，数字普惠金融对农户相对贫困脆弱性的缓释效应表现出倒"U"形关系，即数字普惠金融发展对低收入农户和高收入农户相对贫困脆弱性的缓释效应相对偏弱，而对中等收入农户相对贫困脆弱性的缓释效应却相对较高（见表10-9），这也凸显了数字普惠金融对不同收入水平的农户相对贫困脆弱性的冲击存在一定的结构性差异，数字普惠金融降低农户相对贫困脆弱性的作用效果既表现出"数字金融鸿沟"效应，也表现为"数字金融红利"效应，且二者之间为非线性关系，缩小农村内部的收入差距也是缩小数字金融鸿沟、提高数字金融普惠效果的重要前提。

表 10-9 不同贫困线标准下数字普惠金融对不同收入水平
农户的贫困脆弱性影响（QR）

贫困线	变量	被解释变量：农户相对贫困脆弱性				
		10%	25%	50%	75%	90%
1.9美元/ (人·天)	DIF	-0.0207** (0.0097)	-0.0526*** (0.0082)	-0.0559*** (0.0038)	-0.0437*** (0.0028)	-0.0318*** (0.0022)
	控制变量	是	是	是	是	是
	省份固定效应	是	是	是	是	是
3.2美元/ (人·天)	DIF	-0.0339*** (0.0119)	-0.0632*** (0.0091)	-0.0618*** (0.0037)	-0.0526*** (0.0029)	-0.0305** (0.0026)
	控制变量	是	是	是	是	是
	省份固定效应	是	是	是	是	是
5.5美元/ (人·天)	DIF	-0.0626*** (0.0077)	-0.0726*** (0.0063)	-0.0637*** (0.0033)	-0.0549*** (0.0021)	-0.0348*** (0.0018)
	控制变量	是	是	是	是	是
	省份固定效应	是	是	是	是	是
样本量		692	1730	3460	5191	6229

注：** 和 *** 分别表示在5%和1%的水平下显著，括号内数值为稳健标准误。

第五节 数字普惠金融对农户相对贫困脆弱性的影响机制检验

为了进一步探寻数字普惠金融对农户相对贫困脆弱性的缓释效应为何存在倒"U"形关系，并揭示其作用机制，本章借鉴温忠麟等（2004）的中介效应检验模型，构建面板中介效应模型，逐步回归检验其作用机制，模型设计如下：

$$\begin{cases} PV_{ijt} = \alpha_0 + \alpha_1 X_{ijt} + \alpha_2 Z_{ijt} + \mu_t + \varepsilon_1 \\ M = \beta_0 + \beta_1 X_{ijt} + \beta_2 Z_{ijt} + \mu_t + \varepsilon_2 \\ PV_{ijt} = \gamma_0 + \gamma_1 X_{ijt} + \gamma_2 M + \gamma_3 Z_{ijt} + \mu_t + \varepsilon_3 \end{cases} \quad (10.7)$$

其中，M 为中介变量，本章的中介变量包括是否接触互联网[①]、互

[①] 通过"是否使用电脑上网"反映农户是否接触互联网，如果选择"是"赋值为1，选择"否"赋值为0。

联网使用能力[①]、风险管理能力[②]、居民泰尔指数[③]等（李牧辰等，2020），X_{ijt}为通过 M 对 PV_{ijt} 产生影响的中介效应，Z_{ijt}为控制变量。为检验数字普惠金融达到一定门槛值后，对农户相对贫困脆弱性的缓释效应为何存在一个先上升后下降的倒"U"形关系，通过引入数字普惠金融对居民非农就业、信贷约束、风险管理等方面的影响来进一步阐释其传导机制，并针对接触互联网的家庭是否对未接触互联网的家庭存在数字金融发展机会的"挤压"效应进行分析。

一 数字技术能力的中介效应

根据表 10-10 的结果可知，第（1）列数字普惠金融对农户相对贫困脆弱性缓释的回归系数显著为负，第（2）列数字普惠金融对是否接触互联网存在显著的正向影响，第（3）列数字普惠金融与是否接触互联网对农户相对贫困脆弱性的回归系数均显著为负，中介效应的 Sobel 检验 P 值小于 0.05，表明数字普惠金融可以通过扩大互联网覆盖面来增加使用互联网的机会，间接地降低农户相对贫困脆弱性。在数字技术鸿沟层面，第（4）列数字普惠金融对互联网使用能力的回归系数在 1% 的水平下显著为正，第（5）列显示中介效应的 Sobel 检验在 1% 的水平下显著为负，表明数字普惠金融可以发挥强化互联网使用能力的中介作用，降低农户的相对贫困脆弱性。此外，第（6）列将是否接触互联网与互联网使用能力的交乘项纳入模型，发现二者交乘项的回归系数显著为负且回归系数值相对单独回归系数值更大，反映出接触互联网的居民更容易通过频繁利用互联网来提升数字技术，从而提升数字能力，降低农户相对贫困脆弱性，体现了收入水平和数字技能越高的农户（数字金融使用深度越高），相对贫困脆弱性的降低效应越明显。

---

① 通过"使用互联网工作或进行商业活动的频率（次）"反映农户对互联网的使用能力和数字技术使用深度，体现农户的数字技术鸿沟水平，使用互联网的频率越高，其数字技术能力越强。

② 风险管理能力通过 CFPS 设置的问题"您家现在是否持有金融产品"，"是"赋值为 1，"否"赋值为 0。

③ 泰尔指数计算公式为 $T = \frac{1}{n}\sum_{i=1}^{n}\frac{y_i}{\bar{y}}\ln\left(\frac{y_i}{\bar{y}}\right)$，式中 T 为以收入差距程度测度的泰尔指数，$y_i$ 与 $\bar{y}$ 分别代表第 i 个农户的收入和所有个体的平均收入。

第十章 数字普惠金融与农户相对贫困脆弱性

表 10-10 数字技术能力的中介效应检验

变量	数字覆盖鸿沟层面				数字技术鸿沟层面	
	相对贫困脆弱性 (1)	是否接触互联网 (2)	相对贫困脆弱性 (3)	互联网使用能力 (4)	相对贫困脆弱性 (5)	相对贫困脆弱性 (6)
DIF	-0.0595*** (0.0021)	2.1629*** (0.0327)	-0.3431*** (0.0131)	0.0538*** (0.0011)	-0.0430*** (0.0227)	-0.0497*** (0.0021)
是否接触互联网			-0.0987** (0.0319)			
互联网使用能力					-0.0861*** (0.0218)	
是否接触互联网×互联网使用能力						-0.1196*** (0.0018)
控制变量	控制	控制	控制	控制	控制	控制
年份固定效应	是	是	是	是	是	是
省份固定效应	是	是	是	是	是	是
常数项	3.0244** (0.0016)	8.0260*** (0.0015)	3.0601*** (0.0027)	4.0184*** (0.0213)	3.0601*** (0.0351)	4.1962*** (0.0037)
Pseudo R^2	0.1142	0.1242	0.1329	0.1047	0.0981	0.1094

注：** 和 *** 分别表示在 5% 和 1% 的水平下显著，括号内数值为稳健标准误。

二 风险管理能力的中介效应

根据表 10-11 的结果可以看出,第(1)列数字普惠金融指数对农户相对贫困脆弱性的回归系数显著为负,第(2)列数字普惠金融指数对农户风险管理能力的回归系数显著为正,而第(3)列数字普惠金融指数和风险管理能力对农户相对贫困脆弱性的回归系数均为负,同时中介效应的 Sobel 检验 P 值小于 0.05,表明数字普惠金融指数可以通过提高农户风险管理能力进而降低农户的相对贫困脆弱性。

表 10-11 风险管理能力的中介效应检验

变量	相对贫困脆弱性(1)	风险管理能力(2)	相对贫困脆弱性(3)
DIF	-0.0595** (0.0021)	0.0619*** (0.0114)	-0.0148*** (0.0623)
风险管理能力			-0.1257*** (0.0379)
控制变量	控制	控制	控制
年份固定效应	是	是	是
省份固定效应	是	是	是
常数项	2.316*** (0.139)	2.473*** (0.157)	1.526*** (0.173)
Pseudo R^2	0.1468	0.1323	0.1693

注:** 和 *** 分别表示在 5% 和 1% 的水平下显著,括号内数值为稳健标准误。

三 收入差距的中介效应

从表 10-12 可以看出,第(1)列数字普惠金融指数对农户相对贫困脆弱性的回归系数显著为负,第(2)列数字普惠金融指数对农村居民泰尔指数的回归系数显著为负,但居民泰尔指数对农户相对贫困脆弱性的回归系数显著为正,同时中介效应的 Sobel 检验 P 值小于 0.01,表明数字普惠金融指数可以通过缩小农户收入差距来降低农户的相对贫困脆弱性。

由于数字普惠金融对不同收入和金融素养的农户既会产生"数字金融鸿沟"效应,又能带来"数字金融红利"效应(刘魏,2021),因此,

表 10-12 收入差距的中介效应检验

变量	相对贫困脆弱性（1）	居民泰尔指数（2）	相对贫困脆弱性（3）
DIF	-0.0595***	-0.0316***	-0.0626**
	(0.0021)	(0.0004)	(0.0318)
居民泰尔指数			2.6133***
			(0.0362)
控制变量	控制	控制	控制
年份固定效应	是	是	是
省份固定效应	是	是	是
常数项	1.259***	2.0145***	1.3922***
	(0.0168)	(0.0711)	(0.1492)
Pseudo R^2	0.1098	0.0928	0.1011

注：** 和 *** 分别表示在5%和1%的水平下显著，括号内数值为稳健标准误。

要最大限度地提升数字金融发展的"数字金融红利"效应、降低其"数字金融鸿沟"效应，缓解数字普惠金融对农户相对贫困脆弱性影响的结构性矛盾。测算同一样本农户在上一期与本期之间的相对贫困脆弱性是降低了还是提升了，如果本期比上期的相对贫困脆弱性降低了，代表农户的脱贫能力提升，反映出数字普惠金融有利于提升农户的可持续生计能力；反之则代表农户并未从数字普惠金融中获益进而提升其生计能力。这样形成三期农户相对贫困脆弱性变动的截面数据（2014~2016年、2016~2018年、2014~2018年）。从表10-13可以看出，在不同贫困线标准下，农户相对贫困脆弱性的变动也存在小幅的差异，在人均消费支出为1.9美元/天贫困线标准下，数字普惠金融对农户相对贫困脆弱性变动的影响系数总体上低于3.2美元/天、5.5美元/天相对贫困线标准下的作用效果。当引入DIF与是否接触互联网的交乘项后，发现这一变动规律依然成立，间接反映出数字普惠金融对于具有一定收入水平和互联网技能的农户而言，可以较好地提升其数字金融普惠效果，逐步提升数字普惠金融的使用深度成为乡村振兴阶段需要重点关注的内容。

表 10-13 数字普惠金融对不同贫困线标准下的农户相对贫困脆弱性变动的影响

变量	1.9 美元/(人·天) 2014~2016 年	1.9 美元/(人·天) 2016~2018 年	1.9 美元/(人·天) 2014~2018 年	3.2 美元/(人·天) 2014~2016 年	3.2 美元/(人·天) 2016~2018 年	3.2 美元/(人·天) 2014~2018 年	5.5 美元/(人·天) 2014~2016 年	5.5 美元/(人·天) 2016~2018 年	5.5 美元/(人·天) 2014~2018 年
DIF	-0.240*** (0.003)	-0.252*** (0.077)	-0.260*** (0.081)	-0.241*** (0.043)	-0.266*** (0.087)	-0.283*** (0.057)	-0.272*** (0.087)	-0.277*** (0.067)	-0.282*** (0.024)
DIF×是否接触互联网	-0.129 (0.173)	-0.128 (0.171)	-0.134 (0.091)	-0.132 (0.088)	-0.167*** (0.011)	-0.186*** (0.003)	-0.139*** (0.027)	-0.147*** (0.021)	-0.167*** (0.007)
控制变量	是	是	是	是	是	是	是	是	是
家庭固定效应	是	是	是	是	是	是	是	是	是
年份固定效应	是	是	是	是	是	是	是	是	是
样本量	1972	1972	1972	2397	2397	2397	2768	2768	2768

注：***表示在 1% 的水平下显著，括号内数值为稳健标准误。

第六节 本章小结

本章通过构建北京大学"中国家庭追踪调查"数据（CFPS 2014年、2016年、2018年）和北京大学数字普惠金融指数匹配的三期混合面板数据，探讨了数字普惠金融对农户相对贫困脆弱性的影响及其作用机制，测度了不同贫困线标准下农户相对贫困脆弱性的最优数字普惠金融指数区间，揭示了数字普惠金融对不同贫困线标准下的农户相对贫困脆弱性变动的结构性差异。研究结果表明，第一，数字普惠金融对农户相对贫困脆弱性具有较强的缓释效应，数字普惠金融指数每增加1个单位，可以使在人均消费支出为1.9美元/天、3.2美元/天、5.5美元/天标准下的农户相对贫困脆弱性分别降低17.3%、21.1%、18.4%。但相较而言，随着相对贫困线标准的提升，数字普惠金融对农户相对贫困脆弱性的边际缓释效应呈现先上升后小幅下降的趋势，数字普惠金融对农户相对贫困脆弱性的影响呈现"数字金融红利"效应，当超过一定临界值后将呈现"数字金融鸿沟"效应，即数字普惠金融发展与农户相对贫困脆弱性之间存在倒"U"形关系。第二，通过绘制不同贫困线标准下农户相对贫困脆弱性减缓的最优数字金融指数区间决策图谱发现，降低农户相对贫困脆弱性的最优数字普惠金融指数区间位于108.12~160.00。从各分项指数测度结果来看，数字普惠金融覆盖广度对较低贫困线标准下的农户相对贫困脆弱性影响较明显，其指数区间总体较低，位于77.85~127.50；数字金融使用深度对较高贫困线标准下的农户相对贫困脆弱性影响较大，且其门槛条件也相对较高，指数区间位于128.12~158.88。第三，随着数字普惠金融水平和相对贫困线标准的不断提升，数字普惠金融主要通过提高农户数字技能、风险管理能力以及缩小收入差距来发挥中介效应，降低农户相对贫困脆弱性。其中，农户数字技能和风险管理能力越强，越有利于提升数字普惠金融对农户相对贫困脆弱性的缓释效应；而居民泰尔指数越大，数字普惠金融对农户相对贫困脆弱性的影响越大。此外，随着贫困线标准的提升，数字普惠金融对农户相对贫困脆弱性的变动冲击也小幅提升，但数字普惠金融对农户相对贫困脆弱性的缓释效应呈现边际收益递减的规律。

第三篇 案 例

——农村金融反贫困创新经验

第十一章　农村金融反贫困创新的国际经验与中国定位

综观国内外农村金融反贫困创新经验，比较不同金融反贫困创新模式，系统梳理发展中国家和发达国家在各自农村金融反贫困过程中的实践探索，寻找一些共性规律，并为中国农村金融反贫困的发展职能定位提供参考，提炼并总结有中国特色的农村金融反贫困经验和创新规律，为发展中国家农村金融反贫困创新提供中国方案。

第一节　发展中国家农村金融反贫困经验借鉴

一　孟加拉国微型金融反贫困经验

1. 孟加拉国 Grameen 银行的概况

孟加拉国的乡村银行模式由经济学家穆罕默德·尤努斯教授发明，目的在于为农村贫困人口提供金融服务。乡村银行以减贫成效显著、对象精准、区域广泛等特点，为乡村金融注入"活水"，推动乡村地区摆脱贫穷落后的面貌，拉动乡村经济发展。孟加拉国是世界上最不发达的国家之一，经济落后且人口密度大，获得多个国家政府和国际组织的经济援助，包括低息贷款和捐赠20亿美元，其项目开展总体运营良好。

自1976年穆罕默德·尤努斯创建 Grameen 银行探索试验抵押贷款业务后，该项目逐步成为孟加拉国中央银行试点和推广普惠金融的重点项目之一。7年后，《1983年特别格莱珉银行法令》颁布，Grameen 银行被批准存款，试点项目变成了一个独立的金融机构。在初始创立时期，主要是由创始人自行投资，随着该项目的不断推广应用，从1984年开始，通过国际社会资本注资、国际农业发展银行和国际货币基金组织提供资金。到1996年，Grameen 银行已经能够不依靠援助，通过自身市场运作获得足够的资金，进入稳定上升期。Grameen 银行根据其成立的目的，将乡村地区的穷人作为贷款对象,以农村妇女为主,该部分人群贫困程度更深,且需要存贷款、保险等多种综合性金融服务的支持。该银行自成立以来共发放57亿美元的贷款,其中50亿美元已经偿还。该银行是首次使用小组共同贷款模式的银行,即贫困农民向该银行贷款不需要提供抵押物品,但贫困农民所在小组的全体成员对贫困农民贷款负有责任。

Grameen银行为农民提供小额贷款有效地缓解了孟加拉国的贫困状况。截至2021年4月,Grameen银行在孟加拉国内共有2568个分支①,每个分支管理15~22个村,并由分支经理和中心经理进行组织管理。自成立以来,已经组建了超过1000家信用社,让200多万社会最贫困人口获得了数十亿美元的无担保抵押贷款,其中妇女占了97%。除个别年份外,基本上每年都实现了盈利,平均每年至少有8亿美元用于对贫困妇女的信贷扶持,每笔贷款为130美元,大多以小额信贷为主,且信贷贫困农户的还款率甚至高达99%。这种模式通过金融杠杆效应,不仅创造了巨大的社会效应,且通过市场化手段长期保持盈利,确保项目的可持续运营。截至2018年,Grameen银行每年实现盈利达到3000万美元,但不良贷款率却低于1.6%,且58%的借款人已经跨过世界银行界定的最低贫困线标准。

2. 孟加拉国Grameen银行的金融扶贫机制与经验

①专注贫困群体。孟加拉国Grameen银行是穷人所有的非营利组织,Grameen银行采用贫困识别,以穷人中的最穷人为贷款对象。尤努斯认为借贷的权利也是人权的一部分,即便是穷人也能拥有,并且相信穷人总是会偿还贷款的。贷款在全球摆脱饥饿、减少贫困方面发挥着战略性作用,在现实社会中,贷款是一种经济力量,但银行和其他贷款金融机构往往只接受有担保抵押物品的贷款,以此来降低风险。穷人缺少生产资本,只能被生产资本控制,不断被资本压榨。但是Grameen银行敢于打破金融机构与穷人之间缺少信任的状态,相信每一个贷款穷人都拥有还款能力并给予贷款权利,让穷人也可以通过资本运作改善生产条件,提高生产水平,打破其贫困恶性循环。此外,尤努斯还认为在穷人之中,妇女相对于男性而言更加不容易改变贫穷状况,是"穷人之中的穷人",

---

① 数据来源于Grameen银行官网及年报。

并且妇女对维护家庭整体利益的意志更加坚决、眼光更加长远，能够积极有效地利用贷款改善家庭生产生活条件。因此，在给穷人贷款的过程中妇女贷款占比高达 97%。

②组织层级结构。Grameen 银行以层级作为组织架构，以设在首都的 Grameen 银行总行为顶层，设置在总行之下分散在各地的 Gramenn 银行分行为第二层，每个分行之下有 10~15 个支行为第三层，是 Grameen 银行的基层组织之一。每个支行包括工作人员、培训人员、会计和经理以及广泛分布在农村地区的信贷调查员，银行内部主要人员有 10~12 人，负责 120~150 个乡村中心的信贷发放，并且保障支行运营的财务自负盈亏。在 Grameen 银行支行之下还有乡村中心和借款小组，共同构成 Grameen 银行的运行基础。村中 5 人自愿组成借款小组，且按照 6 个借款小组作为一个乡村中心的信贷人员组织结构进行管理。

③风险管理与监控机制。在风险管理方面，Grameen 银行不受央行的管理限制，主要依靠信任和激励政策进行风险控制，依赖小组成员的支持和社会压力保持低违约率。早期 Grameen 银行采取的小组联保机制存在一个"风险扩散机制"，即一人违约，小组成员为了避免承担责任必然选择违约。2000 年前后，Grameen 银行在对之前的风险管理经验进行总结的基础上，开发出"广义化推广模式"。该模式减轻了信贷担保的责任，将信贷小组成员的连带责任担保转变为以农村熟人之间的道德约束和相互监督实现风险管控，其间也会有中心经理进行监管以确保银行的正常经营。此外，Grameen 银行利用五星体系，对贷款人的贷款状况进行划分：绿星（100% 还款）、蓝星（盈利）、紫星（存超贷）、棕星（贷款人有孩子上学）和红星（贷款人超过贫困线）。

④利息规定及放贷与还款机制。扶贫基金大多采用补贴方法来保证较低信贷利率，借款成本普遍低于市场利率导致众多的富人利用各种途径进行寻租，牟取利益，真正的穷人却没有获得实惠。Grameen 银行与之相反，贷款利率高低交由市场决定，其价格甚至会远高于市场补贴利率，如 1999 年 Grameen 银行贷款利率为 20%，而同期其他银行贷款利率为 10%。

⑤贷款顺序以贫困程度为依据。在团体小组贷款中，往往采用"2+2+1"的贷款顺序，即优先考虑将资金借给贷款小组中最贫穷的两人，

然后是除小组长之外的两个人，这种方式保证了信贷资源更加倾向于贫困人群，且避免了"精英俘获"现象，而且"整借零还"的还款方式减少了信贷风险的传递。另外，Grameen 银行还不断进行机制改革，借款人可以通过分期的还款方式实现提前还款，也避免了借款人一次性提前还清贷款，且要求银行提高对借款额的上限。

孟加拉国乡村银行模式取得的成功，为广大的发展中国家树立了金融反贫困模式创新的典范，主要有三方面经验值得借鉴。一是扶贫对象精准，乡村银行的服务对象只瞄准贫困人口，通过成立以扶贫为目的的非营利性基金保障贷款资金只面向贫困人口，贫困程度越深，获取贷款的难度越低。此外，乡村银行小额贷款的利率通常不仅低于民间借贷利率，还低于大银行的借贷利率，能够在满足贫困农民用款需求的基础上减轻其还款负担。二是贷款不需要抵押物。乡村银行不需要像传统银行那样通过抵押物来降低贷款风险，而是成立贷款小组，通过团队贷款和担保的方式进行内部道德风险软约束来实现内部监控，保证小组成员作为资金监督的重要力量参与贷款，并共同承担还款责任。同时通过强制储蓄的方式建立风险补偿基金，实行前后交替贷款，即小组内前面的人贷款还清后才能为后面的人提供贷款。这些措施有效地降低了穷人获取贷款的难度和银行的经营风险，不仅使大量的贫穷人口获得了实实在在的好处，同时也降低了乡村银行的不良贷款率。三是以市场运作为核心，实行市场利率。孟加拉国乡村银行通过小额信贷活动，创新性地优化信贷内部监督和市场化机制，由市场决定利率，保证项目和机构本身的持续发展。在某些方面，它与政府的其他政策相互独立，成为一个非营利的自负盈亏的社会服务信息机构。这种模式保障了资金贷款应用及自身经营管理的可持续有效运转。这种市场化利率和小额贷款的持续运营，不但提高了 Grameen 银行的利润水平，而且为进一步扩大银行规模、更好地服务低收入人群提供了有力的保障。

二 玻利维亚小额信贷反贫困经验

1. 玻利维亚阳光银行概况

20 世纪 70 年代，尤努斯在孟加拉国创立了 Grameen 银行，率先提出了用商业化运作微型金融机构进行精准扶贫的新模式后，拉丁美洲的部分国家和地区也开始逐步利用商业化运作微型金融机构,并取得明显的成效。玻利维亚是拉丁美洲微型金融发展相对较好的国家,并且在促进社会经济发展的同时能够有效缓解社会的贫困和失业问题。

玻利维亚阳光银行是玻利维亚首家专注于微型金融的商业银行,成立于1992年。其前身是成立于1986年的非政府组织PRODEM,它是由美国非政府拉美行动国际和美国国际开发署在玻利维亚试点小额信贷而成立的非营利性组织,其资金来源于美国的资助、玻利维亚社会应急基金以及其他的一些社会捐赠。PRODEM最初是在城市周边开展金融业务,客户主要是城市小企业和自我雇佣者。为了自动瞄准目标客户、排除非贫困者,早期PRODEM规定新的借款人借款金额不得超过100美元,如借款人如期还款则可逐渐提高贷款额度。同时PRODEM采用正规的相互担保人制度,3~8人组成联合担保小组,一旦有成员没有按期还款,整个小组将失去贷款的权利,且小组成员承担联合偿还责任。截至1991年底,PRODEM在全国已经拥有11个营业处、116名员工和14300名客户,累计注册资本达到400万美元,总共发放超过2760万美元的贷款,人均贷款金额为1930美元,其中女性客户占比达到77%,违约率和拖欠率几乎为零。但在之后的发展过程中,由于PRODEM提供的产品服务不能与时俱进地充分满足客户的需求,产品服务单一化,缺乏多样性,尤其是无法吸纳存款,发展步履维艰。

2. 玻利维亚阳光银行的金融扶贫机制与经验

①贴近客户,培养客户。玻利维亚阳光银行的使命是为低收入群体提供高质量且全面的金融服务,其目标是有力地推动低收入人群的成长并提高他们的生活质量。为了更加贴近目标客户、了解他们的需求,玻利维亚阳光银行在全国各地设有办事处并且雇佣大量当地大学生进入城镇,与各种商贩、小生意主接触,记录他们的经营状况,了解其金融需求和负债能力,同时对他们的经营提供建议,对他们进行金融教育,指导他们合理地使用金融产品。

②商业化转型以实现可持续发展。商业化运作使玻利维亚阳光银行获得了更充足的资金,经营规模不断扩大,为客户提供更多样的产品与服务。在为贫困群体服务时,低利率使收益难以覆盖由信息不对称和高交易费用带来的高成本,这导致财务的不可持续问题,成为困扰金融机

构发展扶贫事业的难题。而玻利维亚阳光银行瞄准的客户并非赤贫群体，而是大量的微型企业和自我雇佣者，是"穷人中的富裕者"。银行曾将贷款利率保持在50%左右，最高时甚至达到了70%。遭遇金融危机后，对高利率和高负债的严格监管使玻利维亚阳光银行不得不下调利率，转向"薄利多销"的经营方式。2018年后，60%的贷款利率下降到11.5%，其余仍然暂时保持不变。银行在设置高利率的同时，也会对贷款者进行金融教育，指导他们估算生意的预期利润，帮助其更好地选择金融产品（叶靖，2011）。在商业化运作的同时，玻利维亚阳光银行也坚守为低收入人群服务的初心，重点为低收入人群提供包括营运资金、小额保险、住房贷款、消费贷、借记卡和汇款等在内的各类金融产品，使低收入群体也可以获得全面的金融服务。

③小组联保机制。与Grameen银行相似，玻利维亚阳光银行也采用小组联保贷款机制，要求3~8人组成一个小组，贷款期限为4~12个月，小组成员可同时获得贷款，并且贷款额度会随着借款人的信用累积而不断提高。只要其中一名成员拖欠贷款，整个小组的所有成员都不能进行贷款，这一责任连带机制不仅可以缓解小组成员的逆向选择问题、降低道德风险，也降低了银行信贷风险和交易成本。随着其客户需求的变化，为应对客户提出的个人信贷要求，玻利维亚阳光银行调整了策略，针对个人的信贷业务不要再以集体形式开展，担保人也不需要是集体。通过这一策略调整，玻利维亚阳光银行拓展了产品线，同时扩大了客户覆盖范围。

④动态激励机制。小额信贷的动态激励机制主要是指信贷供需双方通过无限期重复博弈，将借贷双方对未来的预期以及历史信贷记录纳入合同框架，以促进借款人还款。玻利维亚阳光银行正是采用了这种动态激励机制，通过发放较小的贷款额度，逐步了解借款人的信用水平。若借款人还款表现良好，则其可以获得后续反复贷款的机会，同时贷款额度会随着其还款能力的提高和信用的累积而不断提高；若借款人拖欠贷款，则其后期再获得贷款的可能性就会降低。借款人如果还想获得贷款，其违约的可能性就会很低。在这样的情况下，小组合谋集体违约的可能性也会大大降低。

⑤贷款偿还机制。玻利维亚阳光银行的贷款偿还机制极其灵活，根

据贷款人自身的现金流和信誉度授予信用额度。贷款往往具有额度小、周期短、利率高的特点，贷款人能够选择按周或其他周期分期偿还贷款。这种分期偿还机制不仅能约束贷款人及时还款，提前发现贷款的潜在风险，及时预警，同时也能加快银行的现金周转速度，降低财务风险。阳光银行还致力于财务的可持续性，强调小额信贷永久经营理念。

三 印度尼西亚微型金融反贫困经验

1. 印尼人民银行概况

印尼人民银行（BRI）成立于 1895 年，其村银行部始建于 1968 年，有 3600 个网点（郑乔，2010）。作为印度尼西亚五大国有商业银行之一，2003 年于纽约证券交易所上市，其主要职责是为农村提供金融服务，提高农业发展水平。印尼人民银行内设职能部门较为齐全，设立 23 个运行部门，分别承担零售银行、商业银行、投资银行和农村小额贷款四项主要业务。其中，村银行部（BRI-Unit Desa）是一个独立的、负责农村小额信贷业务的运行部门，其核心业务是以商业利率提供小额贷款，并以正利率吸收自愿存款。随着贷款种类的不断丰富，需要抵押担保作为支撑。村银行部的基本原则包括：贷款对象以印度尼西亚境内信誉良好的客户为主；以能够覆盖所有成本的贷款利率为信贷利率的基准；动员储蓄是以实际正利率向客户支付利息，并为客户提现提供便利条件；在开展其他服务时，各农村商业办事处必须从相关服务费中支付相应的费用；乡村营业所设在各地区的经济中心，使各项服务尽可能地便利于社区。与 Grameen 银行相比，村银行部更注重商业性和营利性，其服务宗旨在于在满足顾客需求的同时实现银行盈利化和服务简单化。

2. 印尼人民银行小额信贷业务的扶贫机制与经验

①自上而下的组织结构体系。印尼人民银行的村银行体系自上而下分为四个层级：第一级位于首都雅加达总部，以综合办公室负责全国宏观金融业务；第二级为分布于全国主要城市的 15 个地区级办事处；第三级为分布于全国的 320 个地区级支行；第四级为 3599 个地级以下的村银行和村服务站。村银行是印尼人民银行整个小额信贷系统的核心，其营业所通常位于村镇的中心位置、市场附近，乡村银行通常可以覆盖 16～18 个村庄，为 4500 名储户和 700 名贷款客户提供金融业务服务。最大的

村银行员工最多不超过12名，运营结构较为简单。村银行部门的工作人员主要是当地人，因此每个村银行都十分了解当地的文化习惯，了解当地情况，在一定程度上避免了逆向选择和道德风险。信贷员能够在当地较为容易地奠定良好的社会基础，获得社会支持，减少各项审查程序带来的管理成本和信贷风险，为村银行的良性循环奠定基础。

②目标客户定位精准。印尼人民银行小额贷款业务主要针对位于贫困线以上、具有良好的信用记录、具有一定盈利条件的个人或小企业主。数据显示，其贷款对象中小型经商者占42%，有稳定收入来源的个人占30%，拥有土地或其他生产资料的生产者占2%（郑乔，2010）。对于贷款的用途，村银行并没有做出严格的规定，鼓励和建议用于扩大生产规模、改善生活条件、提高家庭收入的活动。这一理念可以帮助贷款人合理利用贷款进行财富的积累。

③高息灵活的贷款产品。贷款额度介于2.5美元和5000美元之间，若贷款总额位于300美元以下，则不需要任何抵押担保；若贷款总额超过300美元，则需要用汽车、土地等作为抵押担保物品。贷款期限可以根据时间的长短，分为1个月、3个月、4个月、6个月、9个月、12个月、18个月、24个月、36个月，但在信贷实践中，80%以上的贷款期限集中在12~24个月。其中，流动资金的贷款期限最长为两年，投资贷款期限最长为三年。贷款客户的还款方式主要有两种，一种是在贷款期限内按月还款，另一种是分3个月、4个月和6个月分期还款。在利率设计方面，印尼人民银行主要基于收益覆盖成本和风险大小来确定小额贷款利率，初始贷款利率为32%，大多利率水平位于30%~35%。如果到期不能偿还贷款，则加收0.5%的罚息。此外，还需要扣除资金成本（约10%）、管理费用（约9%）和风险损失（约3%）等，保证小额信贷的息差收入大概在10%。

④不断完善农村金融网络建设。印尼人民银行（BRI）以覆盖全国主要分支机构的乡村营业所为主，且整体银行系统相对完备。早在1973年，政府就完善了营业所的系统，作为BRI运营的零售窗口。营业所系统以村级行政管理为主，负责信贷业务的基础数据收集和风险的监督管理。经过几十年的发展，印尼人民银行已经发展到3600个乡村营业所，乡村金融网络的构建不断清晰完善。

⑤内部监管制度。印尼人民银行不仅受到国家的外部监管，还设置了内部监管激励机制。银行的各个机构每年至少进行一次内部审计，主要用于督促村银行员工进行自我管理和信贷风险监督。同时，将银行金融业务所得利润与员工收入挂钩，用于激励员工和强化风险监督。

四 印度互助组织金融反贫困模式

1. 印度互助组织的概况与特征

印度是世界上第二人口大国，其中有接近2/3的人口直接或间接地依靠农业维持生活，且生产力水平低下，大部分地区贫困发生率都偏高。在20世纪90年代之前，印度为了解决农村地区信贷约束问题，重点通过正规金融机构发放信贷补贴，但最终结果与印度尼西亚相似，都未能奏效，且贷款拖欠率更高，农村金融系统一度面临崩溃的风险。

印度国家农业和农村发展银行（NABARD）通过创建自助小组银行（SHG-Bank），推行国家金融扶贫模式。截至2018年底，印度国家农业和农村发展银行累计投放1.88万亿卢比转贷款、1.64万亿卢比的直接贷款，分别占全年总投放量的53.4%、46.6%，有效满足了将近1亿印度贫困家庭的金融需求（王吉献、牛倩，2019）。联合国《千年发展目标报告2015年》显示，印度对全球减贫的贡献率仅次于中国。正规金融机构与农村自助小组之间形成联结，为中下阶层以及贫困农户提供全面的生产培训和指导，并有效带动贫困农户有效脱贫。

在运作模式方面，印度互助组织主要表现为以下特征。

（1）自助小组内部管理有效

由10~20个妇女（通常是在NGO的帮助下）组成自助小组，共同解决面临的难题。对自助小组内部的管理主要分为三个方面。第一，通过定期储蓄，形成自助小组的共同基金。自助小组成员必须连续定期进行小额存款，然后以小组名义将小组储蓄存放到商业银行或者合作银行，保证自助小组信贷投放资金供给的稳定性。第二，自助小组内部可以利用小组基金进行互助贷款。只要是自助小组内部的成员，就能够利用小组基金进行贷款，贷款利率、还款计划、贷款金额等具体事宜由小组成员共同讨论决定。第三，加强小组内部交流沟通，自助小组每周召开内部小组会议，共同交流各自生产生活上遇到的问题，寻求帮助，同时分享各自的生产经营经验,这种交流方式极大地促进了小组的成长。

(2) 自助小组—银行联结机制

自助小组成立运营一段时间后,商业银行或者合作银行会对其进行质量审查,审查合格后就可以对其放贷。贷款发放的对象为小组,利率由银行决定,无须抵押物品。此外,自助小组的储蓄基金并不会被银行当作抵押,仍然可以在内部自由借贷(武翔宇、高凌云,2009),贷款的偿还也是以小组为单位。因小组是一个共同的联结体,承担连带偿款责任,所以在自助小组内部会形成道德约束,保证贷款人能够按时还款。

综上所述,通过自助小组—银行联结模式,总体上贷款偿还率要明显高于个人账户的偿还率(Harper,2002),这也是多方主体合力的结果。一是印度国家农业和农村发展银行作为自助小组银行的发起者和推动者,为培育自助小组的NGO组织提供资金支持,从而推动自助小组的成立;同时,印度国家农业和农村发展银行对NGO、商业银行、自助小组等进行技术培训和管理指导,以确保联结机制的高效运行。二是商业银行和合作银行作为自助小组的贷款资金提供者和小组内部有效运行的监督者,积极有效地促进自助小组的持续发展。三是在NGO的援助下形成自助小组,NGO负责将合适的授信对象聚集起来,教授自助小组如何有效地运行管理,定期组织小组会议,推动自助小组与商业银行、合作银行的良性联结。四是自助小组不仅是向成员提供贷款和向银行偿还贷款的金融中介,也是小组成员共同成长的联结主体。自助小组在降低银行发放贷款风险的同时也促进了贫困妇女的自我成长和自我教育。

2. 印度互助组织的扶贫机制与经验

印度的"自助小组+银行"模式是解决银行贫困问题和改善农村落后面貌的有效模式探索,为印度大力发展农村小额信贷,推出贫困人员自助小组与银行相联结的就业、融资模式提供了可供借鉴的样本。自助小组成员皆为农村贫困人员,所有成员通过自愿原则加入,定期缴纳自助基金作为共同财产,进行资金互助。一方面,小组成员可以通过使用共同基金解决内部资金短缺的问题;另一方面,如果达到银行审核标准,商业银行基于共同基金额度规模再放大授信额度,从而进一步解决贫困农户融资难的问题(温涛等,2018)。商业银行通过与自助小组进行合作,通过上门服务来有效掌握自助小组内部的贫困人群的家庭情况和资金需求，并提供可行的扶贫计划。自助小组—银行联结模式不仅有利于满足贫困人口的资金需求，还可以有效深入结合农村实际情况，促进自助小组内部成员的就业创业，类似于中国农村金融机构实施的信贷人员"包村包片""扶贫先扶智"的工作思路，是一种精准高效、标本兼治的金融扶贫新模式。

第二节　发达国家农村金融反贫困经验借鉴

一　德国微型金融科技培训扶贫模式借鉴

微型金融（Microfinance）作为传统正规金融体系的重要组成部分，是一种因对低收入人群开展普惠金融而发展起来的金融方式。德国的金融扶贫实践中普遍采用这一模式，通过为低收入人群发放小额信贷，为低收入人群提供存贷款、保险、汇兑等金融服务，实现对贫困者的金融普惠，使其承担社会责任。

微型金融的运作模式主要包括三个特征。第一，德国微型金融目标群体以城市低收入人群为主，占比达到71%，而农村贫困群体占比仅为29%，但这也与德国的较高城镇化率密切相关。第二，微型金融机构不仅为低收入群体提供金融服务，也提供了众多的非金融服务，如技术咨询、教育培训、市场行情、支付结算和信用评估等服务。在服务过程中，德国微型金融机构以对贫困人群的教育培训、地区性的技术援助以及各类金融工具支持之间的协同为重点，实现跨地区、跨国界的全球性减贫。可见，德国微型金融扶贫模式的特色在于：侧重于全球化和现代化，充分运用各类资源全面提升贫困人口的生存发展能力，从而最大化地发挥金融资源在减贫增收方面的积极作用。

德国微型金融的主要贡献在于，其能够在较为完善的社会保障体系网络下真正瞄准需要帮助但被大中型银行忽略的中低收入客户群体，即农村地区的穷人和城市低收入者，使金融扶贫的靶向精准。这种金融扶贫模式不仅能够为贫困者注入金融"活水"，也能为劳动者提供知识技术，真正实现"输血""造血"共同开展，强力推动贫困者和低收入者的自我发展，从而尽快实现脱贫致富。其中，属于微型金融的信用合作社发挥了重要作用，信用合作社作为农村金融反贫困的重要手段之一，成为国家引导商业银行等金融机构针对农民、城市低收入人群以及中小企业发展市场经济和社会化大生产的重要组织，具有普惠作用。德国作为欧洲信用合作社的发源地，其信用合作组织遍布世界各地，并不断演化出各具特色的合作银行体系。德国的合作金融由于发展时间较早，具备体系完整、层次分明的特点，可以通过上级机构对下级机构进行服务指导，实现基层合作银行积极服务合作成员的目的。同时，各级合作金融机构通过制定民主管理制度和严格的奖惩制度，科学民主决策，并建立审计监督体系和风险防范与保护体系，保证合作银行在规范运营的基础上持续发展。此外，它具有完善的融资和清算系统，以确保合作银行系统的流动性和信贷效率。随着农村经济的快速发展，农民对乡村建设资金的需求也不断增加，特别是通过组织化建立合作经营组织成为农村金融信贷业务的重要趋势。德国微型合作金融有利于强化服务功能和完善服务手段，为社员提供全面的金融服务，能够更好地满足中小客户群体的资金需求。

二　日本农村金融反贫困经验

日本农村金融主要由政府金融和合作金融两大部分构成，重点包括"农业制度金融"体系、"农协系统金融"体系和"民间农业金融"体系。由于日本的农村金融体系分工明确、运作高效、专业化程度高（高强、张照新，2015），所以日本农村金融反贫困模式的效果也较好，保证了农村金融反贫困的制度体系建设。

1. 政策性金融

日本的农业政策性金融主要是通过各级政府直接推动或主导形成的金融事业。日本政府部门专门负责农林渔业的金融机构——农林渔业金融公库，用于解决农林渔业的资金需求。公库在进行放贷业务时将审查和放贷分离进行，公库总部内设四个核心部门：信贷业务部、审核部、信贷风险管理部、调查室。这四个部门分别负责贷款管理、贷款审核、信用评级、资产审核与贷款调查等业务，分部下设审查办公室和贷款管理办公室，分别负责贷款审查和贷款管理的相关业务。农业支持性贷款由公库本身或是第三方专业性金融机构发放，公库的放贷过程需严格遵守规定流程。农林渔业金融公库的贷款用途不仅包括改良土壤、植树造林等农业基础建设,还包括农产品交易市场的生产设施建设。除此之外,日本农林渔业金融机构还会在农村广泛吸收储蓄存款以扩大信贷资金来源,同时还能帮助农户积累资金。更重要的是,随着日本农业生产条件和政府出台的相关农业发展政策的变化,农林渔业金融公库也对自身业务进行了调整(李秀君,2016)。如今农林渔业金融公库所涵盖的业务几乎涉及农业生产的各个环节,有效地满足了不同农业生产者的差异化需求。而政府的主要职责在于通过财政贴息或补助实现对农业、林业、渔业贷款的引导和支持。同时,政府还出资组建了政策性银行,由其提供低息贷款。据农林中金综合研究所2017年的统计,农业信贷业务在日本公库贷款的占比最大,2017年高达81.4%。农林渔业金融公库与合作性金融机构合作,使贫困地区农户对信息的获取和认知更加便利,同时政策性金融机构也发展了政策性农业保险,最大限度地避免了农户由风险带来的经济损失。日本政府采用的农业保险模式可分为三个层次:基本保险合作社、区域农业保险组合联合会、政府成立的农业保险协会。其中,基本保险合作社直接开展农业保险业务;区域农业保险组合联合会主要提供基本保险合作社的再保险业务;而政府成立的农业保险协会主要负责区域农业保险组合联合会的再保险业务。这些组织机构之间相互配合,形成相互支持的完整保障体系,更好地保障农民的利益。由此可见,农林渔业金融公库在促进日本农林渔业的发展中起到了关键作用。日本农林渔业金融公库运行模式见图11-1。

2. 合作性金融

合作性金融在日本农村金融体系中有着举足轻重的地位,主要用于农业、渔业、林业等三个领域的合作金融信贷业务,其合作金融信贷业务主要依赖农协。农协由森林组合联合会与各地农林渔业联合会等团体出资构建。基层农协将参与农协的农户所缴纳的存款以较低的利率贷给农户会员。农协将农户的农产品销售款和从农协得到的利润部分或全部存入农协信用部,农户购买生产材料以及销售农产品等环节可以在农协各个部门之间实现。基层农协将剩余资金按一定比例存入上级农业合作联合会,在吸收基层农协的存款后,农业合作联合会在留足向基层农协提供的基本信贷资金后,再次将剩余的资金按照规定上缴农林中央金库。

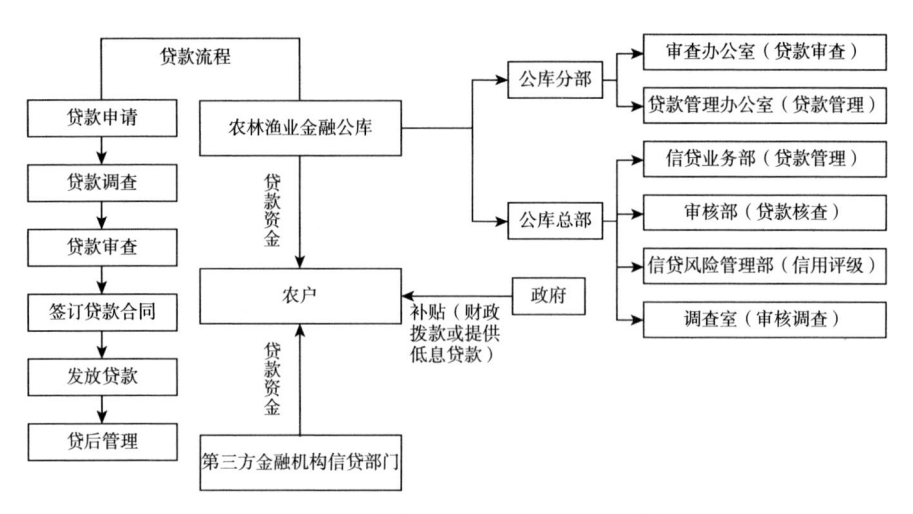

图 11-1　日本农林渔业金融公库运行模式

综上，日本这种合作金融服务体系能够在保障日本农户的资金需求基础上，调动农民的生产积极性，推动日本农业的快速发展。日本农协合作金融系统运行模式见图 11-2。

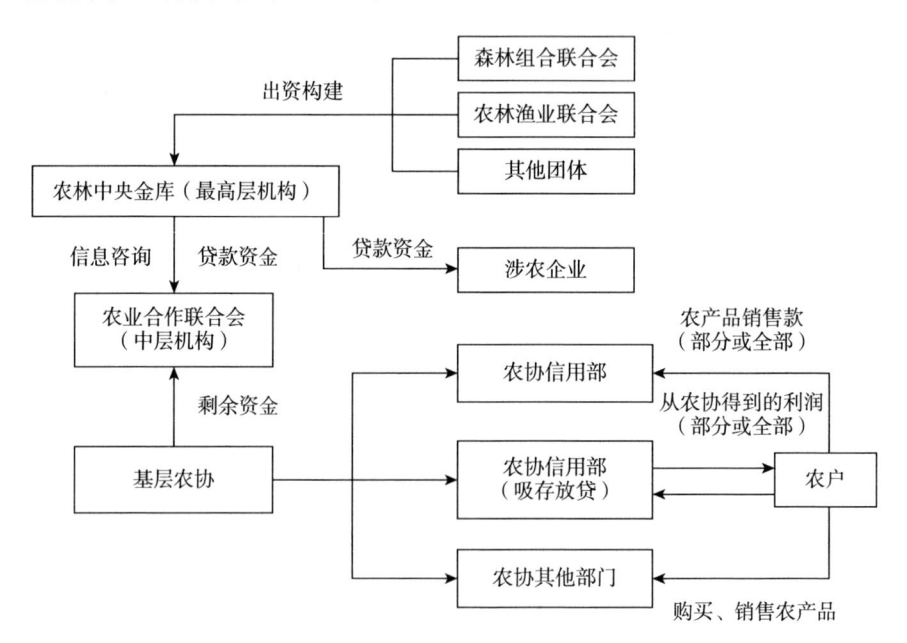

图 11-2　日本农协合作金融系统运行模式

日本的农村金融由于分工明确、运作高效、专业化程度高，普惠金融成效和反贫困效果较好,为中国农村金融发展模式提供了借鉴范例。政策性金融和合作性金融共同发力、金融体系分工明确保证了其高效运转。同时日本注重具体情况具体分析,为解决具体问题而下设专业机构。如政府建立的专门的农林渔业金融机构——农林渔业金融公库,满足专项资金需求,在促进日本农林渔业的发展方面起到了关键作用。中国农村金融体系建设可借鉴日本农村金融体系的发展经验,建立分工明确、运作高效、专业化程度高的金融体系;同时也可发展合作性金融,加强各领域合作,提高各阶段效率,在满足农户不同资金需求的同时,促进农业的发展。

三 韩国农村金融反贫困模式

20世纪60年代初,韩国农村金融体系开始蓬勃发展,主要经历了农村金融孕育期、农村金融初步形成期、组合金融成长期、农业政策金融拓展期和农村金融稳步发展期5个阶段。随着韩国新村运动和金融的融合发展,韩国在农村融资、信贷资金管理等方面积累了较多经验,并形成了以农协为主体的农村资金配置模式。在运作模式方面,主要表现为以下特征。

1. 政府对农协的大力扶持

作为韩国基础产业部门,农业在发展过程中始终得到了政府部门和农业金融机构的大力支持。韩国的农村金融服务机构以农业协会联盟为主,由于缺乏专门的政策性银行或商业银行来服务农业,韩国的农协联盟具有双层属性,兼具半政策、半合作性质。韩国农协是由政府推动与支持、自上而下层层建立的农民组织,主要负责对农村资金进行合理有效配置,有助于农民更加便捷地获取贷款,目前已经有99%以上的农民加入。在政府的支持下,农协不仅可以直接向农民提供政策资金支持,还可以建立各项产业基金和反贫困促进基金,较好地解决了因政府在农村金融市场的缺位而带来的服务功能不足的问题。

2. 农业的组合金融

农协和农业银行合并构成了韩国的农村金融组织,具有综合协调和信用服务的职能,成为开展农村金融业务的重要力量。农协的金融业务主要包括银行信贷、信托、保险以及服务农民的基本金融需求业务。农协中央金融机构和基层农协金融机构作为韩国农村金融市场的主力军，其金融机构数量占比达到25%，但信贷资金规模却高达73%。其中，农协中央金融机构主要负责统筹调配农业生产过程中急需的资金，并指导基层农协金融机构一些具体模式创新业务的开展，提供新的金融产品。农协还通过开展一系列信托证券业务来提高农民收入，实现各类有价证券的高效流转，确保农协内部成员部分非正规抵押物的有效变现和流通。农村保险业主要是基于为入会会员提供保障、确保不发生系统性的金融风险、最大限度地降低财产损失的目的而开展的财产损失救济与生命保险。对于农民而言，农民作为互助金融的主客户，农协对农民的存款利息所得免征所得税，也因此增强了农协的竞争力。

3. 完善的农户信用体系

农协在提供贷款业务之前，可以通过电脑终端有效查询全国联网的农户个人信用状况。在进行担保贷款时，农户通常以土地或可抵押担保物作为担保，经担保机构核验评估后，在不超过5天的时间内可以贷到担保额度的80%。可见农协以基层农协信用部为载体，稳定、有效地为农户提供金融服务。

韩国农村金融系统运作模式见图11-3。

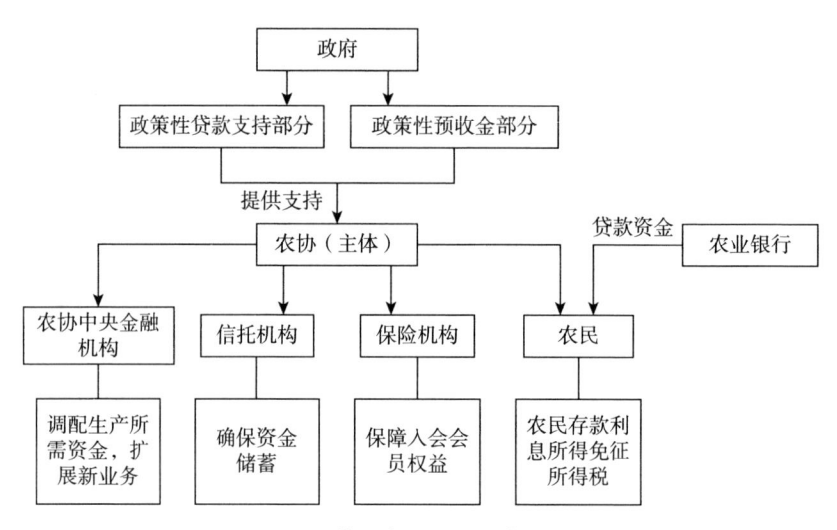

图11-3 韩国农村金融系统运作模式

韩国农村金融扶贫模式具有分工明确、组织结构较为成熟、农户信用体系完善等优点。韩国形成了以农协为主体的农村资金配置模式。农协是主体，开展各类相关业务，而政府主要起着支持作用。同时，韩国有着完善的农户信用体系，在提供贷款时，农户个人信用情况能够通过电脑终端直接查询，大大提高工作效率。中国农村金融扶贫模式同样可借鉴韩国的农村金融扶贫模式。首先，要进行明确分工。可适当降低政府的参与度，简政放权，使政府更多起到支持稳定的作用。其次，可建立相关组织机构，如韩国的农协组织，简化管理模式，明确分工，提高管理效率。最后，可做好农户信息管理工作，如完善农户信用体系，简单直接地了解农户信息，提高为其提供金融业务的效率。

第三节　国内外农村金融反贫困经验启示

1. 加快内部协调，规范农村金融体系秩序

建立健全多元协作的农村金融反贫困体系是促进农业农村经济高质量发展的基础，以政府支持为前提，以系统的金融观为纽带，依靠不同部门与农业信用部门的监督配合来实现对农户的资金支持。日本的基层农协也是在国家提供的税收优惠激励下大力支持农民进行生产，激励金融机构发挥多元合作协同作用来推动农村金融反贫困渠道和模式创新，从而更好地服务于"三农"实体经济，更好地带动农户脱贫致富。

2. 完善法律制度，健全合作体系

农民合作社的建立和运作都需要法律法规的支持与指导，不健全的法律条文或细则会让合作社的运营操作出现分歧，加剧农村金融机构内部的混乱，无法有效达到反贫困的目的。要想保护农民的合法权益，实现合作社合作体系的有效运作，健全中国农村金融的相关法律条文是必不可少的。

3. 促进监管体系改革，全面防范风险

日本的政策性金融体系实行了双层监管，使不同分支的贷款管理和审核都同步独立进行，既防止了程序错误带来的操作损失，又使整个金融公库的业务监督更加全面。中国要尽快建立相应的行业自律组织，同时完善与中国银行保险监督管理委员会职责相关的文件；此外，还要完善中国农业保险制度、抵押贷款制度等，既要保证行业监管全面落实、不松懈，又要确保有相应的对策弥补农户的生产损失。

4. 建立多元化贷款机制，设计灵活贷款产品

玻利维亚阳光银行的目标客户群体经济状况不佳，导致阳光银行的贷款产品销量一直不好，因此该银行采用了小组联保机制，信贷业务以小组的形式开展，获得了更多的客户群体。印尼人民银行设计了高度灵活的贷款产品，在抵押物、贷款利率、贷款期限、还款方式等内容上给客户提供了不同的选择，同时对逾期还款的处置方式也灵活多样，既保证了银行贷款业务的平稳运行，又满足了不同农户的贷款需求。对于中国来说，我国农业具有更复杂的多样性，因此目前贷款产品的形式还有待进一步丰富。此外，贷款机制的弊端使得银行很难精准定位目标群体的需求，所以建立和完善贷款机制是加快农村扶贫的有效手段。

5. 促进农村金融机构改革，完善服务类型

以日本来说，基层农协不但以发放贷款的方式支持农户的生产活动，同时也设置了其他部门为农户购买农资、生产和销售农产品等提供服务，还分别负责借贷、储蓄、生产、营销、培训等业务。德国通过调查将微型金融机构的业务范围拓宽，包括技术咨询服务、教育平台、行业协会、支付结算系统以及征信服务等多个方面，以贫困人群发展能力的全面提升来发挥农村金融的减贫效应。

在中国，现有的服务还不能完美支持现代农业的发展，目前我们还缺乏网络化、信息化的服务模式，缺乏将先进生产资源、经验分享给农户的渠道。作为农村扶贫攻坚的中坚力量，农村金融机构应当完善服务类型，以更加全面的业务体系提升贫困人口的发展能力。

第十二章 中国农村金融反贫困模式创新典型案例

中国农村金融反贫困模式创新按照融资渠道分为传统金融渠道模式创新和数字金融科技渠道模式创新，二者相互融合发展，共同助推农村金融反贫困的创新发展。在传统金融反贫困模式创新层面，根据小额信贷融资模式创新的主体和产业链融合利益联结程度的高低，重点比较分析四川仪陇县小额信贷扶贫、浙江丽水的"政银保担"协同扶贫、安徽和山东的"政银担"协同扶贫以及龙江银行的农业供应链金融扶贫模式创新等，对深入揭示传统金融机构内部模式创新与外部协同产业链模式创新带来的典型扶贫经验具有一定的参考价值；同时，围绕数字普惠金融科技在贫困地区乡村产业振兴发展中的渠道创新，揭示企业主导和互联网金融机构主导下的数字普惠金融反贫困创新经验做法，进一步总结提炼传统金融与数字金融有效融合、协同助推乡村产业振兴发展的贫困治理经验。

第一节 传统金融反贫困模式创新典型案例

一 四川仪陇县银行小额信贷扶贫

在农业发展过程中，农业产业缺乏资金是遏制其发展的根本原因。在农业生产、加工、销售环节中，往往因购买生产资料、购买固定设备、短期内支付大量货款等而面临资金缺口。为促进贫困户获得发展资金而量身定制的扶贫贷款产品，就是通过以上这些环节对建档立卡农户输入资金，缓解农户的资金短缺问题。首先，银行小额信贷扶贫的重点服务对象是建档立卡的贫困户，其授信基础是该贫困户所在村的信用评级。在进行小额贷款时，村风控小组对本村的贫困户进行信用评级、贷款审核、贷款监管等，这使得银行可以较好地解决信息不对称以及信息获取成本过高的问题，降低了银行的贷款风险。其次，信用评级的核心是掌握借款农户的偿款能力，将贫困户所在村与授信的贫困户进行信用关联，确保建档立卡贫困户及时偿还贷款和相应的利息，避免贫困户因违约而被纳入银行信用不良记录，影响其所在村的信用等级评定。借助信息技术手段，将两者的信用评定级别进行"线上化"，而该村的其他贫困户的贴息将被暂缓。贷款银行、村级组织、农户三者之间能够有效地实时传递信用风险信息，破解信息传递中的不对称性和监督成本过高的问题。

2007年，四川仪陇县成立了中国第一家村镇银行，由此农行县支行、邮政县支行、农商银行和惠民村镇银行四家银行可以提供小额信贷扶贫服务。仪陇县实施"扶贫再贷款+个人精准扶贫贷款"到村到户模式，增设银行等金融机构的乡村服务网点，在贫困区安装ATM机、POS机等。在四川省仪陇县银行小额信贷扶贫过程中，针对每户贫困户，县财政设立每户平均1000元的村级风险互助金，用于优先偿还小额信贷的违约金，摆脱由信用担保和抵押不足导致的银行惜贷、慎贷的困境。在图12-1中，仪陇县银行小额信贷扶贫流程如下：建档立卡贫困户要先进行贷款申请，由村风控小组对该村民申请贷款的项目进行初审，建立以信用度和项目发展能力为主的评级体系，并在贫困户扶贫小额信贷贷款业务申请表上签署意见，加盖村民委员会公章。县级扶贫部门为银行提供贫困户的信息，由银行进行核查审批后放款，与农户签订协议。此过程充分利用了"熟人社会"的互信道德约束功能，建立了以村社为核心主体的信用评级、银行围绕村级信用进行授信评价的评级授信模式。

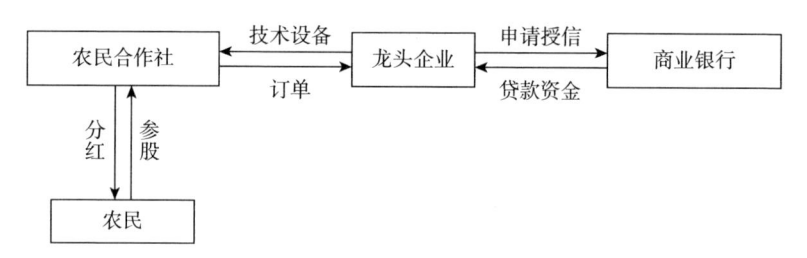

图12-1　四川仪陇"商业银行+龙头企业+农民合作社+农户"模式

仪陇县作为秦巴山区连片特困地区中的一部分，位于四川盆地北部，以低山为主，地势由东北向西南倾斜。仪陇县经济以农业为主，但受到地势限制、地理环境较为偏远、基础设施不够完善等因素的影响，农业发展受到严重阻碍。当地的农业发展缺乏资金、没有形成特色的农业产业链是居民贫困的主要原因。随着国家对农业和农村经济支持力度的不断加大，为解决贫困户缺乏资金的问题，2007年，在四川仪陇县成立了中国第一家村镇银行，实施"扶贫再贷款+个人精准扶贫贷款"的匹配信贷模式，确保再贷款资金到村到户，实现金融精准扶贫，授权村镇银行、县农业银行、县邮储银行和农商银行四家银行向建档立卡贫困户提供"无担保、无抵押、基准利率"的银行小额贷款，同时县财政在贴息的情况下，还按照50万元/家向四家银行存入风险补偿金，如果发生风险，政府承担60%的风险损失，这种方式大大降低了银行的信用风险。

在鼓励贫困户运用小额扶贫信贷自主发展产业的基础上，仪陇县通过创新围绕产业链扶贫的"扶贫再贷款+产业带动贷款"模式，打造脱贫奔康产业园，畅通产业链条，培育特色产业。利用多元主体"商业银行+龙头企业+农民合作社+农户"协同建立产业周转贷款扶贫模式，该模式是由仪陇农商银行、惠民村镇银行等金融机构共同开发的一种信贷支农模式，为农业发展"量体裁衣"，大幅提高了贫困户的创收能力。在该模式中，由图12-1可以看出，银行给由农户参股的农民合作社提供贷款资金，用于贫困户发展特色产业；龙头企业提供技术指导、生产设备等，并以保护价收购农产品，使贫困户持股分红。这种模式一方面在很大程度上保障了贫困户的收入；另一方面在龙头企业的带领下以及农民合作社的领导下，特色产业得以规范、可持续发展，形成一条产业链。同时由于有农民合作社和龙头企业的参与，银行的信用风险降低。在该模式中龙头产业的参与是十分必要的，也就是说，该地区必须有特色产业或者占有优势的产业，才能在市场竞争中占据一席之地。除此之外，仪陇县还实践了"银行+服务网络+农户"扶贫模式，按照"网点到乡、站点到村"的思路，银行积极增设乡村服务网点，在贫困村安装POS机、ATM机、转账电话和自助服务终端等，实现农村金融服务全覆盖，这为农户提供了极大的便利。

二 浙江丽水"政银保担"协同反贫困模式

农村金融发展需要协同多种主体发挥减贫效应，从而促进农村金融服务产业发展与乡村振兴，然而，农村地区贫困农户往往缺乏可抵质押担保物和商业银行的认可以及容易估值的动产或者不动产,农业本身具有脆弱性,农产品生产经营具有不稳定性,容易受到季节等因素的影响。同时又因为农户贷款渠道单一,各银行支行风险大,影响银行信贷投放的积极性,不能满足新农村建设对贷款的正常需求。浙江省丽水市的"政银保担"扶贫模式改变了以往低收入农户贷款由银行机构独自承担"单打独斗"的局面,构建了政府、银行、保险公司三者合作、风险共担的扶贫新模式,即政府贴息、银行低利率贷款、保险公司保证。这种创新模式既降低了农户的融资成本,又减轻了商业银行的压力、分散了风险。

"政银保担"金融扶贫模式开创了中国农业担保贷款模式的先河,是农村金融综合改革创新的重要内容,主要是强化财政资金的主导作用。这种模式有效发挥了政府扶贫信息优势、财政资金杠杆撬动作用和保险风险分担功能。在浙江丽水"政银保担"模式下,由政府对低收入农户的贷款进行全额贴息,同时以农户贷款金额的 1.5% 向保险公司投保,商业银行、政府、保险公司按照相应的比例分担风险(见图 12-2)。这种模式创新形成了政府统一购买"贷款保险"并贴息、银行凭借保单向低收入农户发放贷款的新机制,实现了农村扶贫由"输血"向"造血"的机制性转变,对新型农业经营主体的发展有着重要的推动作用。

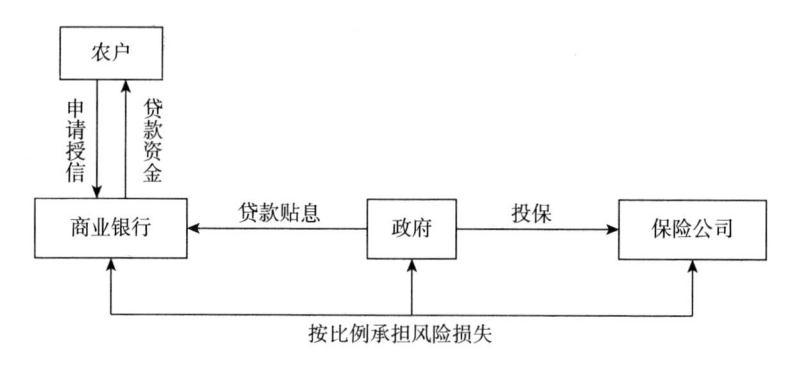

图 12-2 浙江丽水"政银保担"协同模式

截至 2020 年底,浙江丽水"政银保担"合作贷款余额为 1.83 亿元,累计发放 7.35 亿元,惠及低收入农户 148 万户。同时这种模式对新型农业经营主体的发展有着重要的推动作用。

三 安徽宿州和山东济南"政银担"综合保障扶贫模式

安徽宿州"政银担"模式是政府联合保险公司在安徽省160个有扶贫开发任务的县、市（区），为全省625万建档立卡贫困户提供统一兜底保障而量身定制的保险产品。

"政银担"模式是安徽省统一名称、统一条款和费率、统一保险责任的一款具备扶贫功能的保险产品，具备以下特点。一是以2014年以来确立为建档立卡贫困户的农户及家庭成员为保险对象，在采用"政银担"模式期间为避免出现边脱贫、边返贫的现象，在自主自愿的基础上退出贫困户的居民可以继续享受优惠政策到2020年底。二是建档立卡成员及家庭成员（以户口簿记载的成员为准）因意外伤害导致的身故、伤残或住院治疗的，因疾病死亡的，保险公司根据承保约定，按照相应的人均保险金额进行赔偿（见表12-1）。三是以户为单位自愿购买，每户缴纳60元保费，其中贫困户个人承担20%，政府财政承担80%（市级补贴10%，县级补贴70%）。四是保费实行调整机制，当全省"政银担"的简单赔付率低于同类产品简单赔付率时，则在下一保险期限内适当降低保费收取标准。

表12-1 安徽宿州"政银担"产品保障内容

保障内容	保障责任	保险金额	保费
因意外伤害死亡、伤残	建档立卡贫困户因意外伤害死亡（含突发疾病）、伤残（含烧、烫伤）和因意外伤害住院医疗，保险公司按照保险金额进行赔付	30000元/人	25元/人
意外医疗保障		3000元/人	
大病补充医疗保险	参保贫困户医疗费用，在基本医保、大病保险报销后，仍需个人负担的费用，目录内报销70%	100000元/人	45元/人
借款人意外伤害险	主借款人或其配偶因意外导致身故、残疾，因疾病导致身故或全残，保险公司将承担相应的保险责任	50000元以内	按1.8‰费率标准由政府补贴保险费

"政银担"模式的优势之处体现在四个方面。一是农户承担保费压力小，通过财政补贴80%保费，农户仅需要承担12元保费，并且除了农户自筹资金外，还可以使用帮扶单位扶贫资金统一投保，也可用帮扶责

任人捐助资金投保,实现贫困户全覆盖,获得保险保障。二是提高扶贫资金利用率,从针对的群体来看,"政银担"模式无疑是一种更为精准地输送扶贫资源的方式,并且能够通过保险机制增强扶贫资金的杠杆效果,提高贫困地区的风险控制能力。三是能够有效降低贫困家庭的贫困脆弱性,"政银担"模式下农户本身承担的保费金额极少或者说不用付出成本,也就是说不用考虑保费的资产侵蚀效应而直接获得其带来的损失补偿效应,这一定会降低家庭的贫困脆弱性。四是方便管理,全省范围内统一标准降低了沟通不畅、责任划定不清等成本。

"政银担"模式的不足之处体现在四个方面。一是贫困群体瞄准机制不够完善,"政银担"模式只针对建档立卡户以及在采用该模式期间退出建档立卡户的群体,忽略了其他贫困脆弱性较高的居民也会因意外事故而陷入贫困。二是保障水平较低,"政银担"模式以户为单位自愿购买,保险责任也是按照相应的人均保险金额进行赔付,这种赔付方式缺少对不同家庭人口规模的考量。研究表明,家庭人口规模与贫困脆弱性呈现显著的正向关系,但是"政银担"模式对于家庭人口规模大的家庭来说,人均保险金额较低,防范返贫的效果较弱。三是保障范围狭窄,"政银担"模式仅保障人身意外事故和疾病,只起到兜底作用,对贫困群体的收入没有进行保障。四是缺少政策的衔接,"政银担"产品仅在2017~2020年底提供,对于今后如何过渡、政策如何衔接以及如何做到长效防范返贫没有详细的规划。

相较而言,山东济南"政银担"模式同样以2014年自治区建档立卡时认定的贫困户和贫困人口为保险对象,但将建档立卡动态调整和查漏补缺新增的贫困户和贫困人口也纳入保险范围,做到应保尽保。在保障范围方面涵盖家庭意外伤害、大病医疗补充、借款人(含配偶)意外身故伤残以及优势特色产业(见表12-2),但具体落实到县,其保费、保险金额、产业类型会根据当地实际情况进行调节。

综合山东济南和安徽宿州的"政银担"贷款模式(见图12-3、图12-4),发现山东济南"政银担"贷款主要以区、县产权交易中心和市、县级农委为反担保物的处置部门,以财金农业科技融资担保公司为核心载体,发挥风险补偿金的作用。相应的安徽宿州"政银担"贷款模式更加聚焦村委及乡村农经站的审核,通过入户调查更加深入地了解农户的贷款及担保情况。

表 12-2 "政银担"产品涉及特色产业的保障内容

保险内容		保险责任	保额	保费
优势特色产业保险	基础母牛养殖保险	基础母牛在保险期间内，由重大疾病、自然灾害、意外事故以及政府强制扑杀等原因造成保险标的直接死亡，保险公司按照保险合同的约定负责赔偿（基础母牛尸体做无害化处理）	安格斯母牛12000元/头	348元（农户74元）
			西门塔尔母牛9000元/头	243元（农户69元）
	中华蜂养殖保险	中华蜂在保险期间内由重大疾病、自然灾害、意外事故造成直接死亡的，保险公司按照保险合同的约定负责赔偿	700元/箱	42元/箱（财政补贴）
	苗木种植保险	在保险期间内，由暴雨、洪水、内涝、火灾、雹灾、病虫鼠害等原因造成直接损失的，保险公司按照保险合同的约定负责赔偿	6000元/亩	36元/亩（财政补贴）
其他产业参照2019年"政银担"优势特色产业保险指导目录				

资料来源：根据安徽宿州市人民政府政务公开信息整理而得。

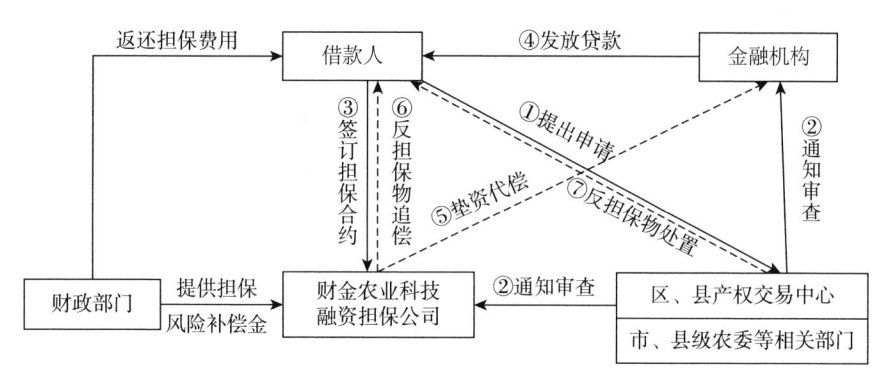

图 12-3 山东济南的"政银担"贷款模式

比较而言，山东济南是以银担主导，而安徽宿州则以银政主导，安徽宿州"政银担"以低担保费、高保额的特惠政策，将防止贫困人口因灾、因病、因重大事故返贫作为根本，保障贫困人口收入，发展贫困村、贫困人口扶贫优势特色产业，通过保险保障降低农业产品同质化，深化"政银担"保障层次，不断提升抵御重大疾病和农业自然灾害的能力，实现贫困地区长效脱贫。

从保险指向来看，安徽宿州"政银担"模式偏向兜底保障，重点

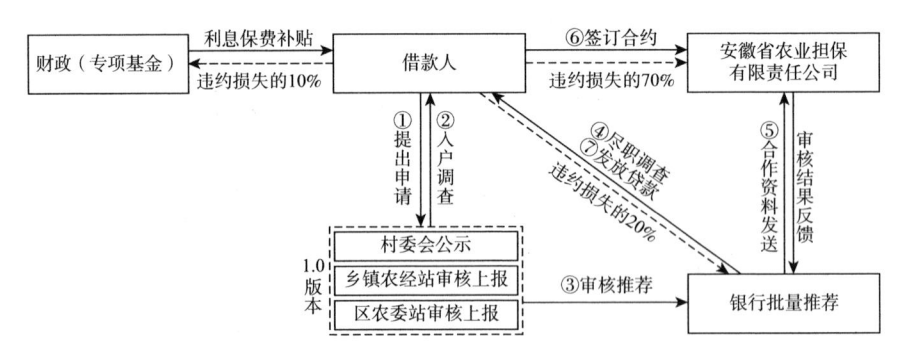

图 12-4 安徽宿州的"政银担"贷款模式

缓解建档立卡贫困人口因意外、疾病导致的贫困、返贫问题,增强贫困人口的抗风险能力;山东济南"政银担"模式则是从人身、贷款、产业发展着手,形成"一揽子"帮扶政策。从保费来看,山东济南"政银担"模式保费额为42元,政府承担80%,农户承担20%,但是多数地方通过捐助、帮扶代缴了这部分保费,其贫困农户能够在不受到资产侵蚀效应的情况下获得风险保障;安徽宿州"政银担"模式对贫困户也实行政府承担80%、农户承担20%的优惠政策,但是像产业保险的保费即便有了补贴仍然较高,对贫困户是否有足够意愿和足够资金参加仍值得考虑。从风险保障来看,山东济南"政银担"模式主要依靠财政支持,且实施期限只到2020年底,未考虑政策的可持续性;安徽宿州"政银担"模式则在各县(区)结合自身实际情况,采取筹措财政资金、汇集捐赠资金等方法,设立风险调节资金池,确定与保险公司的分担比例。在盈利的情况下,盈利部分按照约定比例,由合作保险公司返还至资金池或抵扣下一年度保费;在亏损的情况下,亏损部分按照约定比例,由县(区)政府和合作保险公司共同分担,从而推动保险产品的可持续性。山东济南和安徽宿州的"政银担"贷款模式对比见表12-3。

表 12-3 山东济南和安徽宿州"政银担"贷款模式对比

运行条件	山东济南	安徽宿州
贷款模式	银担主导	银政主导
风险分担	担保公司100%,具有处置反担保物权利	政府10% + 银行20% + 担保公司70%

续表

运行条件	山东济南	安徽宿州
贷款条件	自然人：经营年限、生产自有资金、贷收比、对外担保总额、对外担保户数要求。企业法人：除自然人条件以外，增加资产负债率、贷款银行数及盈利能力要求	符合"6有"：有需求、有信用、有规模、有经验、有效益、有固定的生产经营场所
贷款对象	农业企业及新型农业经营主体	以新型农业经营主体为主
金融机构	齐鲁银行、邮政储蓄银行	农业银行、邮政储蓄银行、宿州农商行
贷款额度	≤1000万元	小微企业≤10万元；专业大户、家庭农场≤200万元；农业龙头企业≤1000万元
贷款期限	不超过2年	1～3年
贷款利率	基准利率上浮30%	基准利率上浮不超过20%
担保机构	济南财金农业科技融资担保有限公司，市政府批准、财政出资	安徽农业担保有限公司，省政府出资（国有政策性）
担保费率	2%（按期还款后返还1%）	1.20%
反担保	是	否
政府贴息	需满足一定条件才予以补贴	补贴基准利率50%
政府服务	材料审核及通知、推荐、贷后监督、价格评估及处置不良资产（由产权交易中心完成）	借款人资格审核及通知、推荐、贷后监督、建档立卡

四 龙江银行农业供应链金融扶贫模式

龙江银行自2006年开始在中粮集团的引导和支持下，以服务农业供应链各环节中的资金融通为基础，从原材料产生一直到商品购入、从产品的合成到产品的制作再到产品的销售阶段，形成了从田间到餐桌"一条龙"的金融服务，各参与主体都被牢牢地链接在各个节点上，龙江银行始终抓住生产与加工行业的中心环节，充分实现了物流、现金流全封闭的链式投融资供需匹配。随后，龙江银行的"五里明模式"为中国农业供应链金融发展提供了宝贵的经验。在农业集群化的融资方面，设计了"公司+合作社+农户+银行+政府+科技"的贷款模式，将所有成员围绕产业链形成以核心企业为主导，融合生产商、供应商及产业链环节上的各主体的机制，实现业务合作、协调发展。在此基础上，龙江银行通过模式创新，形成了"政府+核心企业+上下游企业+银行+农户+保险+科技"的联结主体。为了保持供应链稳定,以政府引导和金融科技为基础,银行的主要职责是作为供应链核心经济主体提供金融服务,确保供应链上的核心企业、中小供应商、公司以及合作社能够依托供应链业务进行信贷服务,形成农户与农资公司、合作社和收储加工公司之间的协同发展(满明俊,2011),而较为健全的保险制度也在一定程度上降低了农业供应链金融的系统性风险,确保供应链各环节的有序运转。

在农业供应链金融反贫困模式创新中,龙江银行创新性地采用"融通仓"委托代理的方式,依托贫困村招商引资进入园区的企业享受同等税收额度减免扶持,贫困村在政府财政扶持的基础上,让企业参与现代农业产业体系的建设,农户围绕农民合作社和农业企业的有机衔接形成利益链和价值链,信贷资金围绕相关链条提供金融服务支持。农户将自身经营土地的规模、生产作物的数量、获得的收入以及预收账款等作为自己向商业银行申请贷款的依据,农民合作社对社员农户的生产经营状况及数据进行审核与风险评估,相关环节的交易流水均在结算银行形成动态的交易大数据账户,这是银行监督的重要依据,在这个过程中需要进行价值评估和对农户贷款用途进行监督(王硕等,2018)。个体农户、农资企业、农民合作社、商业银行共同签订合作协议,个体农户根据自己所需生产资料的资金向商业银行申请贷款,商业银行向农户提供信贷额度后,农资企业将生产资料运送到合作社接受监督,然后农户向合作社提供农产品订单获得生产资料和服务。在农户获得农产品后,根据签订的"融通仓"协议,将农产品或者收入交给合作社用于偿还贷款,贷款还清后协议解除(见图12-5)。在农民合作社达到商业银行规定的经营规模、效益、信用后,商业银行可直接授信合作社,由合作社根据农户经营状况自行授予农户贷款额度,并自行负责贷款的回收,商业银行不参与这部分贷款的具体运作(见图12-6)。

农业本身所具有的脆弱性使它具有高风险、高交易成本的特点,也是其较难获得银行小额信贷的主要原因。在只有商业银行参与的小额信贷扶贫中,由于贫困农户贷款渠道单一,商业银行信用风险过大,资金紧缺,不能很好地满足贫困农户的贷款需求。同时由于农产品周期长、回报率低、受天气自然状况影响巨大等原因,农业保险发展缓慢。因此,

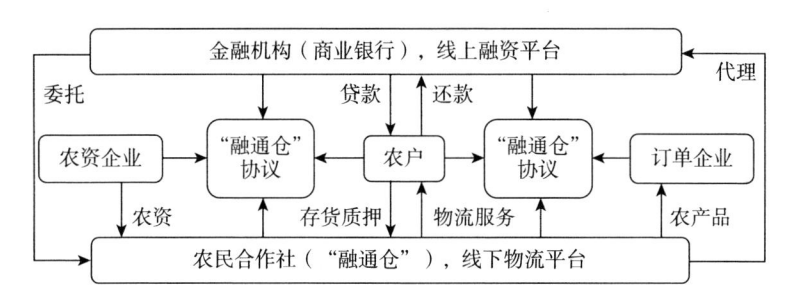

图 12-5　农业"融通仓"委托代理模式示意

农户的经济发展是非常困难的。在农业供应链金融业务中，农村金融机构围绕农业的生产、加工、收购以及销售等不同环节进行金融服务，确保农业供应链资金正常运转。

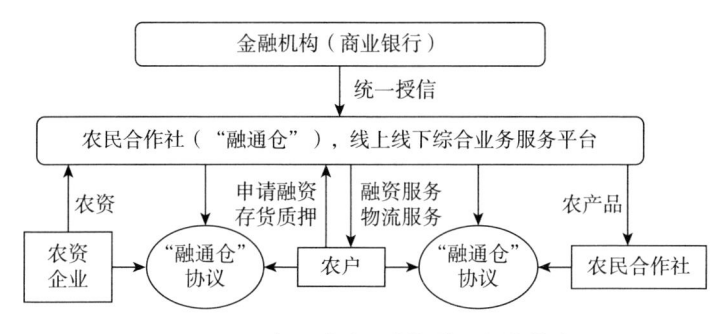

图 12-6　农业"融通仓"统一授信模式

农业供应链金融的着力点在于资金的高效流转，打破以往主体单一、程序繁多、层层审核的贷款模式，采用以农民合作社为中心、商业银行负责授信、农资企业和农户负责提供产品的闭环运作模式。将农资购买、农业生产、农产品加工以及销售整合起来，实现闭环中的信息对称、生产要素自由流动。这种创新模式可以较好地缓解传统银行的授信约束，实现供应链各环节不同主体之间的利益联结与捆绑，化解中小企业融资难和新型经营主体缺少资金扩大生产规模的难题。中国目前的农业供应链金融机构总体偏少，特别是在贫困偏远地区，金融普惠性普遍较低。国内规范合格的农民合作社总体偏少，农民合作社内部治理结构的完善程度及其信誉状况都会影响到商业银行对农民合作社供应链金融的信贷供给能力。此外，缺乏完善的农业供应链金融的法律体系以及滞后的农村信用体系建设，有可能会导致更大的信贷风险。

第二节　数字金融反贫困模式创新典型案例

一　核心企业主导型数字供应链金融反贫困模式

随着互联网和农业供应链金融的不断深度融合，越来越多的农业企业开始将农业供应链上下游环节资源进行整合，逐步将供应链中的资金流、信息流、物流等各个环节纳入农业供应链金融的数字化转型过程。特别是龙头企业具有雄厚的资本和技术支持，依托庞大的产业链整合能力优势，将农民合作社与农户的各种交易环节均通过线上交易转化为数字信息，围绕农业企业与各供应链环节主体之间的交易数据进行授信评估，形成一整套农业产业链信息交易数据库评价体系。

农业企业在农业供应链金融的数字化转型过程中，将与农民合作社以及农户之间的资金、劳动力、产品交易的循环线上化，银行作为后台对各环节进行动态监测并为供应链各环节提供信贷服务支持（见图12-7）。具体流程为：当农户向银行申请贷款时，农业企业依托其庞大的交易环节所形成的供应链信息与商业银行进行有效对接，企业与银行围绕交易数据共同核定农户的信用等级和贷款额度；担保公司重点聚焦农户保险，并通过与龙头企业签订回购协议或与农户签订反担保协议来规避市场风险和信用风险；银行在开展农业供应链金融信贷的过程中，首先需要确保农业企业与农户之间建立稳固的合作关系，将农民合作社或者村集体作为中介，确保农业订单生产的正常运行，并及时跟踪农业企业的生产经营状况和运营业绩，与农业企业保持有效的合作关系，从而建立线下互信和线上征信数据的科学评价体系，核准企业的担保额度和对农户提供信贷的额度。

该模式的优势体现在以下几点。一是家庭农场资金需求得到对接性精准满足，避免了因银行一对多的资金借贷关系而形成的较高交易成本和较低服务效能，重点服务规模大、信用好且与家庭农场在同一产业链上的企业，进而更好地服务于企业供应链环节上的农户。二是以劣势申请贷款转为以优势获得贷款，银行通过缓解核心企业的融资压力，让核心企业成为产业链上下游家庭农场及农户的信贷资金担保者，摆脱供应

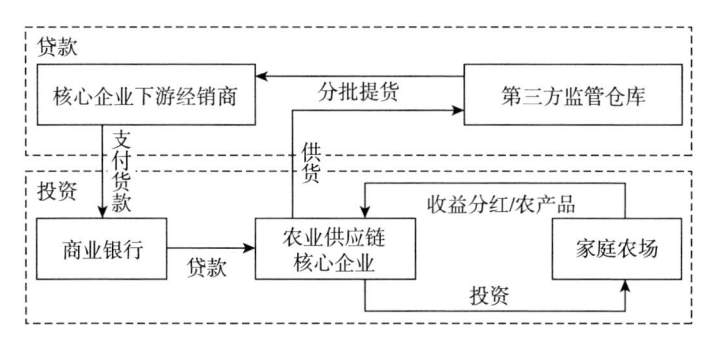

图 12-7　农业企业主导的农业供应链融资模式

链末端的融资困境。三是消除互联网金融模式下信用的二次累计成本，农业企业对产业链上下游的种植户的生产运营资金、财务状况和信用情况等相对熟悉，从而降低了信息收集成本；核心企业对家庭农场的信贷投资更看重家庭农场项目的发展前景，对信用的了解需求较低（见图12-8）。帮助融资难的家庭农场提高信贷可得性，降低融资成本。核心企业也受益于整个供应链融资成本的降低，保证供应链环节的稳定性，并促进销售。

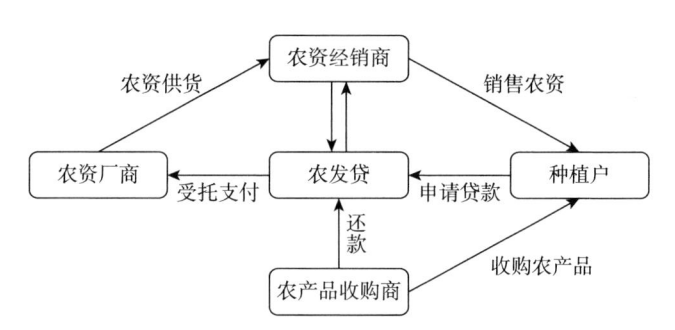

图 12-8　农发贷产业链融资申请流程

在农业供应链应收账款融资模式中，企业通过应收账款将运营资金用于买卖双方签订的交易合同，以未来产生的应收账款为基础，以双方合同项下的应收账款质押、贴现、保理融资为未来第一还款来源。这种融资模式需要农民合作社或农业企业首先与生产购销等环节上的农户达成采购协议，开具应收账款票据，并将二者签订的有效应收账款收益权票据转让给银行，核心农业企业对银行做出付款承诺，银行向农户发放贷款（见图12-9）。

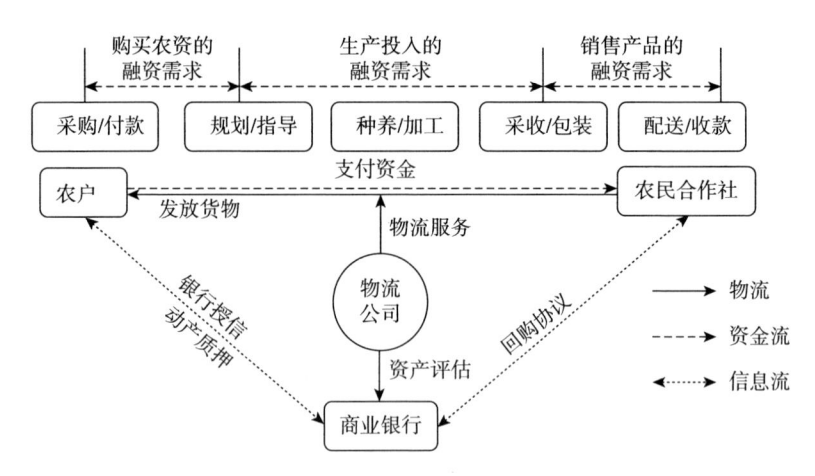

图 12-9 农业供应链应收账款融资模式

在农业供应链预付账款融资模式中,未来存货融资易取得产业链上核心企业的支持,帮助核心企业提高销量。农户首先向商业银行申请融资需求,并缴纳一定的保证金和手续费,同时与银行签订农产品及服务的质量保障协议、回购协议和第三方监管协议,银行结合线上交易数据或信用评分提供授信,在未来农户向仓储机构发货,获得提货单后将提货单质押给银行,银行通知仓储机构释放部分提货权,并相应地进行动态调整和追加保证金直到提货完毕,相关"融通仓"供应链服务即结束(见图 12-10)。

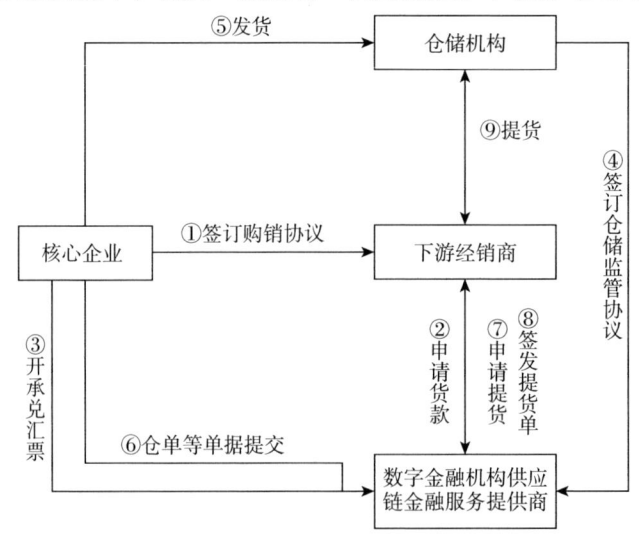

图 12-10 农业供应链预付账款融资模式

二 互联网金融机构主导型产业链扶贫模式

随着数字经济与现代农业的深度融合,越来越多的互联网金融机构参与到农业的生产经营过程中,并逐步主导一些产业链发挥协同作用,提升农业供应链效能,特别是在农业产业链中的预付账款融资模式已经成为互联网金融机构最常采用的模式,依托互联网金融机构强大的大数据金融科技手段,将征信技术与产业链有机融合,从而摆脱产业链环节上农户面临的资金困境,并缓解农户生计资本不足的问题。互联网金融机构利用土地经营权进行资产信托抵押,以银行为主导,利用金融科技依托"公司+合作社+农户+信托+政府"体系引入信托对农户的土地进行资产抵押。主要利用大数据进行授信,与传统方式授信有较大区别。传统方式授信评估的科学性和精准度不够,强有力的风控技术将成为农村金融发展的关键,传统金融机构的授信往往是通过熟人信贷,特别是农村地区人际关系网络非常复杂,授信的科学性较差。互联网金融机构通过大数据进行风控,使授信模式更加科学严谨,使风险控制更有效(见图12-11)。互联网金融机构主导型产业链融资模式是借助数据产生、数据收集、数据挖掘、数据安全和搜索引擎等互联网技术、移动通信技术实现资金融通、支付和信息中介等业务的新兴金融模式,融合了传统银行间接融资与资本市场直接融资,由线上模式取代线下模式,信息链可以帮助偏远地区的中小微企业的供应链融资实现全流程线上运作,无须线下提供资料。通过线上线下结合的模式重点打造中小微企业、中小银行以及科技创新公司的合作联盟,共同进行基础设施的研发和建设,多方共同分担研发投入和运营费用,减轻成本压力。不同行业的业务模式不一样,资金和货物周转率不一样,对融资的需求也不一样,因此,应注重提高实施方案的可插拔性。

互联网金融机构主导的"互联网机构+新型农业经营主体+政府机构"的征信体系,能客观评价农业中小企业和种养殖大户的信用状况,降低金融机构的信用风险,减少风控成本和潜在损失。将农业产业链各环节的生产经营及信用数据纳入农业生产经营信用档案,将其作为评选国家农产品质量安全县的指标和农产品质量安全延伸绩效考核指标。互联网金融机构将不同农业产业生产环节的交易数据整合成自己的信用数

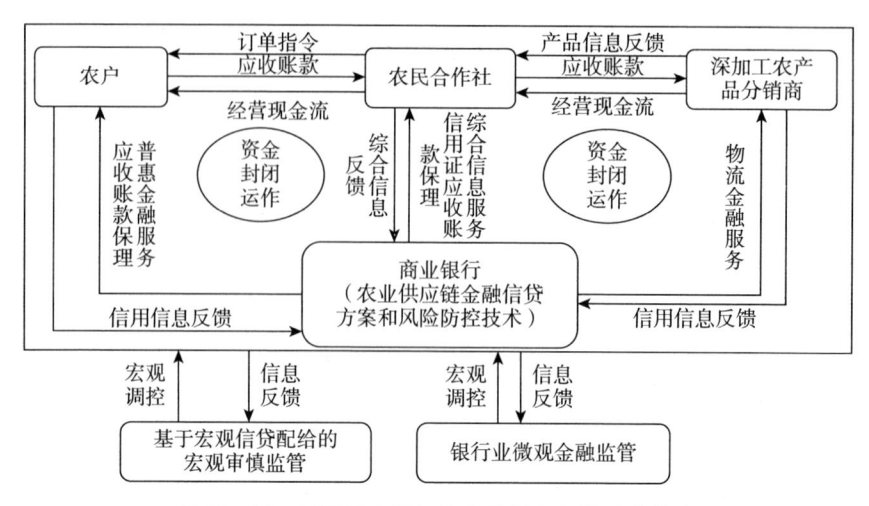

图 12-11 互联网金融机构主导型产业链融资模式

据库并对其进行征信评估，从不同的维度收集以规模经营为主的农户信息，并且以此为依据着力建立标准化的风控体系。供应链条中的节点都有制约条款使之形成闭环（见图 12-12），一般农户无法提供往期供销数据，个人信用也缺失，采集农户信用数据比较困难。以农资核心企业为中心点，利用乡政府扶贫投资产生的有效数据，互联网金融平台从政策视角切入，扎实收集农户信贷数据，推进产业脱离政策扶持后的再发展，通过信贷大数据优势，深入"三农"供应链金融领域。

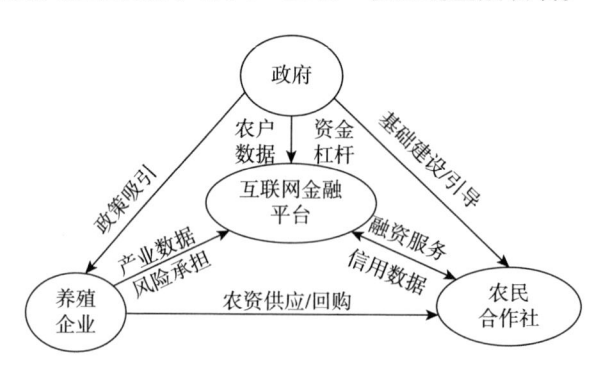

图 12-12 互联网金融供应链融资示意

第四篇 对 策

——农村金融反贫困创新路径

第十三章 乡村振兴战略下农村金融反贫困创新路径

乡村振兴发展仍然面临农村脱贫根基还不稳固、城乡区域发展差距较大、农村金融排斥依然存在等问题，亟须推进农业农村金融供给侧和需求侧同步改革，优化农村金融生态环境，构建中国特色社会主义农村金融服务乡村振兴发展的反贫困体系，提升农业农村现代化发展的质量和效率，进一步促进区域协调发展。因此，坚持系统集成的中国特色社会主义农村金融反贫困创新理念，以党的领导为基础、以科技支撑为依托、以人才培育为载体、以风险管理为抓手，健全农村金融服务体系，增强农业基础稳固性、区域发展协调性，需要在风险可控的前提下明确农村金融的定位及回归金融本源，进一步健全农村金融价值服务体系、风险防控体系以及金融减贫激励体系，让农村金融更好地服务于乡村振兴发展。

第一节 创新农村金融反贫困的价值服务体系

强化农村金融治理的顶层设计，推动地区农业农村经济高质量发展，必须把党组织治理融入农村金融反贫困价值服务体系，抓牢农村金融机构顶层设计，将党的建设与农村金融业务发展同谋划、同部署，实现党建工作和业务工作双线发展，并建立党建引领下巩固脱贫攻坚成果的农村金融制度体系，将农村金融治理体系与党建引领下的村社治理有效结合起来，不断强化农村地区金融制度建设，不断健全党建工作体制机制，更好地带动农村经济发展，从而推进农业农村高质量发展。同时，突出系统集成，完善农村金融服务体制机制，在国家重大金融改革方面扮演先行角色，推动农村金融服务改革，完善农村金融服务体系，把着力点放在"系统集成、协同高效"上。继续深化农村金融机构体制改革，稳步推进农村信用社产权制度改革，提高农村金融服务"三农"实体经济的能力；推进"政银保担"模式创新和金融科技赋能农村金融进而服务农业现代化、产业化的进程，助推乡村产业振兴和经济高质量发展。

一 创新"双轮驱动"财政金融政策协同体系

政府在通过财政手段和金融政策进行产业扶贫和防止返贫时，不能只进行"输血"而忽略提高贫困地区自主"造血"能力，务必坚持"政府引导、市场运作"式的"双轮驱动"的财政金融政策，利用税收补贴、财政扶持等政策以及政府扶贫产业项目、基金市场运作等方式拉动农村金融市场稳定健康发展。提高农业合作社管理水平，加强小额信贷管理，运用互联网等技术，提高贫困瞄准精度。加强对农业项目扶贫资金及资产的核实，开展相关扶贫资产的股权量化或者探索在已脱贫但生计能力较弱的农户中进行赠股、配股（陈清华等，2017）。借鉴和利用小额信贷的有效运营做法，通过精准的财政和金融信贷政策，提高农村金融反贫困的效率。不断创新农村金融产品及服务方式，比如通过产业发展与供应链环节的结合，促进分期还款制度与农产品订单销售应收账款的有效结合，实现信贷资金与产业及其数字化转型的有效融合，优先将信贷资金与风险可控进行结合，提高贫困农户的信贷需求满足度，防止农村金融反贫困信贷出现"精英俘获"现象。

二 创新农村金融反贫困产品体系

积极创新小农户与新型经营主体有效联结的金融产品，发挥农民合作社在引导农户和联结农户利益方面的积极作用，政府部门引导各类商业银行将"三农"信贷资金投入新型农业经营主体，扩大其生产规模，改善生产条件，从而使其成为带动贫困群体脱贫致富的"排头兵"。进一步激励商业银行加大对种植大户、农民合作社、龙头企业、家庭农场等新型农业经营主体的信贷支持力度，联合保险公司、担保公司、期货公司等多方金融机构为农业生产提供全流程金融保障服务，构建村社共同体，适度将农地经营权抵押、林地经营权抵押、订单质押、劳务担保等抵质押担保进行内部流转贷款，发挥村社共同体在平台建设及信贷服务中的联结作用，将新型农业经营主体的信用水平、信贷交易的内部流动和担保数据及其稳定性作为质押担保的重要依据，探索开发出适应乡村振兴发展及农村抵质押担保的信贷产品和配套服务。针对巩固拓展脱贫攻坚成果及衔接乡村振兴中的财政和金融政策，结合各地财政和金融政策，健全乡村振兴与相对贫困治理的长效机制，发挥金融信贷服务"三农"实体经济的利率引导作用，不断完善和优化农村金融反贫困创新的生态环境，减少产业信贷支农的信贷摩擦，避免风险累积。

三 构建农村绿色金融服务质量评价和监测体系

构建农村绿色金融服务的质量评价和第三方机构监测的制度体系。鼓励农村金融机构主动参与农业发展过程，利用税收、补贴等政策手段充分调动农村金融机构发展绿色信贷的积极性和主动性。在积极推进金融支持乡村振兴战略的过程中，要想缓解农业农村"融资难"现状，就要不断创新农村金融产品和提高农村金融服务质量，增强贫困农户参与乡村振兴发展的体验感，提高金融的普惠效果。一是各涉农金融机构要针对农村不同层次的需求者制定个性化服务和产品，探索采用PPP模式推进农村垃圾处理、污水一体化处理、厕所改造等人居环境整治活动，探索金融服务乡村生态农业观光游、乡村生活体验游等乡村旅游服务，将全流程现金流收益集中统一管理，构建集约高效的绿色金融服务体系。对于服务网点覆盖较广的农村地区，加大涉农金融机构对绿色金融产品和服务创新的力度，特别是在迈向乡村振兴阶段积极巩固绿色发展成效的脱贫地区；对于营业网点较少的农村地区，积极促进绿色数字金融在该地区的推广及应用，不断创新适合当地老百姓的绿色金融产品。二是将绿色金融服务质量评价纳入农村贷款管理和监督的范畴，探索为绿色产业提供"一次核定、随用随贷、余额控制、周转使用、动态调整"的农户信贷服务，构建金融监管引导绿色产业发展的制度体系。三是加大绿色金融产品和服务的监测力度，在脱贫地区积极探索"龙头企业+合作社+农户""公司+基地+农户"等绿色产业链金融的服务新模式，以地方金融监管局为主体加强农村绿色金融监管平台在金融服务业务层面的指导，避免部分金融机构利用绿色金融政策优惠打"擦边球"，影响绿色金融服务效果。四是促进农村绿色金融与农产品期货市场的融合，推进部分未纳入期货的大宗农产品进入期货市场，通过绿色金融手段提升期货的定价优势，对冲绿色金融风险。同时，加大农村金融抵押资产流转处理力度和促进风险分担的市场体系的构建，建立可供全国参考的绿色金融抵押担保产品定价机制，为防范和化解金融风险做好抵押登记。

四 规范新型农村金融组织市场服务

遵循乡村振兴战略和市场经济发展规律，依法支持各种新兴金融机构在农村地区开始数字农业、创业农业、社区农业等多功能农业的发展。积极推进新型农村金融服务组织的有序发展，搭建传统农村金融机构与新型互联网金融机构的融合发展平台，破解传统农村金融机构网点覆盖率不高、市场竞争不充分、服务质量不高、抵质押担保物有限、信贷业务单一等困局。同时，规范和引导乡村非正规金融机构与新型农村金融机构的市场行为，防止P2P、非法融资、资金互助等变相出现在乡村振兴市场中，阻碍农村金融的有序健康发展。加强对民间金融组织在乡村产业发展、乡村治理、文化振兴等层面的经营业务规范，防范该类金融机构利用金融手段进行"敲竹杠"，并加大金融执法和监管力度，确保其规范经营，不践踏农户的合法权益及扰乱乡村治理的秩序。适当降低农村金融组织的市场准入门槛，不断优化农村金融监管手段，促进农村金融机构的多元化发展。将制度监管和金融科技有效结合，化解和防范信贷风险，规范和引导乡村非正规金融机构的有序竞争和监管常态化，提升农村金融服务组织的市场活力。

第二节 积极构建农村金融反贫困的风险防控体系

科技为金融服务创新赋能。区块链、大数据、互联网等技术的进一步发展，为农村金融服务体系的现代化和智能化发展提供了科技支撑，激发了农村金融服务创新的内在活力。一是运用金融科技强化农村金融的风险防范作用，提高对农业信贷风险的识别、监控、预警和处置能力，降低农村金融系统性风险；二是运用金融科技创新农村经营主体信用评价体系，加强涉农信贷数据积累和共享，整合筛选客户信息，提高信用评价良好的经营主体的信贷可得性；三是运用金融科技提高农村产业融合与供应链环节的资金融通水平，鼓励金融机构围绕产业链、融合供应链开发专属信贷产品，畅通农村新产业、新业态的资金链条。

一 增强金融科技对农业信贷的实时动态监控能力

积极促进区块链、人工智能、大数据、物联网等新科技与金融系统的融合,把新型农业经营主体开展的农业供应链价值融资纳入农业信贷的监控体系,不断缓解产业链、供应链在生产、经营、流通、技术改造等不同环节的信贷融资约束;同时,通过金融科技将农业价值链资源配置信息系统和风险监控体系纳入数字化的监控平台,持续为乡村振兴和巩固脱贫攻坚成果提供可持续的信贷资金监控服务,提高信贷服务效率。比如,通过农业供应链金融信贷的信息化和数字化,强化农业供应链金融管理模块与农业产业发展实时资金需求的有机衔接,提高农业供应链金融服务农户和新型农业经营主体的经营效率和准确度;将农户联保贷款纳入线上申请、审查、审批,并设定服务期限,延长从申请到审批的周期,采用大数据技术和智能算法将前端信息采集与数据录入核验等进行统一系统实时服务,提高工作效率和客户满意度;利用供应链数字系统监测产品流、物流、信息流是否与资金流走向相匹配,检查信贷农户的资金约定用途和信贷利率是否符合监管要求,做到合法合规地实时动态有效监控。

二 降低农村金融反贫困信贷准入门槛和监测水平

积极探索构建农村金融反贫困实施主体的征信体系和监管机制,围绕脱贫地区产业可持续发展能力,提升普惠金融服务水平和农户信贷可得性。第一,加大正规金融机构对新型农业经营主体的信贷配给份额和支持力度,降低农业信贷准入门槛。建立以农民合作社、家庭农场、农业企业、专业大户等为农业供应链金融载体的信贷准入评级、准入门槛、准入监测体系,发挥信用的指挥棒作用来引导新型农业经营主体积极服务反贫困建设和乡村振兴发展。既要对农村金融反贫困的承贷主体和项目产权等进行界定,也要结合各地农村金融反贫困主体的发展水平、宏观市场环境以及治理能力等进行有效评估,使农业供应链金融信贷支持实体经济,加大对项目运营较好的农业经营主体的信贷服务力度,进一步提高金融服务乡村振兴发展的有效性。第二,因地制宜地探索适合当地农业多功能性产业融合发展的有效路径,带动贫困农户减贫增收,进一步降低信贷风险。提升农产品加工、农村物流以及乡村旅游在农业产业链和供应链方面促推产业融合发展的重要作用,提升农民合作社在贫困农户扶贫中的主体地位和信贷减贫绩效。第三,明确农村金融产品和服务在巩固脱贫攻坚成果与乡村振兴中的具体职责和功能,确定抵押或者质押资产的范围及管理办法,将农村金融反贫困体系纳入农村信用评级、风险防控、社会责任评价、乡村振兴示范村镇建设的评价体系中,扩大农村金融反贫困的社会服务评价范畴。

三 构建农村金融反贫困创新过程的审查担保机制

农村金融反贫困的核心在于信贷资金的过程动态监测,需要金融机构的信用征信和信贷过程风险审核的有效协同。首先,将农村金融反贫困纳入农村物流企业、农业经营规模、信贷业务管理及系统性风险的评估过程,为有效地监控金融反贫困风险提供大数据技术支持。商业银行联合农民合作社、家庭农场等构建征信数据库,营造信用环境,将商业银行反贫困创新及开展的相关业务纳入中国人民银行及金融监管局的考核评价体系,加强金融反贫困的过程审核及服务的引领性。加强金融机构与政府部门在农户信用档案以及信用村、信用镇评选等方面的合作,并结合信贷投放进度及时跟进过程信贷的审查能力。其次,金融机构应加强对担保物在质押期间的风险监测,特别是农产品等易腐烂变质的质押资产,需要结合质押物价值受损程度及信贷投放用途等做好风险的动态跟踪监测。政府部门需要将风险担保补偿基金及时与受损资产衔接,并结合担保与保险公司等风险保障,将农村金融机构在当地的历史信贷数据和市场信息及时匹配,对质押货物的价值进行评估和盘点,判断物流企业的合理质押率、贷款成数和利率水平。最后,加强对质押仓单的过程监测与统一管理。避免仓单质押中的人为操作风险,通过强化统一规范管理和全流程责任到人,将监测平台与农村社会资本监测、资金供给服务及激励相容机制进行有机衔接,保障风险监控和担保措施的稳健运行。

四 完善农村金融反贫困风险预警机制

强化农村金融反贫困的风险预警是提高风险防控和预测能力的重要

保障。由于农村金融反贫困不仅需要考虑市场本身的风险，还需要考虑政治风险、社会风险、经营风险以及自然风险等多种状况，风险预警需要结合大数据技术和交易基础，实时动态地不断完善农村金融支持脱贫攻坚成果和乡村产业振兴的风险监控。一方面，在新型农业经营主体与传统金融扶贫和数字化金融扶贫融合的过程中，将农民合作社的内部治理与经营主体、农户、商业银行等的衔接程度和能力进行结合，将经营主体的历史交易数据、信誉状况、财务资产管理能力等纳入风险预警的全过程，并利用大数据技术围绕贷前调查报告、抵押权属、农业供应链金融抵押担保合同及质押物等信息进行动态核实，设定一个动态预警的范围，超出范围的信贷可以及时提醒客户加强风险管理，提升农村金融反贫困信贷预警能力。另一方面，在外部风险预警层面，强化农村金融反贫困的外部系统性风险评价，随时告知客户相关产业及供应链环节可能面临的各种风险，提前将农户信贷所涉及的外部风险和预警措施告知经营主体及贫困农户，从而为农村金融反贫困的信贷风险管理和资金安全提供有效保障。同时，在信贷办理和项目选择上，加强对借款农户和担保人的资信审查，规范财务管理和资金使用情况，进一步对资信与信用分级进行管理，加强现金流和交易过程的信息披露和监控，将风险监控纳入农村金融反贫困信贷的监控和业务流程。

五 构建农村金融反贫困的风险分担与补偿机制

为防范农村金融反贫困出现系统性风险，需要保证农村金融发展安全稳定，健全金融风险预防、预警、处置、问责制度体系。持续贯彻完善巩固脱贫攻坚成果的涉农贷款增量奖励和金融机构定向费用补贴及税收等优惠政策。增强政府在农村金融服务乡村振兴过程中的过程担保，实现政策性担保与商业性担保有机结合，坚持保本微利经营，尽可能降低融资担保成本和再担保业务的交易成本，并强化政府、银行、保险等金融机构之间的服务协同，为农业经营主体和小农户提供有效的贷款担保服务。一是加强风险意识培养，夯实农村地区金融风险管理，加大涉农金融政策宣传力度，打通金融风险知识普及"最后一公里"。二是完善风险等级评估，鼓励地方政府开展县域农户、农业经营主体的风险等级评估，加快构建普惠金融服务体系。三是形成风险共担机制，加快建立农业信贷担保服务网络,明确担保机构、银行和政府在反贫困融资中的不良资产处置风险的责任分摊比例,降低银行信贷风险损失。把防范金融风险与支持农业农村经济发展结合起来,推动农村金融高水平、高质量的发展。首先,加快建立政府扶持、社会多方参与、市场运作的多元主体协同的风险分担体系。政府可以通过税收和财政补贴等相关政策来扶持一批专业性的农村信用担保公司,或者成立农村金融反贫困担保引导基金,推进市场化运作和解决农业农村产业发展过程中的融资担保难题。其次,建立以国有投融资平台公司为主导的农村金融抵押担保新标的试点业务。针对乡村振兴过程中未来能够产生现金流或者能够促进乡村经济发展的标的资产,可以在先期由国有投融资平台公司介入,将其作为标的资产进行包装获取融资担保,引入企业开发投资,支持各方建立有效的利益联结风险共担机制,推进形成创新授信贷款机制。最后,逐步扩大农地经营权抵押贷款试点区域范围,建立抵押担保再保险制度体系,提升交易市场农地抵押贷款的流动性。对农村宅基地、承包地、林地、果园、荒地等资产要素进行金融化试点改革,在先期由国有投融资平台公司与民用资本进行相互参股融合试点,建立乡村振兴阶段的土地融资担保抵押试点和政策推广两条线的运营框架体系。

第三节 创新农村金融反贫困的激励体系

在巩固脱贫攻坚成果与乡村振兴有效衔接的过渡期,继续采用财政、金融等多种手段支持和增强乡村振兴金融机构在农村地区的发展和服务"三农"实体经济的能力,对开展农村金融反贫困的项目和业务进行激励和评比,正向引导农村金融机构助力乡村振兴的高质量发展,发挥财政激励和税费减免等多种财政政策工具的作用,在贷款贴息、技术创新、品牌创建、税收减免等层面提供协同激励政策和服务支持,对服务乡村振兴发展和巩固脱贫攻坚成果的金融机构给予一定的物质奖励和政策激励,引导农村金融资金与乡村振兴产业风险补偿资金等的有效协同,并构建农村金融服务农业产业链、供应链反贫困的长效机制,加强财政金融政策对新型农业经营主体与脱贫农户有效衔接的政策扶持,进一步通过完善技术和扩大生产规模等方式有效衔接贫困农户的高质量发展。

一 创新金融机构与扶贫部门的政策匹配激励

加强农村金融机构与乡村振兴局等相关部门在后扶贫时代相对贫困户的对象识别、相对贫困治理及成效考核跟踪等方面的联动与政策匹配激励，构建金融机构参与协同扶贫的长效机制。积极发挥政府相关部门与农民合作社在相对贫困治理中的协同作用，畅通扶贫项目审核、扶贫资产股权量化认定等创新产品和政策的有机衔接渠道，提升农民合作社等新型农业经营主体在金融扶贫产品创新中缓冲政策风险损失的能力；充分发挥基层干部与农民合作社的沟通桥梁作用，加大对贫困户能够申请到信贷资金用于生产和改善生活的宣传力度，鼓励通过合作社内部授信的方式减少信贷资金申请审批的程序，提高贫困户对涉农信贷的可得性。金融机构应通过市场运作，鼓励引导产业链融资投入贫困农户生产发展，改变贫困户的贫穷落后面貌。鼓励金融机构开展扶贫特色产业的挖掘及市场化扶持，主动参与农业产业链环节的生产经营过程，对部分竞争力强的农业特色产业给予信贷优惠支持，并推动品牌化市场经营，提高农村金融反贫困的可持续性。此外，发挥农村金融反贫困资金的集中示范引领作用，加强财政扶贫资金和金融扶贫资金的统筹协调，健全和创新政策性扶贫担保体系，化解信贷扶贫资金使用的担保补偿不到位的风险，扩大农业保险区域覆盖范围，拓宽农业保险补偿渠道，分散农业系统性风险。

二 创新农村金融服务乡村振兴的模式和渠道

针对脱贫地区不同的特色及资源禀赋，打造以新产业和新业态为核心的农村金融反贫困创新体系，不断创新农村金融反贫困渠道和产业振兴发展模式。一是对农村金融反贫困主体及供应链环节成员的经营管理和征信水平进行实时监控，探索"金融机构+合作社+农户+政府+担保"的金融征信服务模式，创新"政银保担"协同的信用服务模式和服务渠道。二是加强农村金融反贫困的人才队伍建设，将农业组织化和规模化经营的生产、销售以及服务等各环节的反贫困主体通过物质激励、声誉激励以及示范带头引领的方式，纳入农业经营的规模化和产业化体系，加强农村金融反贫困创新的人才队伍建设。三是强化农村金融机构与产业链、供应链环节相关服务主体的利益联结，实现金融反贫困的系统联动作用。比如将农村金融反贫困的农民合作社、物流企业、担保机构、保险公司、政府扶贫部门以及商业银行等融资服务渠道主体通过反贫困数据库系统进行联结，建立多方合作的稳定关系，并逐步将不同主体之间可共享的数据信息进行融合，打造一个覆盖全国的金融反贫困服务大数据信息系统，实现资源整合与渠道的融通，进而将相对贫困农户纳入全国统一的金融反贫困治理体系。

三 优化农村金融反贫困与乡村振兴衔接的政策激励体系

在农村金融反贫困与乡村振兴有效衔接过程中，需要围绕巩固脱贫攻坚成果与金融服务乡村振兴发展的相关政策体系进行有效梳理，完善金融扶持政策的效果评估和有效措施的持续激励引导。加强政府引导，推动金融机构根据自身所在地区实际情况，因地制宜地开发当地特色产业及优势产品的金融反贫困融资服务模式。将农村金融反贫困体系纳入农户贫困治理，包括生活贷、医疗贷、扶贫贷、异地搬迁贷等具有地域特色的金融产品。加强金融机构对金融产品脱贫效果的长期跟踪评估，并结合农户实际需求变化不断对金融产品服务进行创新升级。同时，激励金融机构拓展抵质押范围和试点创新属地化的金融产品。探索农作物、牲畜、土地经营权、宅基地使用权等适应农村社会经济发展且适合农户抵押担保的物品。地方政府和村干部可以联合成立农户信贷担保基金或者风险补偿基金，促进农村金融业的可持续发展。为了为无效利用的部分违约抵押担保物提供更好的流转契机，同时鼓励企业和农民合作社作为抵质押物担保流转的中介主体，政府要推进省市级示范社进行数字化应用及转型，并有效衔接农村金融机构信息平台，增加农村信贷抵押物的流转渠道和利用价值（覃志立、严红，2018）。最后，探索金融信用扶贫档案建设和激励政策配套建设。在深度贫困地区积极推广金融扶贫过程中信用档案的建设，充分利用大数据分析和互联网金融从贷款的信用户到逐步推广为信用村、信用镇，实现整村、整镇授信，大幅度地减少人力、物力成本，节约农户贷款的时间成本。联合金融机构将贷款农户的信贷档案纳入中国人民银行征信体系，为农村金融业健康稳定发展提供强大的数据支撑，也为良好的信用社会发展提供有力的保障。

四 建立规范和科学的农村金融市场资金回流机制

对于处在巩固拓展脱贫攻坚成果和乡村振兴有效衔接过程中的农村金融机构，中国人民银行可以适度降低相关金融机构的存款准备金率，从政策层面激励金融机构将资金投入"三农"实体经济和农业农村高质量发展中。伴随乡村振兴战略的深入实施，灵活运用利率杠杆调动社会各方主体投资的积极性，撬动社会资本投入农村地区经济发展，建立农村金融机构的资金内循环机制，严防金融机构的资金向外流出，规定一定区域内吸纳的存款主要用于本地区贷款发放，明确涉农领域发放贷款占总贷款的比例。同时在农村金融发展过程中，政府需要建立科学的激励机制和补偿机制，通过官方渠道推广宣传先进的金融支农扶贫事迹，给予农村金融机构税收减免、财政补贴等优惠政策，使农村金融机构在促进农村经济发展的同时能够维持自身运转。此外，还需要完善对农村金融机构的监管，因农村地区金融服务业发展较为落后，可以暂时对农村金融机构开展的小额信贷、养殖、种植、教育、疾病等贷款以及各种政策保险、农业保险等进行差异化监管，鼓励农村金融机构创新金融产品和服务，将资金集聚到乡村振兴过程中。

第四节 深化农村金融服务供给和需求管理改革

坚持农村金融反贫困在产品服务供给侧改革与脱贫农户信贷需求侧改革的创新并举，构建风险可控条件下相互竞争、相互合作的多层次、包容性的农村金融服务体系，逐步整合政策性金融、开发性金融、商业性金融、合作性金融，以及保险、证券、担保、小额贷款公司等新型农村金融机构之间的有效协同服务，促进农村金融机构回归服务"三农"实体经济的初心，不断适应新型农业经营主体和脱贫农户新的发展需求，提升服务供给质量和效益，培育和创造新的增长点，提供个性化、差异化的金融服务和产品，结合大数据需求管理打造乡村振兴主体板块、政策和信息对接服务金融板块，加大对农村经济社会发展重点领域和薄弱环节的金融投入，更好地满足乡村振兴对金融的多样化需求。

一　建立多层次金融机构反贫困的服务体系

随着农业供给侧结构性改革和农业现代化进程的加快，网络信息技术、工业技术、基因技术不断成熟，应深化农村金融反贫困的供给侧结构性改革，拓宽金融服务渠道及增强农村金融反贫困的大数据技术服务能力。构建促进农村金融服务乡村振兴的信用评级体系、服务绩效评价制度、审计监督机制等，创新服务模式及产品，将创意农业、现代农业、智慧农业、综合新型农业等与农村金融反贫困服务体系有机结合，并将保险、期货等纳入农村金融衍生产品的创新服务供给中，从而更好地支持农村新产业、新业态的培育和发展。建立完善的农业金融机构服务体系。继续发挥农业正规金融机构与非正规金融机构在衔接地方金融发展方面的积极作用，提高农村金融服务水平和能力，提高金融机构覆盖广度，由金融技术员向村民宣传金融知识；在村中小卖部、村委会办公室附近设置物理网点，将农村基础金融服务覆盖到村；也可以通过增加电子产品、自助机具、流动服务车提高基础金融服务水平。结合基层文化设施建设打造富有地方特色的文化品牌金融产品，不断丰富文化金融内涵和振兴乡村文化发展。

二　完善农村征信与社会化服务体系的衔接

建立并完善农村金融反贫困的大数据征信平台，将数字乡村建设与农村金融信用有机联结起来，通过完善农村信用体系破解农村金融长期面临的信息不对称难题。强化农村信用评价体系建设和完善农村征信制度。打造服务"三农"实体经济的大数据综合服务平台，并将涉农平台与金融反贫困体系纳入中国人民银行征信体系，发挥涉农金融机构信用大数据动态监测的作用和涉农组织对农户信用情况的搜集、分类、资源整合等作用。当农业企业或农业大户的信用信息发生重大变化时，能够及时修正，降低风险。建立信用激励约束机制，将扰乱乡村金融反贫困创新的道德败坏和违法乱纪的农户纳入征信体系；对积极改善个人信用记录的农户与规范经营的新型经营主体，逐步调整和提高信贷配给份额，逐步实现由"管制约束"向"激励引导"的转变。积极扩大信用担保抵押范围，探索"村社集体担保+农户分组互保"的信贷软约束机制，将征信担保风险及征信服务体系进行有效结合,按照"保底收益+按股分红"的方式开展信贷融资,探索农村消费升级需求,开发新的征信服务体系金融产品。

三 引导农村金融机构规范发展

由于现阶段农村金融机构发展规模和服务效能相对滞后,正规金融机构与非正规金融机构往往并存,金融市场监管存在盲点。在乡村振兴过程中,逐步引导非正规金融机构规范化经营管理,能够不断刺激农村金融业的发展,激发乡村振兴的内生动力。一是在助力乡村振兴发展过程中,继续发挥农信社(农商行)的核心主体作用,逐步将符合条件的农信社改制为农商行,最大限度地发挥农信社的支农助农作用。二是在农村基础设施建设、融资渠道、政府补贴等方面,进一步强化以中国农业发展银行为核心的政策性金融机构在乡村振兴发展中的作用,适当将政策性金融与商业性金融通过混改或者成立独立分公司的方式进行创新,对涉及国家重大战略又具有较为超前战略性引领的行业,不断创新融资渠道的市场化及融资方式的多样化服务手段。三是进一步探索农村金融机构与互联网金融公司的深度协同,制定相应的优惠政策引导涉农贷款和农村基层网点的数字化改造,建立现代化的的农村金融服务数字网络体系。四是引导现有农村金融机构与民间金融机构形成相互补充的制度体系,降低信贷融资交易成本,规范农村金融发展,防范系统性金融风险向农村地区传导。

第五节 创新改革农村金融反贫困体制机制

一 完善农村金融反贫困的管理和服务体制

进一步强化农村金融的政策性职能,充分发挥农村金融机构对新农村产业的扶持作用。鼓励和引领乡村振兴过程中的特色优势产业进行合理化布局,逐步以现代农业经营理念为引领,以农业机械化设备为物质基础,以科学的管理知识为生产手段,采用规模化、信息化经营方式形成现代农业发展格局。激励农村金融机构给予在农业生产中社会效益高而经济效益又相对较低的产业金融扶持和政策性倾斜。在投放信贷资金和吸引社会资本等方面，加大对符合农业农村产业政策要求的贷款和投资的资金支持力度，不断发挥农村金融机构在乡村振兴战略中引导社会支农资金的投向和引领作用，积极构建现代农业产业体系、生产体系和经营体系。探索农村金融反贫困模式创新，农业经营组织内部结构治理，惠农贷资金投向，产业链、供应链融合发展等，积极助力乡村振兴产业发展提质增效。在深度贫困地区，积极推动农业科技成果在相关区域的转化，加大金融对技术扶贫、教育扶贫、异地搬迁扶贫、医疗扶贫等的扶持力度，保障乡村振兴发展过程中农民的财产权益，不断为扶持壮大集体经济提供金融保障。盘活农村金融机构资金存量，不断完善农村金融反贫困的各项制度，助力农村金融高质量服务乡村振兴发展。

二 建立农村金融反贫困信息共享机制

新时代构建农村金融服务乡村振兴发展及相对贫困治理的信息数据平台及共享机制，成为有效串联各相关利益联结主体的重要手段，也是农村金融反贫困协同产业链融合发展的重要体现。一是增强农村金融机构与农业供应链各环节主体之间的信息互联互通。借助农村金融科技手段将产业链和供应链各环节信息有效衔接起来，提高资金供需匹配精度。将农村金融反贫困信息共享平台用于实施动态监测农户、新型农业经营主体、金融机构、政府部门在物流、信息流、资金流等层面的发展动态，将产业扶贫与供应链环节交易等大数据平台纳入抵质押物的保管和监督，从而降低信贷风险（陈放，2018）。二是增强农村金融机构、地方政府、新型农业经营主体以及农户之间征信与信用档案的共享，提高金融监管部门在金融机构信贷之间的联网管控，促进农村金融反贫困信贷资金和抵押担保信息的交流共享，降低信息不对称带来的资源错配及信贷风险。三是健全农村金融反贫困大数据监控系统，助推农村信用体系的完善。建立农村金融反贫困各主体在产业融合、乡村振兴发展以及农业农村现代化发展过程中的资源配置信息的大数据平台，以中国人民银行和金融监管局为牵头单位建立农村金融反贫困的底层资金流、物流、信息流的大数据库，从而降低交易成本和市场风险，提高农村金融反贫困的效率。

三 创新"政银保担"协同的防返贫政策体系

在乡村振兴战略推进中,积极创新"政银保担"融资协同预防返贫的政策体系,重点建立农业巨灾专项保险和政策性农业保险基金,促进商业性保险与政策性保险的有效衔接,引导和促进商业金融机构融入农业产业高质量发展。围绕深度贫困地区,建立"政银保担"协同的数字化信息平台,将扶贫保、防贫保和政银保等农村金融反贫困创新产品纳入防返贫的政策体系。同时,政策性保险公司和市场性商业保险公司相互配合,积极将融资担保和资本市场有效联结,探索农村租赁市场和大宗农产品期货市场在市场预测和套期保值中的积极作用,并通过大数据和信息化手段将农村地区资产进行资产股权量化以唤醒"沉睡"的资产,建设村社共同体的内生金融服务体系和内嵌的多元协同融资保障体系。

四 营造良好的农村金融反贫困创新环境

稳定健康的农村金融生态环境能够持续有效地促进乡村振兴。利用数字化技术手段网络化地管理农村信用档案,建立失信惩罚和守信激励机制,制定农村金融失信人员名单档案,加大对农村中出现的失信行为的惩罚力度,对信用良好的农户可以给予利率优惠政策。着力培育和提升农村居民金融素养,将普惠金融知识、诚信教育纳入国民基础教育体系,利用农村金融反贫困教育与人民生活相结合的方式宣传金融知识和提升农户金融素养,让更多农户获得数字普惠金融红利和增强其信用保护意识。加强对互联网金融在农村地区业务拓展中灰色法律地带的监管和立法规范,预防和化解金融风险以达到保护农民合法权益的目的。特别是针对互联网金融机构对传统合作金融和新型金融机构的垄断和利益侵蚀,要提高农村金融监管违法行为的专业执法水准,加大对金融政策的宣传教育及普及推广力度。积极促进各类金融机构重塑乡村伙伴式产融关系。促进农村金融的适度有序竞争与乡村产业振兴发展环境的营造,最终实现支农与盈利的双赢。

第十四章 研究结论与展望

第一节 研究结论

在乡村振兴战略背景下，如何有效促进农村金融更好地服务于"三农"实体经济，并通过创新农村金融反贫困作用机制、实践模式，有效衔接"小农户"与金融"大市场"，从而提升农户脱贫成效和相对贫困治理的可持续性，对农村金融服务乡村振兴发展、全面推进农业农村的现代化具有重要的理论和现实意义。以农民合作社为代表的新型农业经营主体作为现代农业经济发展的重要经济组织，在农村金融反贫困创新实践中，对防范和化解农村金融风险、助力巩固拓展脱贫攻坚成果与乡村振兴发展具有重要作用。本书借鉴马克思反贫困思想内涵与中国特色社会主义反贫困理论，重点以破解农村贫困地区"金融贫困恶性循环"这一现实困境为出发点，立足于贫困农户长期面临的信贷排斥问题，以中国农村金融反贫困作用机制及其模式创新为核心，以提升已脱贫农户的可持续生计能力和相对贫困治理成效为目标，构建中国农村金融反贫困的"机理解构—绩效评估—案例阐释—对策建议"的分析框架，探讨农村金融反贫困的作用机理、减贫绩效、模式创新案例及其优化路径，为中国农村金融助力乡村振兴和农业农村高质量发展、实现农民共同富裕提供理论和实践依据。

本书重点以破解贫困地区"金融贫困恶性循环"这一困境为出发点，构建了小农户"信贷抵押不足→农村金融服务模式创新→强化新型农业主体信贷利益联结→融资增信→金融科技赋能→信用创造→信贷可得性提升→缓解信贷约束→多维贫困减缓"的农村金融反贫困理论机制传导链，依托农民合作社这一载体有效衔接小农户与农村金融市场，利用银社互惠与农社利益联结整体提升供应链和产业链各主体的福利水平，并提升小农户个人融资增信能力，从而更好地服务于"三农"实体产业发展和避免农户陷入"金融贫困恶性循环"困境。在传统的农村金融反贫困机制中，依托农户自主发展能力促进农村金融更好地扶持农业产业融合发展与产业链风险防控，通过利益联结来达到产业协同与对社员农户可持续产业扶贫的目的。在委托发展模式下，贫困农户缺少内生脱贫动力时，需要借助政府专项扶贫资金及贫困农户信贷资金的股权量化，优化农民合作社内部治理结构和强化农社利益联结，依托债权和股权等资产收益扶贫和政府兜底保障扶贫，实现对无脱贫能力的贫困社员农户的财产性收益扶贫。另外，通过农村资金互助合作社融资创新发挥合作金融的独特优势，实现农村金融要素在合作社内循环，这在一定程度上避免了资本外流，使资金服务于"三农"实体经济，为有效减贫增收提供了有力支持。在数字普惠金融反贫困机制中，数字普惠金融是对传统金融的补充和完善，有利于通过就业创造、人力资本提升、技术支持农户融资增信、电商产业发展等提升数字普惠金融效应。

在宏观层面，传统农村金融反贫困体现在银行小额信贷普惠金融产品服务以及模式的创新上，其减贫效率往往略高于财政扶贫效率，主要是小额信贷普惠金融具有较强的规模效应，且随着金融科技的加入，进一步提升了金融普惠的边际效应，但二者存在一定的关联性，即随着技术的进步其减贫效率呈逐渐收敛趋势。在微观层面，传统银行通过创新农业供应链金融模式，依托农民合作社发挥内部软约束监督和信贷融资增信的作用，通过农民合作社供应链金融内部订单农业产业链关联授信和封闭资金运营的方式，实现金融系统内部的负向反馈，降低信用风险，并通过实行逆周期和结构性调整的信贷政策、构建农业供应链风险监管的数字化征信网以及实现信贷配给均衡不断降低供应链内部信用风险。此外，农民合作社承载的农村金融反贫困创新需要重点优化合作社内部信用风险评价，将合作社的产权结构与社员利益联结有效结合，促进农户个体信贷与整体信用的有机融合，但合作社内部产权结构的异质性也会影响农户个体信贷可得性和多维减贫成效。

通过对农村金融反贫困作用绩效进行评估后发现，在传统银行小额信贷扶贫的基础上，农村金融反贫困通过传统金融与数字普惠金融的协同，在渠道和模式上不断创新，并通过助力乡村产业发展、扩大农户就业、拓展农户财产性收入等减缓农户多维贫困状况。不同类型主体领办的农民合作社供应链金融减贫效果存在较大的差异，贫困农户总体上受益于以农业企业、村干部、种养大户等为核心领办主体的农民合作社供应链金融信贷服务。农户非农收入占比越高，种养大户和村干部领办型农民合作社供应链金融信贷的减贫效应越小；而企业领办型农民合作社供应链金融信贷整体上对不同收入占比的贫困农户均具有较显著的减贫效应，且农户非农收入占比越高，其减贫效应越明显。此外，农业供应链金融通过支持产业发展实现的减贫效果整体较好，在不同的链式融资模式中，以农业企业和生产性农民合作社为信贷中介的产业扶贫效果较好，而直接信贷的减贫效果则相对不明显，反映出乡村振兴过程中需要重点以产业开发扶贫为主，开发式金融扶贫需要结合农业企业和合作社的有效带动作用实现贫困户的整体脱贫。

在小农户与合作社利益联结机制对减贫带来的影响方面，农社利益联结越紧密，越有利于提升农户的信贷可得性和多维减贫成效，但精英社员在农社利益联结过程中获得的信贷利益更高。为减少农贷市场的"精英俘获"现象，防止中等收入群体再次陷入"金融贫困恶性循环"，探索性地将农社融资、农技、销售、决策四个方面的利益联结与风险共担进行整合，发现受教育程度越高、融资历史越长的农户在农技和融资联结方面的多维减贫效应越明显。为此，通过提供融资服务、民主化计票、提高农户自销能力、效率化技术培训等方式，实现精英社员与普通社员在合作社内部管理权与剩余索取权之间的"两权分离"，从而更好地实现农户的减贫增收和合作社的资源优化配置的协同，有利于巩固脱贫攻坚成果和进一步完善合作社与内部农户关系的利益联结机制。

在数字普惠金融反贫困绩效层面，本书测算了互联网金融使用广度和深度会在多大程度上缓解农户多维贫困状况，并探讨了后扶贫时代农户贫困脆弱性的动态变动状况，发现互联网金融使用广度和深度的提高可以缓解农户多维贫困，互联网金融使用深度越高，农户多维减贫效应越明显，且对东部和西部地区的减贫效果高于中部地区，表现出"中部凹陷"特征；在有负债的农户中，互联网金融对其能力贫困和物质贫困的减贫效应更突出。在作用机制层面，互联网金融使用通过增加农户非农就业机会、拓展电商业务、提升金融素养等方式分别实现对农户的减贫增收、产业扶贫以及资源优化配置，从而提升农户多维减贫效应，进而破解传统金融面临的"金融贫困恶性循环"困境。为此,后扶贫时代需加强农村数字普惠金融,提升贫困农户内生脱贫能力,保障社会权利公平,从而缓解农户多维贫困。此外,数字普惠金融发展在一定贫困线标准下有利于降低农户的贫困脆弱性,数字普惠金融覆盖广度对绝对贫困线标准的农户贫困脆弱性具有较强的正向影响,而数字普惠金融使用深度对贫困线标准提高后的相对贫困农户的贫困脆弱性具有较强的作用效果。随着相对贫困线标准的提升,数字普惠金融对农户贫困脆弱性的作用效果逐步降低,出现贫困脆弱性变动现象。农户贫困脆弱性变动程度主要受数字普惠金融发展带来的农户就业机会增加的影响,且数字普惠金融使用深度能够提高农户的收入水平从而有效降低农户贫困脆弱性。为此,加快数字普惠金融在贫困地区的覆盖,推广普及数字技术和加强应用示范培训,缩小农户数字技术差异和跨越金融素养的鸿沟,分享贫困农户数字普惠金融红利,分阶段逐步提升相对贫困线标准,适度减小农户贫困脆弱性区域和群体异质性带来的农户贫困脆弱性变动,并加强对城市低收入群体的贫困脆弱性监测和扶持。

因此,在乡村振兴背景下,农村金融反贫困创新路径选择需要健全农村金融服务体系,增强农业基础稳固性、区域发展协调性,进一步坚持党的领导、突出系统集成、聚焦科技支撑、改革人才培育和夯实风险管理等,推进农业农村高质量发展。一方面,创新农村金融反贫困的价值服务体系、风险防控体系、激励体系。具体包括创新农村金融扶贫模式价值链整合、财政金融政策协同、微型金融组织产业扶贫产品体系;强化农村金融反贫困创新过程中的审查担保、风险预警、实时动态监控、分担与补偿机制;创新金融机构与扶贫部门的政策匹配激励体系、模式和渠道、政策衔接激励体系、资金回流机制。另一方面,深化农村金融服务供给和需求管理改革以及创新农村金融反贫困体制。建立多层次金融机构体系,完善农村征信服务体系,引导农村金融机构规范发展,创新农村绿色金融产品和服务;建立农村金融反贫困信息共享机制,创新"政银保担"协同的防返贫政策体系,营造良好的农村金融反贫困创新环境。

第二节 未来展望

随着农村信用社进一步转制为农村商业银行，农村金融机构数字化转型的步伐不断加快，传统金融与数字普惠金融有效协同成为乡村振兴发展和相对贫困治理的重要体现，在乡村振兴和金融反贫困模式创新方面扮演着越来越重要的角色，对推进农村金融机构改革和制度深化具有重要的理论与现实意义。农村金融反贫困创新主要有两方面：一方面，农村金融反贫困的模式不断创新，特别是与乡村振兴产业发展不断深度联结，在未来的金融反贫困道路上将发挥巨大的作用，比如农业供应链金融将成为下一个金融"蓝海"，成为引领农村金融改革实践的重要窗口；另一方面，农村金融反贫困的数字化和金融科技趋势将不断显现，数字普惠金融将发挥巨大的技术红利作用，不断补齐传统普惠存在的短板。本书以农民合作社为核心主体推动农户与农民合作社、商业银行围绕产业链、供应链金融深度融合的链式融资模式创新及减贫机制与减贫绩效评估，但农业供应链金融主体还包括农业企业、家庭农场、农村资金互助合作社等新型农业经营主体。由于本书研究内容篇幅及能力水平有限，未能探讨农村金融反贫困其他主体在联结小农户与金融"大市场"之间的利益联结关系，特别是不同金融机构在农村金融市场中的信用体系、风险监管体系的建设以及大数据、区块链等金融科技的发展对产业链、供应链的冲击，这些也是未来需要进一步深化改革及深入研究的领域。此外，在国家大力推行信用体系建设的过程中，充分依托新型农业经营主体、借助大数据信息技术在农村地区重塑信用体系，推动农村征信体系的科技化，必然会带来农业供应链金融信贷减贫的作用机制和效应的变化。特别是贫困农户金融知识缺乏和金融素养总体偏低，需要进一步重塑农村金融在联结主体之间的征信体系及产业链和供应链的大数据评估体系，在边远贫困地区产业发展制约的场域下发挥多方合作协同减贫的作用和效应还需理论和实证的深入探索。特别是在农村金融反贫困模式创新如何进行数字化转型，以及互联网金融机构在农村金融市场的深入挖掘是否会带来进一步的垄断进而制约农村普惠金融和数字化转型的进程，相应的法律监管、制约机制和风险担保机制等有待深入探讨。

参考文献

〔印〕阿马蒂亚·森:《以自由看待发展》,任赜、于真译,中国人民大学出版社,2002。

〔美〕艾恺:《最后的儒家:梁漱溟与中国现代化的两难》,冀建中译,外语教学与研究出版社,2013。

蔡则祥、杨雯:《普惠金融与金融扶贫关系的理论研究》,《经济问题》2019年第10期。

常明明:《20世纪50年代前期农村私人借贷利率探析——以鄂、湘、赣三省为中心》,《中国农史》2009年第2期。

畅倩、李晓平、谢先雄、赵敏娟:《非农就业对农户生态生产行为的影响——基于农业生产经营特征的中介效应和家庭生命周期的调节效应》,《中国农村观察》2020年第1期。

陈池波、龚政:《数字普惠金融能缓解农村家庭金融脆弱性吗?》,《中南财经政法大学学报》2021年第4期。

陈畴镛、黄贝拉:《互惠性偏好下的供应链金融委托代理模型比较研究》,《商业经济与管理》2015年第12期。

陈放:《乡村振兴进程中农村金融体制改革面临的问题与制度构建》,《探索》2018年第3期。

陈飞、卢建词:《收入增长与分配结构扭曲的农村减贫效应研究》,《经济研究》2014年第2期。

陈俭:《新中国城乡金融关系演化论纲》,《江汉论坛》2017年第9期。

陈劲、尹西明、赵闯、朱心雨:《反贫困创新:源起、概念与框架》,《吉林大学社会科学学报》2018年第5期。

陈丽、李崇光、张俊:《农民合作社农户风险共担认知和行为分析》,《农业现代化研究》2018年第2期。

陈鹏、刘锡良:《中国农户融资选择意愿研究——来自10省2万家农户借贷调查的证据》,《金融研究》2011年第7期。

陈清华、董晓林、朱敏杰：《村级互助资金扶贫效果分析——基于安徽宿州地区的调查数据》，《农业技术经济》2017年第2期。

陈雨露、马勇：《农户信用与收入的基本框架及其差异化解释》，《改革》2009年第4期。

陈元：《以市场化运作服务国家发展战略》，《中国金融》2012年第18期。

陈宗胜、沈扬扬、周云波：《中国农村贫困状况的绝对与相对变动——兼论临界贫困线的设定》，《管理世界》2013年第1期。

程惠霞、杨璐：《中国新型农村金融机构空间分布与扩散特征》，《经济地理》2020年第2期。

程名望、Jin Yanhong、盖庆恩、史清华：《农村减贫：应该更关注教育还是健康？——基于收入增长和差距缩小双重视角的实证》，《经济研究》2014年第11期。

程杨、刘清华、吴锟：《城乡一体化背景下中国西部地区农户金融需求及其影响因素研究》，《世界农业》2014年第5期。

崔宝玉、陈强：《资本控制必然导致农民专业合作社功能弱化吗？》，《农业经济问题》2011年第2期。

崔红志、刘亚辉：《我国小农户与现代农业发展有机衔接的相关政策、存在问题及对策》，《中国社会科学院研究生院学报》2018年第5期。

崔红志、王军：《财政支农资金股权投资改革的效果、问题与建议——以供销合作社"新网工程"专项资金改革为例》，《学习与探索》2018年第5期。

戴益斌、胡珍、何易、徐婵婵、余霖枫：《永嘉县农业气象指数保险情况评估》，《现代农业科技》2020年第11期。

邓婷鹤、毕洁颖、聂凤英：《中国农村老年人多维贫困的测量与识别研究——基于收入贫困与多维贫困视角》，《统计与信息论坛》2019年第9期。

丁骋骋：《区域性民间金融风潮：中国式金融危机简史（1883-2015）》，《财经理论与实践》2016年第3期。

丁川：《基于完全理性和公平偏好的营销渠道委托代理模型比较研

究》,《管理工程学报》2014年第1期。

丁均伟:《供应链金融与联保贷款模式研究》,硕士学位论文,天津大学,2010。

丁志国、张洋、覃朝晖:《中国农村金融发展的路径选择与政策效果》,《农业经济问题》2016年第1期。

董晓林、石晓磊:《信息渠道、金融素养与城乡家庭互联网金融产品的接受意愿》,《南京农业大学学报》(社会科学版)2018年第4期。

傅秋子、黄益平:《数字金融对农村金融需求的异质性影响——来自中国家庭金融调查与北京大学数字普惠金融指数的证据》,《金融研究》2018年第11期。

〔瑞典〕冈纳·缪尔达尔(Gunnar Myrdal):《世界贫困的挑战——世界反贫困大纲》,顾朝阳译,北京经济学院出版社,1991。

高鸣、马铃:《贫困视角下粮食生产技术效率及其影响因素——基于EBM-Goprobit二步法模型的实证分析》,《中国农村观察》2015年第4期。

高强、张照新:《日本、韩国及中国台湾信用合作运行模式、发展经验与启示》,《中国农村经济》2015年第10期。

高杨、薛兴利:《扶贫互助资金合作社试点运行状况分析——以山东省为例》,《农业经济问题》2013年第6期。

高远东、温涛、王小华:《中国财政金融支农政策减贫效应的空间计量研究》,《经济科学》2013年第1期。

龚坚:《供应链金融的银行信用风险——基于开放经济视角的研究》,博士学位论文,西南财经大学,2011。

顾宁、张甜:《普惠金融发展与农村减贫:门槛、空间溢出与渠道效应》,《农业技术经济》2019年第10期。

顾银宽:《信贷风险、信用机制与农业保障的地方政府行为》,《改革》2009年第5期。

关佳:《金融精准扶贫的数字普惠面向:核心动力与实现路径》,《现代经济探讨》2020年第10期。

郭峰、王靖一、王芳、孔涛、张勋、程志云:《测度中国数字普惠金融发展:指数编制与空间特征》,《经济学》(季刊)2020年第4期。

郭劲光、俎邵静、邓韬:《扶贫资源配置低效问题研究:生成机制与治理路径》,《农业经济问题》2019年第7期。

郭连强、祝国平:《中国农村金融改革40年:历程、特征与方向》,《社会科学战线》2017年第12期。

郭佩霞:《反贫困视角下的民族地区农业保险补贴政策研究——以四川省凉山彝族自治州为例》,《经济体制改革》2011年第6期。

郭晓鸣、廖祖君:《公司领办型合作社的形成机理与制度特征——以四川省邛崃市金利猪业合作社为例》,《中国农村观察》2010年第5期。

何安华、吴比、崔展鸿:《农资供应链融资:运作模式、动力机制及现实难题——以江西省南丰县蜜橘种植业为例》,《湖南农业大学学报》(社会科学版)2020年第3期。

何慧丽、杨光耀:《农民合作社:一种典型的本土化社会企业》,《中国农业大学学报》(社会科学版)2019年第3期。

何婧、郭沛、周雨晴:《农业供给侧改革背景下的农村金融改革与发展——第十一届中国农村金融发展论坛会议综述》,《农业经济问题》2018年第1期。

何婧、李庆海:《数字金融使用与农户创业行为》,《中国农村经济》2019年第1期。

何婧、田雅群、刘甜、李庆海:《互联网金融离农户有多远——欠发达地区农户互联网金融排斥及影响因素分析》,《财贸经济》2017年第11期。

何欣、黄心波、周宇红:《农村老龄人口居住模式、收入结构与贫困脆弱性》,《中国农村经济》2020年第6期。

何宗樾、张勋、万广华:《数字金融、数字鸿沟与多维贫困》,《统计研究》2020年第10期。

贺立龙、黄科、郑怡君:《信贷支持贫困农户脱贫的有效性:信贷供求视角的经验实证》,《经济评论》2018年第1期。

洪正:《新型农村金融机构改革可行吗?——基于监督效率视角的分析》,《经济研究》2011年第2期。

胡晗、司亚飞、王立剑:《产业扶贫政策对贫困户生计策略和收入的影响——来自陕西省的经验证据》,《中国农村经济》2018年第1期。

胡金跃、张博：《农户信贷需求的影响因素——基于农户调查的实证研究》，《金融论坛》2014 年第 1 期。

胡联、汪三贵、王娜：《贫困村互助资金存在精英俘获吗——基于 5 省 30 个贫困村互助资金试点村的经验证据》，《经济学家》2015 年第 9 期。

胡士华：《农村非正规金融发展问题研究》，博士学位论文，西南大学，2007。

黄敦平、徐馨荷、方建：《中国普惠金融对农村贫困人口的减贫效应研究》，《人口学刊》2019 年第 3 期。

黄琦、陶建平、谭偲凤：《新型农业经营主体联保贷款的机制设计：基于多任务委托代理理论的分析》，《金融经济学研究》2016 年第 5 期。

黄倩、李政、熊德平：《数字普惠金融的减贫效应及其传导机制》，《改革》2019 年第 11 期。

黄薇：《保险政策与中国式减贫：经验、困局与路径优化》，《管理世界》2019 年第 1 期。

黄薇：《医保政策精准扶贫效果研究——基于 URBMI 试点评估入户调查数据》，《经济研究》2017 年第 9 期。

黄益平、黄卓：《中国的数字金融发展：现在与未来》，《经济学》（季刊）2018 年第 4 期。

黄玉霞：《马克思主义反贫困理论及其当代价值》，《天水行政学院学报》2020 年第 2 期。

黄祖辉、刘西川、程恩江：《贫困地区农户正规信贷市场低参与程度的经验解释》，《经济研究》2009 年第 4 期。

贾澎、张攀峰、陈池波：《基于农业产业化视角的农户融资行为分析——河南省农民金融需求的调查》，《财经问题研究》2011 年第 2 期。

江曙霞、严玉华：《中国农村民间信用缓解贫困的有效性分析》，《财经研究》2006 年第 10 期。

江维国、李立清：《互联网金融下我国新型农业经营主体的融资模式创新》，《财经科学》2015 年第 8 期。

姜建清：《改革开放四十年中国金融业的发展成就与未来之路》，《上海交通大学学报》（哲学社会科学版）2019 年第 1 期。

蒋和胜、田永、李小瑜：《"绝对贫困终结"后防止返贫的长效机制》，《社会科学战线》2020年第9期。

焦瑾璞、孙天琦、黄亭亭、汪天都：《数字货币与普惠金融发展——理论框架、国际实践与监管体系》，《金融监管研究》2015年第7期。

景鹏、郑伟、贾若、刘子宁：《保险机制能否助推脱贫并守住脱贫成果？——基于资产积累模型的分析》，《经济科学》2019年第2期。

孔祥智：《农村金融发展的新契机》，《中国农村金融》2011年第4期。

匡贤明、杨冬月：《以精准扶贫为导向的综合型普惠金融体系建设》，《中国井冈山干部学院学报》2016年第4期。

兰勇、周孟亮、易朝辉：《我国家庭农场金融支持研究》，《农业技术经济》2015年第6期。

冷晨昕、陈前恒：《贫困地区农村居民互联网金融使用现状及影响因素分析》，《财贸研究》2017年第11期。

李爱喜：《社会资本对农户信用行为影响的机理分析》，《财经论丛》2014年第1期。

李爱喜：《新中国60年农村信用社改革发展的回顾与展望》，《财经论丛》2009年第6期。

李灿、薛熙琳：《共享农庄研究：利益联结机制、盈利模式及分配方式》，《农业经济问题》2019年第9期。

李聪、王颖文、刘杰、苟阳：《易地扶贫搬迁家庭劳动力外出务工对多维贫困的影响》，《当代经济科学》2020年第2期。

李峰、罗良清、潘露露：《对多维贫困指标和权重的探索——基于CFPS数据的分析》，《江西财经大学学报》2018年第6期。

李红、常春华：《奶牛养殖户质量安全行为的影响因素分析——基于内蒙古的调查》，《农业技术经济》2012年第10期。

李建军、韩珣：《普惠金融、收入分配和贫困减缓——推进效率和公平的政策框架选择》，《金融研究》2019年第3期。

李京蓉、申云、杨晶、陈劭莉：《互联网金融使用对农户多维减贫的影响研究》，《统计与信息论坛》2021年第5期。

李乐、刘涛、王蕾：《农村金融需求的现状及影响因素——基于对成都市农户的调查》,《金融论坛》2011 年第 6 期。

李凌云、李金杰:《农村互联网金融发展新趋势研究》,《现代经济信息》2019 年第 10 期。

李明桥:《贵州山区收入结构对农户贫困状况的影响——基于普定县 3 个行政村的农户调查数据》,《南京农业大学学报》(社会科学版) 2016 年第 6 期。

李明贤:《新中国 60 年农村金融改革发展的回顾与展望》,《湖南社会科学》2009 年第 5 期。

李明贤、叶慧敏:《普惠金融与小额信贷的比较研究》,《农业经济问题》2012 年第 9 期。

李牧辰、封思贤、谢星:《数字普惠金融对城乡收入差距的异质性影响研究》,《南京农业大学学报》(社会科学版) 2020 年第 3 期。

李卿:《四省藏区金融扶贫调查》,《青海金融》2014 年第 10 期。

李锐、李宁辉:《农户借贷行为及其福利效果分析》,《经济研究》2004 年第 12 期。

李想:《农民合作社技术扶贫的福利效应研究——基于江西省调研数据的实证》,《农业技术经济》2020 年第 5 期。

李晓曼、于佳欣、代俊廷、张领:《生命周期视角下新人力资本理论的最新进展:测量、形成及作用》,《劳动经济研究》2019 年第 6 期。

李秀君:《亚洲主要经济体农村金融制度安排的经验及借鉴》,《农村金融研究》2016 年第 8 期。

李雪晴:《秦皇岛市特色农产品政策性保险研究》,硕士学位论文,河北科技师范学院,2018。

李延:《精准扶贫绩效考核机制的现实难点与应对》,《青海社会科学》2016 年第 3 期。

李燕凌:《基于 DEA-Tobit 模型的财政支农效率分析——以湖南省为例》,《中国农村经济》2008 年第 9 期。

李莹星:《小额信贷能改善穷人福利吗?——微观影响评估研究综述》,《农业经济问题》2015 年第 10 期。

李正图:《中国特色社会主义反贫困制度和道路述论》,《四川大学学报》(哲学社会科学版) 2020 年第 1 期。

李祖佩、曹晋：《精英俘获与基层治理：基于我国中部某村的实证考察》，《探索》2012年第5期。

梁剑峰、李静：《"精英俘获"：农民专业合作社成长之困》，《宏观经济研究》2015年第3期。

梁爽、张海洋、平新乔、郝朝艳：《财富、社会资本与农户的融资能力》，《金融研究》2014年第4期。

廖晓军：《完善强农惠农政策 大力支持中国特色农业现代化建设》，《中国财政》2008年第10期。

林乐芬、法宁：《新型农业经营主体融资难的深层原因及化解路径》，《南京社会科学》2015年第7期。

林万龙、杨丛丛：《贫困农户能有效利用扶贫型小额信贷服务吗？——对四川省仪陇县贫困村互助资金试点的案例分析》，《中国农村经济》2012年第2期。

林文曼：《海南农村精准扶贫项目绩效评估实证研究》，《中国农业资源与区划》2017年第4期。

刘兵、叶云、杨伟民、胡定寰：《贫困地区构建优势农产品供应链对农户减贫效应的实证分析——基于定西地区的农户调查数据》，《农业技术经济》2013年第6期。

刘大伟：《教育改善贫困的证据：基于微观社会调查的实证分析》，《教育研究》2020年第4期。

刘海二、石午光：《互联网金融的理论焦点与理论分歧》，《经济学家》2015年第5期。

刘建民：《农村金融制度创新支持精准脱贫的难点与对策——基于我国中西部金融扶贫的调研》，《学术论坛》2018年第5期。

刘锦怡、刘纯阳：《数字普惠金融的农村减贫效应：效果与机制》，《财经论丛》2020年第1期。

刘乃梁：《微型金融机构：衍生逻辑与制度矫正》，《求实》2016年第2期。

刘世成：《扶贫小额信贷的瞄准机制与绩效评估实证分析——基于四川R县数据》，《西南金融》2016年第9期。

刘魏：《数字普惠金融对居民相对贫困的影响效应》，《华南农业大学学报》（社会科学版）2021年第6期。

刘西川、程恩江：《中国农业产业链融资模式——典型案例与理论含义》，《财贸经济》2013年第8期。

刘星、张建斌：《中国上市银行公司治理与创新能力的实证研究》，《重庆大学学报》（社会科学版）2010年第6期。

龙云飞、王丹：《普惠金融发展评价及影响因素分析——以四川省为例》，《技术经济与管理研究》2017年第10期。

罗荷花、李明贤、曹艺馨：《我国农户融资需求及其融资可获得性的影响因素分析》，《农村经济》2015年第8期。

罗剑朝、曹瓅、罗博文：《西部地区农村普惠金融发展困境、障碍与建议》，《农业经济问题》2019年第8期。

马九杰、罗兴、吴本健：《精准化金融产业扶贫机制创新探究》，《当代农村财经》2016年第9期。

马乃毅、蒋世辉：《农户民间借贷特征及其影响因素研究——基于新疆451户农户调查数据分析》，《武汉金融》2014年第9期。

马晓青、刘莉亚、胡乃红：《信贷需求和融资渠道偏好影响因素的实证分析》，《中国农村经济》2012年第5期。

满明俊：《农业产业链融资模式比较与金融服务创新——基于重庆调研的经验与启示》，《农村金融研究》2011年第7期。

毛飞、王旭、孔祥智：《农民合作社融资服务供给及其影响因素》，《中国软科学》2014年第7期。

孟飞：《农村大户领办合作社：生成、影响及其规制》，《农业经济问题》2016年第9期。

孟娜娜、蔺鹏、周姗：《小微企业集群融资外部增信机制研究》，《财经理论研究》2016年第6期。

倪喆：《"互联网+"时代农业发展新常态研究》，《农村经济》2017年第9期。

潘丹：《农业技术培训对农村居民收入的影响：基于倾向得分匹配法的研究》，《南京农业大学学报》（社会科学版）2014年第5期。

潘爽、魏建国、胡绍波：《互联网金融与家庭正规信贷约束缓解——基于风险偏好异质性的检验》，《经济评论》2020年第3期。

彭澎、徐志刚:《数字普惠金融能降低农户的脆弱性吗?》,《经济评论》2021年第1期。

彭澎、张龙耀、李心丹:《农村正规金融市场中信贷配给的改进研究——基于"政银保担"模式的实证分析》,《经济学家》2018年第5期。

齐良书:《新型农村合作医疗的减贫、增收和再分配效果研究》,《数量经济技术经济研究》2011年第8期。

仇雨临、张忠朝:《贵州少数民族地区医疗保障反贫困研究》,《国家行政学院学报》2016年第3期。

邱晗、黄益平、纪洋:《金融科技对传统银行行为的影响——基于互联网理财的视角》,《金融研究》2018年第11期。

阮荣平、曹冰雪、周佩、郑风田:《新型农业经营主体辐射带动能力及影响因素分析——基于全国2615家新型农业经营主体的调查数》,《中国农村经济》2017年第11期。

单德朋、郑长德、王英:《金融可得性、信贷需求与精准扶贫的理论机制及研究进展》,《西南民族大学学报》(人文社会科学版)2016年第9期。

邵娴:《农业供应链金融模式创新——以马王堆蔬菜批发大市场为例》,《农业经济问题》2013年第8期。

申云、贾晋:《土地股份合作社的作用及其内部利益联结机制研究——以崇州"农业共营制"为例》,《上海经济研究》2016年第8期。

沈悦、郭品:《互联网金融、技术溢出与商业银行全要素生产率》,《金融研究》2015年第3期。

宋晓玲、侯金辰:《互联网使用状况能否提升普惠金融发展水平?——来自25个发达国家和40个发展中国家的经验证据》,《管理世界》2017年第1期。

宋晓玲:《数字普惠金融缩小城乡收入差距的实证检验》,《财经科学》2017年第6期。

宋玉颖、李亚飞:《金融机构满足"草根"金融需求对策研究——来自"人人贷"的启示》,《农村金融研究》2017年第5期。

粟芳、方蕾:《中国农村金融排斥的区域差异:供给不足还是需求不足?——银行、保险和互联网金融的比较分析》,《管理世界》2016年第9期。

粟芳、邹奕格、熊婧、韩冬梅:《互联网金融在中国农村地区的渗透差异及约束》,《数量经济技术经济研究》2020年第10期。

孙建国:《新中国成立初期农贷绩效分析(1950-1957)——以河南省为例》,《安徽师范大学学报》(人文社会科学版)2017年第6期。

孙久文、夏添:《中国扶贫战略与2020年后临界贫困线划定——基于理论、政策和数据的分析》,《中国农村经济》2019年第10期。

孙良媛、张岳恒:《转型期农业风险的特点与风险管理》,《农业经济问题》2001年第8期。

覃志立、严红:《农村金融发展现状、困境及破解路径:以四川为例》,《西南金融》2018年第9期。

谭燕芝、彭千芮:《金融能力、金融决策与贫困》,《经济理论与经济管理》2019年第2期。

谭燕芝、张子豪、眭张媛:《非正规金融能否促进农户脱贫——基于CFPS 2012年微观数据的实证分析》,《农业技术经济》2017年第2期。

田杰:《新型农村金融机构、资金外流与乡村振兴》,《财经科学》2020年第1期。

田祥宇、董小娇:《农户小额信贷融资困境与风险缓释机制研究》,《宏观经济研究》2014年第7期。

童馨乐、李扬、杨向阳:《基于交易成本视角的农户借贷渠道偏好研究——以全国六省农户调查数据为例》,《南京农业大学学报》(社会科学版)2015年第6期。

涂圣伟:《脱贫攻坚与乡村振兴有效衔接:目标导向、重点领域与关键举措》,《中国农村经济》2020年第8期。

万俊毅、欧晓明:《产业链整合、专用性投资与合作剩余分配:来自温氏模式的例证》,《中国农村经济》2010年第5期。

汪三贵、Albert Park、Shubham Chaudhuri、Gaurav Datt:《中国新时期农村扶贫与村级贫困瞄准》,《管理世界》2007年第1期。

汪三贵、郭子豪:《论中国的精准扶贫》,《贵州社会科学》2015年第5期。

汪三贵、孙俊娜：《全面建成小康社会后中国的相对贫困标准、测量与瞄准——基于2018年中国住户调查数据的分析》，《中国农村经济》2021年第3期。

王存同：《零膨胀模型在社会科学实证研究中的应用——以中国人工流产影响因素的分析为例》，《社会学研究》2010年第5期。

王芳：《我国农村金融需求与农村金融制度：一个理论框架》，《金融研究》2005年第4期。

王吉鹏、肖琴、李建平：《新型农业经营主体融资：困境、成因及对策——基于131个农业综合开发产业化发展贷款贴息项目的调查》，《农业经济问题》2018年第2期。

王吉献、牛倩：《印度国家农业与农村发展银行业务运作及借鉴》，《农业发展与金融》2019年第5期。

王佳瑶、刘青：《互联网金融的发展及其对传统金融的影响》，《中国集体经济》2019年第33期。

王建华：《新型农业经营主体培育机制：资源错配的经济学分析》，《江苏农业科学》2017年第7期。

王乐君、寇广增、王斯烈：《构建新型农业经营主体与小农户利益联结机制》，《中国农业大学学报》（社会科学版）2019年第2期。

王诗豪、罗添元、张晓妮：《特色农产品保险投保率波动成因分析——基于马尔可夫链的收敛估计》，《浙江金融》2018年第12期。

王曙光、王东宾：《金融减贫：中国农村微型金融发展的掌政模式》，中国发展出版社，2011。

王硕、张雅博、王伟：《农业链式融资研究综述与展望》，《武汉金融》2018年第6期。

王小华、王定祥、温涛：《中国农贷的减贫增收效应：贫困县与非贫困县的分层比较》，《数量经济技术经济研究》2014年第9期。

王筱萍、王文利：《农村中小企业集群供应链融资：内生风险治理机制与效应》，《农业经济问题》2015年第10期。

王馨：《互联网金融助解"长尾"小微企业融资难问题研究》，《金融研究》2015年第9期。

王修华、赵亚雄：《数字金融发展是否存在马太效应？——贫困户与非贫困户的经验比较》,《金融研究》2020 年第 7 期。

王瑶佩、郭峰:《区域数字金融发展与农户数字金融参与:渠道机制与异质性》,《金融经济学研究》2019 年第 2 期。

王一婕:《以互联网金融推动乡村普惠金融向纵深发展》,《人民论坛》2020 年第 1 期。

温涛、白继山、王小华:《基于 Lotka-Volterra 模型的中国农村金融市场竞争关系分析》,《中国农村经济》2015 年第 10 期。

温涛、刘达:《农村金融扶贫:逻辑、实践与机制创新》,《社会科学战线》2019 年第 2 期。

温涛、王汉杰、王小华、韩佳丽:《"一带一路"沿线国家的金融扶贫:模式比较、经验共享与中国选择》,《农业经济问题》2018 年第 5 期。

温涛、朱炯、王小华:《中国农贷的"精英俘获"机制:贫困县与非贫困县的分层比较》,《经济研究》2016 年第 2 期。

温忠麟、张雷、侯杰泰、刘红云:《中介效应检验程序及其应用》,《心理学报》2004 年第 5 期。

巫志斌、司春风、黄泽夏:《广西集中连片特困地区金融扶贫机制研究》,《区域金融研究》2013 年第 9 期。

吴本健、毛宁、郭利华:《"双重排斥"下互联网金融在农村地区的普惠效应》,《华南师范大学学报》(社会科学版)2017 年第 1 期。

吴比、刘俊杰、徐雪高、张振:《农户组织化对农民技术采用的影响研究——基于 11 省 1022 个农户调查数据的实证分析》,《农业技术经济》2016 年第 8 期。

吴晓求:《改革开放四十年:中国金融的变革与发展》,《经济理论与经济管理》2018 年第 11 期。

吴寅恺:《脱贫攻坚和乡村振兴有效衔接中金融科技的作用及思考》,《学术界》2020 年第 12 期。

武翔宇、高凌云:《印度的小额信贷:自助小组—银行联结》,《农业经济问题》2009 年第 1 期。

武翔宇:《我国农村金融联结制度的设计》,《金融研究》2008 年第 8 期。

习近平：《因地制宜"真扶贫，扶真贫"》，《人民日报》2014年10月17日，第A1版。

谢昊男：《发达地区农户信贷需求影响因素分析——基于浙江宁海县农村调查研究》，《农村经济》2011年第7期。

谢来位、付玉联：《农业生产方式和组织模式创新的政策诉求及政策保障》，《探索》2019年第5期。

谢平、邹传伟、刘海二：《互联网金融的基础理论》，《金融研究》2015年第8期。

谢绚丽、沈艳、张皓星、郭峰：《数字金融能促进创业吗？——来自中国的证据》，《经济学》（季刊）2018年第4期。

谢玉梅、徐玮、程恩江：《精准扶贫与目标群小额信贷：基于协同创新视角的个案研究》，《农业经济问题》2016年第9期。

星焱：《普惠金融：一个基本理论框架》，《社会科学文摘》2017年第1期。

邢成举、李小云：《精英俘获与财政扶贫项目目标偏离的研究》，《中国行政管理》2013年第9期。

熊芳、王晓慧：《经营环境对微型金融机构社会扶贫功能影响的实证分析》，《金融发展研究》2012年第10期。

徐戈、陆迁、姜雅莉：《社会资本、收入多样化与农户贫困脆弱性》，《中国人口·资源与环境》2019年第2期。

徐淑芳、彭馨漫：《微型金融机构可持续性影响因素研究》，《宏观经济研究》2014年第12期。

许月丽、翟文杰：《农村金融补贴政策功能界定：市场失灵的弥补意味着什么？》，《金融研究》2015年第2期。

薛莹、胡坚：《金融科技助推经济高质量发展：理论逻辑、实践基础与路径选择》，《改革》2020年第3期。

杨斌：《供应商主导型的供应链金融模式研究》，《金融研究》2016年第12期。

杨龙、张伟宾：《基于准实验研究的互助资金益贫效果分析——来自5省1349户面板数据的证据》，《中国农村经济》2015年第7期。

杨伟坤、王立杰、张永升、李巧莎：《我国农村微型金融发展与创新研究——基于农村微型金融创新案例分析》,《农业经济》2012 年第 5 期。

杨文、孙蚌珠、王学龙:《中国农村家庭脆弱性的测量与分解》,《经济研究》2012 年第 4 期。

杨艳琳、付晨玉:《中国农村普惠金融发展对农村劳动年龄人口多维贫困的改善效应分析》,《中国农村经济》2019 年第 3 期。

杨兆廷、孟维福:《依托农业价值链破解农民专业合作社融资难:机制、问题及对策》,《南方金融》2017 年第 3 期。

叶剑平、丰雷、蒋妍、罗伊·普罗斯特曼、朱可亮:《2008 年中国农村土地使用权调查研究——17 省份调查结果及政策建议》,《管理世界》2010 年第 1 期。

叶靖:《我国商业银行资产证券化环境分析》,《经济视角》2011 年第 12 期。

易小兰:《农户正规借贷需求及其正规贷款可获性的影响因素分析》,《中国农村经济》2012 年第 2 期。

易行健、周利:《数字普惠金融发展是否显著影响了居民消费——来自中国家庭的微观证据》,《金融研究》2018 年第 11 期。

尹志超、郭沛瑶、张琳琬:《"为有源头活水来":精准扶贫对农户信贷的影响》,《管理世界》2020 年第 2 期。

尹志超、彭嫦燕、里昂安吉拉:《中国家庭普惠金融的发展及影响》,《管理世界》2019 年第 2 期。

尹志超、宋全云、吴雨:《金融知识、投资经验与家庭资产选择》,《经济研究》2014 年第 4 期。

喻海东:《微型金融在我国农村的需求分析》,《现代经济信息》2011 年第 4 期。

袁怀宇:《基于国外经验的中国农村金融发展路径与对策分析》,《理论探讨》2017 年第 2 期。

袁利平、张欣鑫:《教育扶贫何以可能——多学科视角下的教育扶贫及其实现》,《教育与经济》2018 年第 5 期。

苑鹏:《"公司+合作社+农户"下的四种农业产业化经营模式探析——从农户福利改善的视角》,《中国农村经济》2013 年第 4 期。

曾康霖：《再论扶贫性金融》，《金融研究》2007年第3期。

曾康霖：《中国金融事业发展的缺陷需要弥补——从以科学发展观发展金融事业谈起》，《金融研究》2004年第12期。

曾玉珍、穆月英：《农业风险分类及风险管理工具适用性分析》，《经济经纬》2011年第2期。

战明华、张成瑞、沈娟：《互联网金融发展与货币政策的银行信贷渠道传导》，《经济研究》2018年第4期。

张栋浩、尹志超：《金融普惠、风险应对与农村家庭贫困脆弱性》，《中国农村经济》2018年第4期。

张建勋、夏咏：《深度贫困地区多维贫困测度与时空分异特征——来自新疆南疆四地州的证据》，《干旱区资源与环境》2020年第4期。

张晶、杨颖、崔小妹：《从金融抑制到高质量均衡——改革开放40年农村金融政策优化的中国逻辑》，《兰州大学学报》（社会科学版）2018年第5期。

张丽琼：《影响小微型企业融资的外部因素分析》，《商业会计》2012年第17期。

张琦、张涛、李凯：《中国减贫的奇迹：制度变革、道路探索及模式创新》，《行政管理改革》2020年第5期。

张全红、李博、周强：《中国农村的贫困特征与动态转换：收入贫困和多维贫困的对比分析》，《农业经济问题》2019年第12期。

张全红、周强：《中国多维贫困的测度及分解：1989～2009年》，《数量经济技术经济研究》2014年第6期。

张伟、黄颖、易沛、李长春：《政策性农业保险的精准扶贫效应与扶贫机制设计》，《保险研究》2017年第11期。

张秀艳、潘云：《贫困理论与反贫困政策研究进展》，《经济问题》2017年第3期。

张益丰：《生鲜果品电商销售、农户参与意愿及合作社嵌入——来自烟台大樱桃产区农户的调研数据》，《南京农业大学学报》（社会科学版）2016年第1期。

张跃华、庹国柱、符厚胜：《市场失灵、政府干预与政策性农业保险理论——分歧与讨论》，《保险研究》2016年第7期。

张昭、杨澄宇、袁强：《"收入导向型"多维贫困的识别与流动性研究——基于CFPS调查数据农村子样本的考察》，《经济理论与经济管理》2017年第2期。

张正平、江千舟：《互联网金融发展、市场竞争与农村金融机构绩效》，《农业经济问题》2018年第2期。

张正平：《微型金融机构双重目标的冲突与治理：研究进展述评》，《经济评论》2011年第5期。

章元：《团体贷款下可能扭转的"信贷配给"机制》，《世界经济》2005年第8期。

赵丙奇、李露丹：《中西部地区20省份普惠金融对精准扶贫的效果评价》，《农业经济问题》2020年第1期。

赵若舜：《我国农村微型金融机构存在的问题》，《现代经济信息》2015年第4期。

赵晓峰、邢成举：《农民合作社与精准扶贫协同发展机制构建：理论逻辑与实践路径》，《农业经济问题》2016年第4期。

郑秉文：《"后2020"时期建立稳定脱贫长效机制的思考》，《宏观经济管理》2019年第9期。

郑乔：《印尼人民银行小额信贷的做法与启示》，《农村金融研究》2010年第5期。

郑伟、贾若、景鹏、刘子宁：《保险扶贫项目的评估框架及应用——基于两个调研案例的分析》，《保险研究》2018年第8期。

郑秀峰、朱一鸣：《普惠金融、经济机会与减贫增收》，《世界经济文汇》2019年第1期。

周怀峰、黎日荣：《农村小微企业联保贷款的约束机制及成员规模的确定》，《中南财经政法大学学报》2011年第6期。

周利、冯大威、易行健：《数字普惠金融与城乡收入差距："数字红利"还是"数字鸿沟"》，《经济学家》2020年第5期。

周孟亮、罗荷花：《双重目标下金融扶贫的实践偏差与模式创新》，《郑州大学学报》（哲学社会科学版）2019年第2期。

周孟亮：《普惠金融与精准扶贫协调的路径创新研究》，《南京农业大学学报》（社会科学版）2018年第2期。

周孟亮:《脱贫攻坚、乡村振兴与金融扶贫供给侧改革》,《西南民族大学学报》(人文社科版) 2020 年第 1 期。

周天芸:《农村小额信贷的"使命漂移"与中国验证》,《安徽师范大学学报》(人文社会科学版) 2012 年第 4 期。

周小斌、耿洁、李秉龙:《影响中国农户借贷需求的因素分析》,《中国农村经济》2004 年第 8 期。

周晔馨:《社会资本是穷人的资本吗?——基于中国农户收入的经验证据》,《管理世界》2012 年第 7 期。

周雨晴、何广文:《数字普惠金融发展对农户家庭金融资源优化配置的影响》,《当代经济科学》2020 年第 3 期。

周月书、王雨露、彭媛媛:《农业产业链组织、信贷交易成本与规模农户信贷可得性》,《中国农村经济》2019 年第 4 期。

朱广其:《科技型小微企业融资难及金融支持——基于微型金融的视角》,《华东经济管理》2014 年第 12 期。

Abebaw, D., and Haile, M., "The Impact of Cooperatives on Agricultural Technology Adoption: Empirical Evidence from Ethiopia," *Food Policy*, 2013, 38 (2): 82–91.

Aberdeen, G., "The State of the Market in the Supply Chain Finance," *China Business & Market*, 2012, (3): 37–56.

Akhter, S., and Daly, K. J., "Finance and Poverty: Evidence from Fixed Effect Vector Decomposition," *Emerging Markets Review*, 2009, 10 (3): 191–206.

Ali, E., and Awade, N., "Credit Constraints and Soybean Farmers' Welfare in Subsistence Agriculture in Togo," *Heliyon*, 2019, 5 (4): e01550.

Alkire, S., and Foster, J., "Counting and Multidimensional Poverty Measurement," *Journal of Public Economics*, 2011, 95 (7–8): 476–487.

Alkire, S., Shen, Y. Y., "Exploring Multidimensional Poverty in China: 2010–2014," A Chapter in *Research on Economic Inequality* (Emerald Publishing Ltd., 2017).

Antonella, M., Laura, G., Federico, C., Marco, G, and Stefano, R., "Supply Chain Finance: From Traditional to Supply Chain Credit Rating,"

Journal of Purchasing and Supply Management, 2019, 25 (2): 197-217.

Armendáriz, B., and Morduch, J., "Microfinance Beyond Group Lending," *Economics of Transition*, 2000, 8 (2): 401-420.

Armendáriz, B., and Morduch, J., *The Economics of Microfinance* (MIT Press, 2005).

Attanasio, O., and Meghir, C., "Risk Pooling, Risk Preference and Social Network," *American Economic Journal Applied Economics*, 2012, 4 (2): 134-167.

Basu, P., and Nair, S. K., "Supply Chain Finance Enabled Early Pay: Unlocking Trapped Value in B2B Logistics," *International Journal of Logistics Systems and Management*, 2012, 12 (3): 334-353.

Beck, T., and Demirguc-Kunt, A., "Small and Medium-Size Enterprises: Access to Finance as a Growth Constraint," *Journal of Banking & Finance*, 2006, 30 (11): 2931-2943.

Bianchi, M. L., Rachevs, S. T., Kim, Y. S., and Fabozzi, F. J., "Tempered Stable Distributions and Processes in Finance," *American Journal of Agricultural Economics*, 2014, 7 (2): 215-238.

Boucher, S., "Risk Rationing and Wealth Effects in Credit Markets Theory and Implications for Agricultural Development," *American Journal of Agricultural Economics*, 2008, 90 (2): 226-250.

Burgess, R., and Pande, R., "Do Rural Banks Matter? Evidence from the Indian Social Banking Experiment," *American Economic Review*, 2005, 95 (3): 69-91.

Caminada, K., and Goudswaard, K., "Social Expenditure and Poverty Reduction in the EU15 and Other OECD Countries," MPRA Paper, 2009, pp. 1-33.

Chambers, K. W., "Poverty and Livelihoods: Whose Reality Counts?" *Environment and Urbanization*, 1995, 7 (1): 173-204.

Chantarat, S., Preesan, R., and Chutatong, C., "Farmers and Pixels: Toward Sustainable Agricultural Finance with Space Technology," PIER Discussion Papers 75, Puey Ungphakorn Institute for Economic Research,

2017.

Chaudhuri, S., Jalan, J., and Suryahadi, A., *Assessing Household Vulnerability to Poverty from Cross-Sectional Data: A Methodology and Estimates from Indonesia* (New York: Columbia University, 2002).

Chen, X. S., "The Effect of a Fiscal Squeeze on Tax Enforcement: Evidence from a Natural Experiment in China," *Journal of Public Economics*, 2017, 147 (1): 62 – 76.

Cohen M., Stack, K., and McGuinness, E., "Financial Education: A Win-Win for Clients and MFIs," The Microfinance Gateway, 2004. http://www.microfinance gateway.org/content/article/detail/20273.

Conning, J., Financial Contracting and Intermediary Structures in a Rural Credit Market in Chile: A Theoretical and Empirical Analysis (Ph. D. diss., Yale University, 1996).

Coon, J., Campion, A., and Wenner, M., "Financing Agriculture Value Chains in Central America," *Inter-American Development Bank*, 2010, (6): 22 – 31.

Cossin, D., and Hricko, T., "A Structural Analysis of Credit Risk Withrisky Collateral: A Methodology for Haircut Determination," *Economic Notes*, 2003, 32 (2): 243 – 282.

Demica, S. S., "The Growing Role of Supply Chain Finance in a Changing World," *Demica Report Series*, 2007, (1): 67 – 88.

Dufhues, T., Buchenrieder, G., Quoc, H. D., and Munkung, N. "Social Capital and Loan Repayment Performance in Southeast Asia," *Journal of Behavioral and Experimental Economics*, 2011, 40 (5): 679 – 691.

Elbers, C., Lanjouw, J. O., and Lanjouw, P., "Micro-Level Estimation of Poverty and Inequality," *Econometrica*, 2003, 71 (1): 355 – 364.

Fafchamps, M., and Gubert, F., "The Formation of Risk Sharing," *Development Economics*, 2007, 83 (2): 326 – 350.

Félix, E. G. S., and Belo, T. F., "The Impact of Microcredit on Poverty Reduction in Eleven Developing Countries in South East Asia," *Journal of Multinational Financial Management*, 2019, 52 – 53: 100 – 190.

Foster, J. E., Horowitz, A. W., and Méndez, F., "An Axiomatic Approach to the Measurement of Corruption: Theory and Application," *World Bank Economic Review*, 2012, 26 (2): 217-235.

Fosu, A., "Growth, Inequality, and Poverty Reduction in Developing Countries: Recent Global Evidence," *Research in Economics*, 2017, 71 (2): 306-336.

Fowowe, B., and Abidoye, B., "The Effect of Financial Development on Poverty and Inequality in African Countries," *Manchester School*, 2013, 81 (4): 562-585.

George, G., McGahan, A. M., and Prabhu, J., "Innovation for Inclusive Growth: Towards a Theoretical Framework and a Research Agenda," *Journal of Management Studies*, 2012, 49 (4): 661-683.

Gornall, W., and Strebulaev, I. A., "Financing as a Supply Chain: The Capital Structure of Banks and Borrowers," *Journal of Financial Economics*, 2018, 129 (3): 510-530.

Guikinger, C., and Boucher, S. R., "Credit Constraint and Productivity in Peruvian Agriculture," *Agriculture Economics*, 2008, 39 (3): 295-308.

Harper, M., "Promotion of Self-help Groups under the SHG Bank Linkage Program in India," Seminaron SHG-bank Linkage Programe at New Delhi, 2002.

Hau, H., Huang, Y., Shan, H., and Sheng, Z., "Tech-Fin in China: Credit Market Completion and Its Growth Effect," Working Paper, 2017.

Heckman, J. J., Ichimura, H., and Todd, P. E., "Matching as an Econometric Evaluation Estimator: Evidence from Evaluating a Job Training Programme," *Review of Economic Studies*, 1997, 64 (4): 605-654.

Helms, B., and Reille, X., "Interest Rate Ceilings and Microfinance: The Story so Far," CGAP Occasional Paper NO.9, World Bank, 2004.

He, X., and Tang, L., "Exploration on Building of Visualization Platform to Innovate Business Operation Pattern of Supply Chain Finance," *Physics Procedia*, 2012, 33: 1886-1893.

Holmstrom, B., "Moral Hazard and Observability," *The Bell Journal of*

Economics, 1979, 10 (1): 74-91.

Huang, Y. C., Lin, C., Sheng, Z., and Wei, L., "Fin-Tech Credit and Service Quality," Working Paper, 2018.

Imai, K., Gaiha, R., Thapa, G., and Annim, S. K., "Microfinance and Poverty—A Macro Perspective," *World Development*, 2012, 40 (8): 1675-1689.

Jeanneney, S. G., and Kpodar, K., "Financial Development and Poverty Reduction: Can There Be a Benefit Without a Cost?" *Journal of Development Studies*, 2011, 47 (1): 143-163.

Khan, A. D., and Ahmad, E., "Financial Development and Poverty Alleviation: Time Series Evidence from Pakistan," *World Applied Sciences Journal*, 2012, 18 (11): 1576-1581.

Klapper, L., "The Role of Factoring for Financing Small and Medium Enterprises," *Journal of Banking & Finance*, 2006, 30 (11): 3111-3130.

Klein, B., "The Enforceability of the GM-Fisher Body Contract: Comment on Goldberg," *Industrial & Corporate Change*, 2008, 17 (5): 1085-1096.

Kon, Y., and Storey, D. J., "A Theory of Discouraged Borrowers," *Small Business Economics*, 2003, 21 (1): 415-424.

Kopparthi, M. S., and Kagabo, N., "Is Value Chain Financing a Solution to the Problems and Challenges of Access to Finance of Small-scale Farmers in Rwanda," *Emeral Group Publishing Limited*, 2012, 38 (10): 135-149.

Kumar, S. M., "Does Access to Formal Agricultural Credit Depend on Caste?" *World Development*, 2013, 43: 315-328.

Laffont, J. J., and Tirole, J., "Auction Design and Favoritism," *International Journal of Industrial Organization*, 1991, 9 (1): 9-42.

Lamoureux, M., "A Supply Chain Finance Prime," *Supply Chain Finance*, 2007, 4 (5): 34-48.

Levine, R., Kunt, A., and Beck, T., "Finance, Inequality and the Poor," *Journal of Economic Growth*, 2007, 12 (1): 27-49.

Li, L. Y. , "Financial Inclusion and Poverty: The Role of Relative Income," *China Economic Review*, 2018, 52 (6): 165 – 191.

Maasoumi, E. , Racine, J. S. , "A Solution to Aggregation and an Application to Multidimensional Well-Being Frontiers," *Journal of Econometrics*, 2016, 191 (2): 374 – 383

Madestam, A. , "Informal Finance: A Theory of Money Lenders," *Journal of Development Economics*, 2014, 107 (1): 157 – 174.

Mansuri, G. , and Rao, V. , "Localizing Development: Does Participation Work?" World Bank Publications, 2012.

Marshall, B. D. L. , and Werb, D. , "Health Outcomes Associated with Methamphetamine Use among Young People: A Systematic Review," *Addiction*, 2010, 105 (6): 991 – 1002.

Maurer, N. , and Haher, S. , "Related Lending and Economic Performance: Evidence from Mexico," *Journal of Economic History*, 2007, (3): 551 – 581.

McIntosh, C. , and Wydick, B. , "Competition and Microfinance," *Journal of Development Economics*, 2005, 78 (2): 271 – 298.

Mensah, N. O. , Fialor, S. L. , Yeboah, E. , "Evaluating the Constraints to Development of Agriculture Insurance for Cashew Crop Farmers in Brong-Ahafo Region of Ghana," *Open Journal of Business and Management*, 2017, 5 (2): 215 – 229.

Moretto, A. , Grassi, L. , Caniato, F. , Giorgino, M. , and Ronchi, S. , "Supply Chain Finance: from Traditional to Supply Chain Credit Rating," *Journal of Purchasing & Supply Management*, 2018, 6 (4): 124 – 136.

Odhimbo, H. , "Finance and Poverty Reduce in China: An Empirical Investigation," *International Business Economics Research Journal*, 2011, 10 (8): 136 – 157.

Pan, L. , and Christiaensen, L. , "Who Is Vouching for the Input Voucher? Decentralized Targeting and Elite Capture in Tanzania," *World Development*, 2012, 40 (8): 1619 – 1633.

Pan, Y. , Yang, M. , Li, S. , Chen, X. , Yu, S. , and Yu, L. , "The

Impact of Mobile Payments on the Internet Inclusive Finance," *Journal of Management & Sustainability*, 2017, 6 (4): 97.

Philippon, T., "Has the US Finance Industry Become Less Efficient? On the Theory and Measurement of Financial Intermediation," *American Economic Review*, 2015, 105 (4): 1408 – 1438.

Piazza, A., and Liang, E. H., "Reducing Absolute Poverty in China: Current Status and Issues," *Journal of International Affairs*, 1998, 52 (1): 253 – 273.

Pierrakis, Y., and Collins, L., "Crowdfunding: A New Innovative Model of Providing Funding to Projects and Businesses," *SSRN Electronic Journal*, 2013, (3): 43 – 67.

Platteau, J. P., Vincent, S., and Zaki, W., "Elite Capture through Information Distortion: A Theoretical Essay," *Journal of Development Economics*, 2014, 106 (15): 250 – 263.

Ravi, S., "Borrowing Behaviour of Rural Households," New York, Department of Economics, 2003.

Robert, W., *The Shame of Poverty* (Oxford: Oxford University Press, 2014).

Rooij, M. V., Lusardi, A., and Alessie, R., "Financial Literacy and Stock Market Participation," *Journal of Financial Economics*, 2011, 101 (2): 449 – 472.

Rosenbaum, P., and Rubin, D. B., "Constructing a Control Group Using Multivariate Matched Sampling Methods that Incorporate the Propensity Score," *American Statistician*, 1985, 39 (1): 33 – 38.

Rozelle, S., Taylor, J. E., and Brauw, D. A., "Migration, Remittances, and Agricultural Productivity in China," *American Economic Review*, 1999, 89 (2): 287 – 291.

Sanchis, P. J. R., and Melián, N. A., "Strategic Diagnosis of Spanish Farming Cooperative Credit Sections: A Swot Analysis," *Annals of Public and Cooperative Economics*, 2011, 82 (2): 167 – 186.

Sanogo, T., "Does Fiscal Decentralization Enhance Citizens Access to

Public Services and Reduce Poverty? Evidence from Côte d'Ivoire Municipalities in a Conflict Setting," *World Development*, 2019, 113: 204-221.

Sen, A., *Development as Freedom* (New York: Knopf Press, 1999).

Sen, A., *Poverty and Famine: An Essay on Entitlement and Deprivation* (Clarendon Press, Oxford, 1981).

Sihem, E., "Economic and Socio-cultural Determinants of Agriculture Insurance Demand across Countries," *Journal of the Saudi Society of Agricultural Sciences*, 2019, 18 (2): 177-187.

Smith, J. A., and Todd, P. E., "Does Matching Overcome Lalonde's Critique of Nonexperimental Estimators?" *Journal of Econometrics*, 2005, 125 (1-2): 305-353.

Steven, L. K., "Financial and Risk Management Assistance: Decision Support for Agriculture," *Journal of Agricultural and Applied Economics*, 2005, 37 (2): 415-423.

Su, Y., and Lu, N., "Simulation of Game Model for Supply Chain Finance Credit Risk Based on Multi-Agent," *Open Journal of Social Sciences*, 2015, 3 (1): 31-36.

UNCTAD, "World Investment Report 2017—Investment and the Digital Economy," United Nations, Geneva, 2017.

Walker-Smith, G. J., *Wishes 02-Second Hearts* (Scarlett Rugers Press, 2002).

Wang, T. R., Lan, Q. G., and Chu, Y. Z., "Supply Chain Financing Model: Based on China's Agricultural Products Supply Chain," *Applied Mechanics and Materials*, 2013, 380-384: 4417-4421.

World Bank, "Global Financial Development Report 2014: Financial Inclusion," World Bank Publications, 2014.

附 录

国家社会科学基金项目（19FJYB022）公开发表的部分阶段性研究成果

序号	成果名称	成果形式	作 者	出版社及出版时间或发表刊物及刊物年期	备注
1	《农社利益联结与农户信贷满足度》	论文	申云、何祥	《华南农业大学学报》（社会科学版），2020年第2期	CSSCI
2	《乡村振兴战略下新型农业经营主体融资增信机制研究》	论文	申云、李京蓉、吴平	《农村经济》，2019年第7期	CSSCI
3	《农业供应链金融信贷的减贫效应研究——基于不同主体领办合作社的实证比较》	论文	申云、李庆海、杨晶	《经济评论》，2019年第4期（收录于2020年《中国产业经济学年鉴》）	CSSCI
4	《乡村振兴背景下农业供应链金融信贷减贫机制研究——基于社员农户脱贫能力的视角》	论文	申云、李京蓉、杨晶	《西南大学学报》（社会科学版），2019年第2期	CSSCI
5	《链式融资模式与精准扶贫效果——基于准实验研究》	论文	申云、彭小兵	《财经研究》，2016年第9期	CSSCI
6	《社会资本、二元金融与农户借贷行为》	论文	申云	《经济评论》，2016年第1期（人大复印报刊资料全文转载）	CSSCI
7	《土地股份合作社的作用及其内部利益联结机制研究——以崇州"农业共营制"为例》	论文	申云、贾晋	《上海经济研究》，2016年第8期	CSSCI
8	《农民合作社供应链金融信贷利益联结研究》	论文	申云、李京蓉	《农业经济与管理》，2020年第1期	CSSCI扩展版
9	Farmers' Cooperatives' Poverty-Reducing Roles in Agricultural Supply Chain Finance	论文	申云、李庆海、杨晶	《中国经济学人》，2020年第3期	
10	《农业供应链金融信贷风险防范研究：综述与展望》	论文	申云、张尊帅、李京蓉	《世界农业》，2018年第9期	CSSCI扩展版
11	《农业供应链金融扶贫研究展望——金融减贫机制和效应文献综述及启示》	论文	申云、张尊帅、贾晋	《西部论坛》，2018年第5期	CSSCI扩展版

续表

序号	成果名称	成果形式	作 者	出版社及出版时间或发表刊物及刊物年期	备注
12	《乡村振兴背景下农业供应链金融信贷风险防控机制研究》	论文	申云、李京蓉	《金融与经济》，2019年第2期	北大核心
13	《财政扶贫与金融扶贫效率比较研究》	论文	申云、陈劲莉	《农村金融研究》，2020年第1期	
14	《中国农村居民生活富裕评价指标体系研究——基于全面建成小康社会的视角》	论文	申云、李京蓉	《调研世界》，2020年第1期	CSSCI扩展版
15	《乡村产业振兴评价指标体系构建与实证分析》	论文	申云、陈慧、陈晓娟、胡婷婷	《世界农业》，2020年第2期	CSSCI扩展版
16	《农村资金互助社股权集中度会影响其运营效率吗?》	论文	申云、高玉婷、陈怡西	《西部经济管理论坛》，2021年第1期	
17	《社会资本、农地流转与农户消费扩张》	论文	杨晶、邓大松、申云、范秋砚	《南方经济》，2020年第8期	CSSCI
18	《人力资本、社会保障与中国居民收入不平等——基于个体相对剥夺视角》	论文	杨晶、邓大松、申云	《保险研究》，2019年第6期	CSSCI
19	《养老保险、非农就业与农户收入差异》	论文	杨晶、邓大松、申云	《江西财经大学学报》，2019年第3期	CSSCI
20	《产业结构升级、财政支农与城乡居民收入差距》	论文	杨晶、邓大松、申云	《经济问题探索》，2018年第7期	CSSCI
21	《中国农村养老保险制度对农户收入不平等影响研究》	论文	杨晶、邓悦	《数量经济技术经济研究》，2020年第10期	CSSCI
22	《脱贫攻坚与乡村振兴有效衔接:内在逻辑、实践路径和机制构建》	论文	贾晋、尹业兴	《云南民族大学学报》（哲学社会科学版），2020年第3期	CSSCI
23	《乡村振兴战略的指标体系构建与实证分析》	论文	贾晋、李雪峰、申云	《财经科学》，2018年第11期	CSSCI
24	《农村资金互助社的最优互助金规模研究》	论文	贾晋、申云	《华南农业大学学报》（社会科学版），2017年第2期（人大复印报刊资料全文转载）	CSSCI

续表

序号	成果名称	成果形式	作　者	出版社及出版时间或发表刊物及刊物年期	备注
25	《精准扶贫背景下农村普惠金融创新发展研究》	论文	贾晋、肖建	《理论探讨》，2017年第1期	CSSCI
26	《中国城乡居民食物消费变迁及趋势分析》	论文	尹业兴、贾晋、申云	《世界农业》，2020年第9期	CSSCI扩展版
27	《养老保险、农地流转对农户收入相对剥夺的影响研究——来自中国家庭追踪调查的证据》	论文	吴祖云、杨晶、申云	《社会保障研究》，2020年第9期	CSSCI
28	《项目进村与乡村公共品供给不平衡——基于村干部能动性的视角》	论文	李京蓉、申云	《四川师范大学学报》（社会科学版），2020年第2期	CSSCI
29	《家庭负债与农户家庭贫困脆弱性——基于CHIP2013的经验证据》	论文	张华泉、申云	《西南民族大学学报》（人文社科版），2019年第9期	CSSCI
30	《易地扶贫搬迁模式与农户生计资本变动——基于准实验的政策评估》	论文	金梅、申云	《广东财经大学学报》，2017年第5期	CSSCI
31	《农业产业集聚与农业绿色发展：效率测度及影响效应》	论文	薛蕾、申云、徐承红	《经济经纬》，2020年第3期	CSSCI
32	《互联网金融使用对农户多维减贫的影响研究》	论文	李京蓉、申云、杨晶、陈劲莉	《统计与信息论坛》，2021年第5期	CSSCI
33	《农户家庭生产经营特征对信贷可得性的影响——兼论农村金融机构信贷行为逻辑》	论文	尹业兴、申云、王璐瑶	《金融发展研究》，2021年第4期	北大核心
34	《中外反贫困研究进展、热点辨析与趋势展望》	论文	熊昕若、尹业兴、申云	《统计与决策》，2021年第8期	CSSCI
35	《农业产业化下农户借贷需求强度的影响因素研究——基于三峡库区柑橘产业带农户的调查》	论文	彭小兵、朱玲利、申云	《农林经济管理学报》，2016年第1期	CSSCI扩展版
36	《城乡高质量融合发展研究》	专著	申云等	光明日报出版社，2021年	
37	《农业供给侧改革——基于微观视角的经济学分析》	专著	贾晋、申云	西南财经大学出版社，2016年8月	

附 录

续表

序号	成果名称	成果形式	作 者	出版社及出版时间或发表刊物及刊物年期	备注
38	《健全成渝农村金融服务体系，系统推进农业农村高质量发展》	报刊	申云（参与）	新华网理论版，2020年12月7日	
39	《新冠肺炎疫情下四川金融机构的风险、应对与政策调研报告》	决策参考	申云（参与）	2020年3月13日	四川省委常委曲木史哈批示
40	《新冠肺炎疫情对四川省农业农村发展》	决策参考	申云（第二）	2020年3月18日	四川省委副书记邓小刚批示

后 记

本书是国家社会科学基金后期资助项目"乡村振兴战略下农村金融反贫困创新研究"(项目编号：19FJYB022)的最终研究成果。同时，在调研过程中也得到了国家社会科学基金"四省藏区易地搬迁农户生计转型及其生态环境效应"(项目编号：20CMZ037)和"积极老龄化视角下农村老年人健康不平等消解机制及政策优化研究"(项目编号：21CSH011)等项目的经费支持。该项目的阶段性成果包括已发表的40篇论文、决策参考、报刊文章等相关前期成果，多份决策参考获得中共四川省委常委领导的肯定性批示，以及四川省农业农村厅和中国人民银行成都分行牵头编制的《关于四川省金融服务乡村振兴发展指导意见》的部分采纳。此外，相关研究成果得到四川省泸州商业银行、中国农业银行苍溪支行等多个农村金融机构的应用，以及绵阳市农业农村局、崇州市发改局等多个地方政府部门的采纳。

在本项目的研究过程中，课题组得到中国人民银行成都分行相关领导、云南省金融工作局和扶贫办、四川省农业农村厅相关领导、四川省部分市州区县农业部门相关领导和具体负责同志的关心和大力支持。研究所涉及的所有调查和访谈对象给课题调研提供了非常大的帮助和支持。四川省农科院党委书记吕火明教授、四川省社科院农村发展研究所所长张克俊研究员、四川师范大学科研处处长任平教授，四川农业大学经济学院漆雁斌教授、李后建教授、郭华副教授，管理学院傅新红教授、李冬梅教授、王运陈教授，西南财经大学经济学院陈健生教授，中国西部经济研究中心李雪峰副教授等对研究内容和相关论文的撰写提供了详细的建议。四川农业大学柳媛媛、洪程程、陈劾莉、王璐瑶、叶学澜等20余名研究生、本科生参与了课题调研，付出了辛勤劳动。在此，我们谨向以上单位和相关领导、具体负责同志和专家教授、同学们等表示衷心的感谢！

在本项目的结项过程中，课题组得到了全国哲学社会科学规划办公室、四川省社科联规划办、四川农业大学科技处等相关领导和具体负责同志的大力关心支持。在此,我们谨向以上单位的相关领导、具体负责同志表示衷心的感谢!

本书在撰写过程中,得到了许多专家学者和党政部门领导的指导与帮助,特别是在书稿出版过程中,各杂志编辑老师提出了很多非常有价值的宝贵意见和建议。同时,参考了很多专家学者的论文和著作等成果,本书尽可能以脚注或参考文献的方式予以标注。在此,我们对所有提供意见建议的专家学者、党政部门领导、提供资料来源的作者和出版单位表示感谢!

本书的出版得到社会科学文献出版社的大力支持,在此,我们谨向出版单位和相关领导及具体负责同志表示衷心感谢!书中错漏之处在所难免,敬请读者批评指正!

申 云

2021 年 10 月

图书在版编目(CIP)数据

农村金融反贫困创新研究:基于乡村振兴战略背景/申云等著. -- 北京:社会科学文献出版社,2022.4
国家社科基金后期资助项目
ISBN 978 - 7 - 5228 - 0034 - 9

Ⅰ.①农… Ⅱ.①申… Ⅲ.①农村金融 - 扶贫 - 研究 - 中国 Ⅳ.①F323.8②F832.35

中国版本图书馆 CIP 数据核字(2022)第 065844 号

国家社科基金后期资助项目
农村金融反贫困创新研究
——基于乡村振兴战略背景

著　　者 / 申　云等

出 版 人 / 王利民
责任编辑 / 高　雁
文稿编辑 / 陈丽丽
责任印制 / 王京美

出　　版 / 社会科学文献出版社·经济与管理分社 (010) 59367226
　　　　　 地址:北京市北三环中路甲 29 号院华龙大厦　邮编:100029
　　　　　 网址:www.ssap.com.cn

发　　行 / 社会科学文献出版社 (010) 59367028
印　　装 / 唐山玺诚印务有限公司

规　　格 / 开　本:787mm×1092mm　1/16
　　　　　 印　张:20.75　字　数:323 千字

版　　次 / 2022 年 4 月第 1 版　2022 年 4 月第 1 次印刷
书　　号 / ISBN 978 - 7 - 5228 - 0034 - 9
定　　价 / 128.00 元

读者服务电话:4008918866

版权所有 翻印必究